国家出版基金项目
NATIONAL PUBLICATION FOUNDATION

GUANGDONG PUBLICATION FUNDS
广东省原创精品出版资金扶持项目

新兴产业和高新技术现状与前景研究丛书

总主编　金　碚　李京文

新型电子信息技术
现状与应用前景

苏雅娜　编著

XINXING DIANZI XINXI JISHU
XIANZHUANG YU YINGYONG QIA

SPM
南方出版传媒
广东经济出版社
·广州·

图书在版编目（CIP）数据

新型电子信息技术现状与应用前景／苏雅娜编著. —广州：广东经济出版社，2015. 5
（新兴产业和高新技术现状与前景研究丛书）
ISBN 978－7－5454－3710－2
Ⅰ. ①新… Ⅱ. ①苏… Ⅲ. ①电子信息－研究 Ⅳ. ①G203

中国版本图书馆 CIP 数据核字（2014）第 294500 号

出版发行	广东经济出版社（广州市环市东路水荫路 11 号 11～12 楼）
经销	全国新华书店
印刷	中山市国彩印刷有限公司 （中山市坦洲镇彩虹路 3 号第一层）
开本	730 毫米×1020 毫米　1/16
印张	15. 5
字数	267 000 字
版次	2015 年 5 月第 1 版
印次	2015 年 5 月第 1 次
书号	ISBN 978－7－5454－3710－2
定价	32. 00 元

如发现印装质量问题，影响阅读，请与承印厂联系调换。
发行部地址：广州市环市东路水荫路 11 号 11 楼
电话：（020）38306055　37601950　邮政编码：510075
邮购地址：广州市环市东路水荫路 11 号 11 楼
电话：（020）37601980　邮政编码：510075
营销网址：http：//www · gebook. com
广东经济出版社常年法律顾问：何剑桥律师

“新兴产业和高新技术现状与前景研究”丛书编委会

原　磊　中国社会科学院工业经济研究所工业运行研究室主任、副研究员
陈　志　中国科学技术发展战略研究院副研究员
史岸冰　华中科技大学基础医学院教授
吴伟萍　广东省社会科学院产业经济研究所副所长、研究员
燕雨林　广东省社会科学院产业经济研究所研究员
张栓虎　广东省社会科学院产业经济研究所副研究员
邓江年　广东省社会科学院产业经济研究所副研究员
杨　娟　广东省社会科学院产业经济研究所副研究员
柴国荣　兰州大学管理学院教授
梅　霆　西北工业大学理学院教授
刘贵杰　中国海洋大学工程学院机电工程系主任、教授
杨　光　北京航空航天大学机械工程及自动化学院工业设计系副教授
迟远英　北京工业大学经济与管理学院教授
王　江　北京工业大学经济与管理学院副教授
张大坤　天津工业大学计算机科学系教授
朱郑州　北京大学软件与微电子学院副教授
杨　军　西北民族大学现代教育技术学院副教授
赵肃清　广东工业大学轻工化工学院教授
袁清珂　广东工业大学机电工程学院副院长、教授
黄　金　广东工业大学材料与能源学院副院长、教授
莫松平　广东工业大学材料与能源学院副教授
王长宏　广东工业大学材料与能源学院副教授

总　序

人类数百万年的进化过程，主要依赖于自然条件和自然物质，直到五六千年之前，由人类所创造的物质产品和物质财富都非常有限。即使进入近数千年的“文明史”阶段，由于除了采掘和狩猎之外人类尚缺少创造物质产品和物质财富的手段，后来即使产生了以种植和驯养为主要方式的农业生产活动，但由于缺乏有效的技术手段，人类基本上没有将“无用”物质转变为“有用”物质的能力，而只能向自然界获取天然的对人类“有用”之物来维持低水平的生存。而在缺乏科学技术的条件下，自然界中对于人类“有用”的物质是非常稀少的。因此，据史学家们估算，直到人类进入工业化时代之前，几千年来全球年人均经济增长率最多只有0.05%。只有到了18世纪从英国开始发生的工业革命，人类发展才如同插上了翅膀。此后，全球的人均产出（收入）增长率比工业化之前高10多倍，其中进入工业化进程的国家和地区，经济增长和人均收入增长速度数十倍于工业化之前的数千年。人类今天所拥有的除自然物质之外的物质财富几乎都是在这200多年的时期中创造的。这一时期的最大特点就是：以持续不断的技术创新和技术革命，尤其是数十年至近百年发生一次的“产业革命”的方式推动经济社会的发展。① 新产业和新技术层出不穷，人类发展获得了强大的创造能力。

---

① 产业革命也称工业革命，一般认为18世纪中叶（70年代）在英国产生了第一次工业革命，逐步扩散到西欧其他国家，其技术代表是蒸汽机的运用。此后对世界所发生的工业革命的分期有多种观点。一般认为，19世纪中叶在欧美等国发生第二次工业革命，其技术代表是内燃机和电力的广泛运用。第二次世界大战结束后的20世纪50年代，发生了第三次工业革命，其技术代表是核技术、计算机、电子信息技术的广泛运用。21世纪以来，世界正在发生又一次新工业革命（也有人称之为“第三次工业革命”，而将上述第二、第三次工业革命归之为第二次工业革命），其技术代表是新能源和互联网的广泛运用。也有人提出，世界正在发生的新工业革命将以制造业的智能化尤其是机器人和生命科学为代表。

当前，世界又一次处于新兴产业崛起和新技术将发生突破性变革的历史时期，国外称之为“新工业革命”或“第三次工业革命”“第四次工业革命”，而中国称之为“新型工业化”“产业转型升级”或者“发展方式转变”。其基本含义都是：在新的科学发现和技术发明的基础上，一批新兴产业的出现和新技术的广泛运用，根本性地改变着整个社会的面貌，改变着人类的生活方式。正如美国作者彼得·戴曼迪斯和史蒂芬·科特勒所说：“人类正在进入一个急剧的转折期，从现在开始，科学技术将会极大地提高生活在这个星球上的每个男人、女人与儿童的基本生活水平。在一代人的时间里，我们将有能力为普通民众提供各种各样的商品和服务，在过去只能提供给极少数富人享用的那些商品和服务，任何一个需要得到它们、渴望得到它们的人，都将能够享用它们。让每个人都生活在富足当中，这个目标实际上几乎已经触手可及了。”“划时代的技术进步，如计算机系统、网络与传感器、人工智能、机器人技术、生物技术、生物信息学、3D 打印技术、纳米技术、人机对接技术、生物医学工程，使生活于今天的绝大多数人能够体验和享受过去只有富人才有机会拥有的生活。”①

在世界新产业革命的大背景下，中国也正处于产业发展演化过程中的转折和突变时期。反过来说，必须进行产业转型或“新产业革命”才能适应新的形势和环境，实现绿色化、精致化、高端化、信息化和服务化的产业转型升级任务。这不仅需要大力培育和发展新兴产业，更要实现高新技术在包括传统产业在内的各类产业中的普遍运用。

我们也要清醒地认识到，20 世纪 80 年代以来，中国经济取得了令世界震惊的巨大成就，但是并没有改变仍然属于发展中国家的现实。发展新兴产业和实现产业技术的更大提升并非轻而易举的事情，不可能一蹴而就，而必须拥有长期艰苦努力的决心和意志。中国社会科学院工业经济研究所的一项研究表明：中国工业的主体部分仍处于国际竞争力较弱的水平。这项研究把中国工业制成品按技术含量低、中、高的次序排列，发现国际竞争力大致呈 U 形分布，即两头相对较高，而在统计上分类为“中技术”的行业，例如化工、材料、机械、电子、精密仪器、交通设备等，国际竞争力显著较低，而这类产业恰恰是工业的主体和决定工业技术整体素质的关键基础部门。如果这类产业竞争力不

---

① 【美】彼得·戴曼迪斯，史蒂芬·科特勒. 富足：改变人类未来的 4 大力量. 杭州：浙江大学出版社，2014.

强，技术水平较低，那么“低技术”和“高技术”产业就缺乏坚实的基础。即使从发达国家引入高技术产业的某些环节，也是浅层性和“漂浮性”的，难以长久扎根，而且会在技术上长期受制于人。

中国社会科学院工业经济研究所专家的另一项研究还表明：中国工业的大多数行业均没有站上世界产业技术制高点。而且，要达到这样的制高点，中国工业还有很长的路要走。即使是一些国际竞争力较强、性价比较高、市场占有率很大的中国产品，其核心元器件、控制技术、关键材料等均须依赖国外。从总体上看，中国工业品的精致化、尖端化、可靠性、稳定性等技术性能同国际先进水平仍有较大差距。有些工业品在发达国家已属“传统产业”，而对于中国来说还是需要大力发展的“新兴产业”，许多重要产品同先进工业国家还有几十年的技术差距，例如数控机床、高端设备、化工材料、飞机制造、造船等，中国尽管已形成相当大的生产规模，而且时有重大技术进步，但是，离世界的产业技术制高点还有非常大的距离。

产业技术进步不仅仅是科技能力和投入资源的问题，攀登产业技术制高点需要专注、耐心、执着、踏实的工业精神，这样的工业精神不是一朝一夕可以形成的。目前，中国企业普遍缺乏攀登产业技术制高点的耐心和意志，往往是急于“做大”和追求短期利益。许多制造业企业过早走向投资化方向，稍有成就的企业家都转而成为赚快钱的“投资家”，大多进入地产业或将“圈地”作为经营策略，一些企业股票上市后企业家急于兑现股份，无意在实业上长期坚持做到极致。在这样的心态下，中国产业综合素质的提高和形成自主技术创新的能力必然面临很大的障碍。这也正是中国产业综合素质不高的突出表现之一。我们不得不承认，中国大多数地区都还没有形成深厚的现代工业文明的社会文化基础，产业技术的进步缺乏持续的支撑力量和社会环境，中国离发达工业国的标准还有相当大的差距。因此，培育新兴产业、发展先进技术是摆在中国产业界以至整个国家面前的艰巨任务，可以说这是一个世纪性的挑战。如果不能真正夯实实体经济的坚实基础，不能实现新技术的产业化和产业的高技术化，不能让追求技术制高点的实业精神融入产业文化和企业愿景，中国就难以成为真正强大的国家。

实体产业是科技进步的物质实现形式，产业技术和产业组织形态随着科技进步而不断演化。从手工生产，到机械化、自动化，现在正向信息化和智能化方向发展。产业组织形态则在从集中控制、科层分权，向分布式、网络化和去中心化方向发展。产业发展的历史体现为以蒸汽机为标志的第一次工业革命、以电力和自动化为标志的第二次工业革命，到以计算机和互联网为标志的第三次工业革命，再到以人工智能和生命科学为标志的新工业革命（也有人称之为“第四次工业革命”）的不断演进。产业发展是人类知识进步并成功运用于生产性创造的过程。因此，新兴产业的发展实质上是新的科学发现和技术发明以及新科技知识的学习、传播和广泛普及的过程。了解和学习新兴产业和高新技术的知识，不仅是产业界的事情，而且是整个国家全体人民的事情，因为，新产业和新技术正在并将进一步深刻地影响每个人的工作、生活和社会交往。因此，编写和出版一套关于新兴产业和新产业技术的知识性丛书是一件非常有意义的工作。正因为这样，我们的这套丛书被列入了2014年的国家出版工程。

我们希望，这套丛书能够有助于读者了解和关注新兴产业发展和高新产业技术进步的现状和前景。当然，新兴产业是正在成长中的产业，其未来发展的技术路线具有很大的不确定性，关于新兴产业的新技术知识也必然具有不完备性，所以，本套丛书所提供的不可能是成熟的知识体系，而只能是形成中的知识体系，更确切地说是有待进一步检验的知识体系，反映了在新产业和新技术的探索上现阶段所能达到的认识水平。特别是，丛书的作者大多数不是技术专家，而是产业经济的观察者和研究者，他们对于专业技术知识的把握和表述未必严谨和准确。我们希望给读者以一定的启发和激励，无论是“砖”还是“玉”，都可以裨益于广大读者。如果我们所编写的这套丛书能够引起更多年轻人对发展新兴产业和新技术的兴趣，进而立志投身于中国的实业发展和推动产业革命，那更是超出我们期望的幸事了！

金　碚

2014年10月1日

序　言

刚刚过去的2013年真可谓多事之秋，从叙利亚内战到菲律宾台风，从曼德拉去世到罗马新教皇履职，从肯尼亚商场恐怖袭击到“刀锋战士”枪杀女友，无不使人唏嘘。在这些事件中，美国国安局监控丑闻（“棱镜计划”PRISM，正式名称US－984XN）更是搅得整个世界沸沸扬扬，乃至在美国有线电视新闻网（CNN）评选出的2013年全球十大新闻中，“棱镜计划”位列第三。揭露“棱镜计划”的斯诺登（Edward Snowden）在2013年的网络热词中，也是当仁不让。

美国国安局（NSA）的“棱镜计划”折射出了信息在我们这个时代的重要意义，也让世人见识了诸多的新型电子信息技术。“棱镜计划”监控的主要信息包括电子邮件、即时消息、视频、照片、存储数据、语音聊天、文件传输、视频会议、登录时间以及社交网络资料。除了“棱镜计划”，美国国安局还有更大规模的监控计划“Xkeyscore”，Xkeyscore几乎可以涵盖所有网上信息。只要有相应的电子邮件地址，Xkeyscore可以对任何人进行监控，下至平民百姓，上至法官总统。多国政要都在监控之列，据传德国总理默克尔被监听长达11年。

2013年11月，十八届三中全会决定设立国家安全委员会，虽然“国家安全”范围广泛，但信息安全应该是题中应有之义，而且也必然是其他方面的基础和支撑。当然，信息问题不但涉及国家安全，还和国家的经济发展乃至个人的日常生活密不可分。随着科学技术的发展，海量信息一方面创造了新的发展机遇，另一方面也带来了信息安全等诸多问题。如何利用电子信息科学技术获取有价值的信息，并进行有效的传输、处理、存储与利用，是理论界、企业界及各国政府都高度关注的问题。

在新型电子信息技术中，数字技术、网络技术、无线技术和通信技术的应用最为广泛，本书对这四种技术的产生背景、发展历程、工作原理、技术特点等进行系统分析，并介绍了新型电子信息技术在电子商务、电子政务、新媒体、数字油田、数字部队等领域的应用状况，阐明了新型电子信息技术的应用前景。

在本书的撰写过程中翻阅并借鉴了大量的前人的研究成果，成书期间柴国荣教授给予了建设性的指导，研究生王斌、黄龙沣、许阳在资料整理过程中做了很多细致的工作，在此一并感谢！

由于新型电子信息技术范围极广，本书的论述难免挂一漏万；而且由于信息技术的发展日新月异，本书的分析也不敢自诩前沿。书中如有不妥之处，请各位同仁批评指正。

苏雅娜
2014 年 9 月

目　录

技术篇

应用篇

技术篇

第一章　电子信息技术概述

一、关于信息科学技术

（一）信息的含义

1. 信息的内涵

信息，指音讯、消息；通信系统传输和处理的对象，泛指人类社会传播的一切内容。人通过获得、识别自然界和社会的不同信息来区别不同事物，得以认识和改造世界。在一切通信和控制系统中，信息是一种普遍联系的形式。1948 年，数学家香农在题为《通讯的数学理论》的论文中指出：“信息是用来消除随机不定性的东西。”

2. 科学术语

美国著名物理化学家吉布斯（Josiah Willard Gibbs）创立了向量分析并将其引入数学物理中，使事件的不确定性和偶然性研究找到了一个全新的角度，从而使人类在科学把握信息的意义上迈出了第一步。他认为“熵”是一个关于物理系统信息不足的量度。

（1）电子学家、计算机科学家认为“信息是电子线路中传输的信号”。我国著名的信息学专家钟义信教授认为“信息是事物存在方式或运动状态，以这种方式或状态直接或间接的表述”。

（2）美国信息管理专家霍顿（F. W. Horton）给“信息”下的定义是：“信息是为了满足用户决策的需要而经过加工处理的数据。”简单地说，信息是经过加工的数据，或者说，信息是数据处理的结果。

（3）根据对信息的研究成果，科学的信息概念可以概括如下：信息是对客观世界中各种事物的运动状态和变化的反映，是客观事物之间相互联系和相互作用的表征，表现的是客观事物运动状态和变化的实质内容。

（二）关于信息技术

人类对信息的认知是随着科学技术的发展而深化的，“信息”所包含的内容也在不断地丰富。不论何种信息，要描述它都需通过语言、文字（包括定律、数学公式和数据等书面形式）或图像反映出来，因而信息与语言、文字和图像密不可分，在一定程度上可以说，信息技术是关于语言、文字和图像的技术。

而语言、文字和图像又不能与信息等同。例如，不同的人，用同一种语言描述同一事物，可能一个人文字简洁，却描述得十分清楚，而另一个人虽然文字冗长，但却词不达意，不能使人明白事物的本质。因而，逐渐人们又将语言、文字和图像看成是消息，而将信息看成是消息所表征的自然界事物运动变化的内在规律和本质。但在不少情况下，人们又并未将二者严格区分开来，往往信息一词指的就是消息，“消息”一词指的就是信息。

信息是客观存在，并不以人的意志为转移，但限于科学技术水平、经验与研究的不充分，人类现在对很多自然现象还不了解，甚至并未感知到它的存在；有的虽然已感知到它的存在，但不知其所以然，因而无法描述它。对于自然界的这类未知事物，它们还未进入人类的认知体系，也不能用信息技术方法描述它们，因而也未能给人们信息量。

人类能不断获得自然界的信息，丰富人类的知识的前提是发展科学技术，其中包括信息技术，使信息畅通，并将信息转化为人类的共同资源和财富。考察人类的发展历史，可以说人类社会的进步离不开信息技术的进步。人其所以由动物进化为人类，首先是创造了语言；动物可能也有“语言”，但是动物的语言远没有人类的语言复杂、完美。有了语言才可以彼此交流、沟通，交换各自得到的信息。后来又创造了文字，可以记录语言和其他信息现象，进而发展了印刷术，有了出版物和图书馆，使得人类的知识可以长期保存并传承下去。到了 1839 年，法国人达盖尔发明了银版照相机，使用感光材料解决了显影、定影的技术问题，可以成功地记录图像，使信息技术又向前跨进了一大步。至此，可用作信息载体的信息的物理形态：语言、文字和图像都已基本完善，人类也由原始社会进入了文明社会。然而，人类如何有效利用语言、文字和图像这些信息载体，也反映了社会文明的进步程度。

信息技术与世界文明发展的关系如表 1－1 所示。

表 1－1　信息技术与世界文明发展的关系

信息技术	语言	文字	印刷	邮政	电报和电话	广播和电视	互联网技术
世界文明发展	人类文明开始	文化	文艺复兴	第一次工业革命	第二次工业革命	第三次工业革命	知识经济时代

语言对于人类社会的信息交流使用最频繁，也最便利，人们对于语音的研究也最早。1876 年，贝尔发明有线电话，可以使语言信息交流漂洋过海而不受距离的限制，因而电话是信息技术的最重大的发明。贝尔发明的第一部电话远没有今天的程控电话先进，当时还没有电子技术，利用的是基本的电工原理，是利用声音去控制电路中电流的大小。

除了语言之外，其次是图像。1938 年黑白电视广播商用，可以使图像通达千家万户。上面提到的这些技术伴随着世界工业革命而诞生，同时也大大加快了工业革命的进程。电视不只是丰富人们的物质文化生活，而且也是生产工具或者武器的一部分，如远程医疗会诊、武装机器人、导弹电视末制导等。

前面说的电话、电视都与电有关，然而，信息技术也可以是非电的。例如，机械的、光的等。爱迪生于 1877 年发明的留声机（今天的电唱机），利用的就是记录声音产生机械振动的原理。他制作的“第一台会说话的机器”是采用一张锡箔卷在刻有螺旋槽纹的金属圆筒上，让针尖轻擦着锡箔转动，另一头和受话器的膜片连接，在摇动曲柄转动螺旋槽金属圆筒的同时对着受话器唱歌，歌声就通过针尖将声音的振动记录在锡箔上；而后将针一头重新回到起始点，再摇动曲柄，受话器膜片就重新唱出了歌声。这就是早期机械留声机的原理。

关于文字的技术也一直在发展，我国是最早使用活字印刷术的国家，也是第一个采用数字激光照排印刷技术的国家，并且，我国的数字激光照排技术水平一直走在世界前列。新闻出版技术当然属于信息技术范畴，因而信息技术有广泛的含义。

然而信息技术的高速发展是在 20 世纪 90 年代之后，由于以互联网、移动通信网和数据通信网为代表的信息网络技术的成熟和普及，改变了全球经济社会发展的格局，促进了社会的信息化变革。进入 21 世纪，信息化对经济社会发展的影响更加深刻。广泛应用、高度渗透的信息技术正孕育着新的重大突破。信息资源日益成为重要的生产要素、无形资产和社会财富。信息技术是当代社会最具潜力的新的生产力。信息化水平已成为现代化水平和综合国力的重要标志。

（三）关于信息科学

信息科学是人类了解自然、感知自然、了解社会、沟通情报的一门综合性科学。信息科学是由信息论、通信工程、控制论、计算机科学、仿生学、系统工程与人工智能等学科互相渗透、相互结合而形成。如果从技术角度看，则可以认为：信息科学是系统研究信息获取、传输、处理、显示、存储、检索与应用的科学，它涉及语言、文字、数据（包含物理参数）、生物信息、图像等信息形式。

随着信息科学技术的不断进步，在世界工业体系中形成了庞大的信息产业。我国在信息技术研究领域进步神速，建立了大量研究机构，目前在大学设立有若干相应的工科专业，如：通信工程、电子信息工程、电子科学与技术、光信息科学与技术、光电信息工程、计算机科学与技术、控制科学与技术，以及数字媒体技术等。在大学本科专业之上又划分了若干研究生的专业学科，规划了各学科的重点研究方向，以培养信息学科的高级专门人才。在 21 世纪，随着学科的高度分化和高度结合，有关信息学科的专业设置、学科分工及人才培养等将会不断调整与变化，以适应未来信息科学的发展。

二、电子科学技术的发展

（一）电与电子管

人们很早就知道摩擦生电的自然现象，这最早可追溯到公元前。到了 1819 年，丹麦科学家奥斯特发现了电流的磁效应。1820 年，法国科学家安培对电流和磁场之间的关系作了进一步的研究。1831 年，英国科学家法拉第发现了电磁感应现象，并奠定了发电机的理论基础，这可以说是 19 世纪最重要的发明。有了发电机，有了电，才能有 19 世纪 60 年代前后的众多发明，如电灯、电报、电话及多种电动工具等，也才能在 20 世纪初产生电子技术。

电子技术是从电子管开始的。1833 年，当爱迪生在寻找电灯泡中灯丝材料时，发现了受热灯丝的附近存在热电子。1885 年，英国电气工程师弗莱明发现如果在灯泡里装上碳丝（称阴极）和铜板（称阳极或者屏极），则灯泡里的电子可实现从阴极到阳极的单向流动。1904 年，弗莱明制成了在灯泡中装有阴极和屏极的世界上第一支真空二极管。真空二极管可以对交流电进行整流，或者称之为检波，即使电子朝一个方向流动，在二极管中实现了对电子的控制。真空二极管的功能是有限的，还不足以对电子技术的发展产生重大影响，标志着跨入电子技术时代大门的发明是真空三极管。

为了提高真空二极管的使用性能，1906 年，德·弗雷斯特在真空二极管内插入一个栅栏式的金属网，发现这个栅网能十分有效地控制二极管中电子由阴极向屏极间的流动，只要加到栅网上一个十分微弱的电流，就可以在屏极上得到比栅极大得多的电流，而且屏极上的电流波形和栅极上的电流波形完全一致，即是三极管对信号的放大作用。真空三极管的发明使信息技术从此跨入了电子时代。此后的无线电、收音机、电视机的发明都是基于真空三极管对信号的放大原理才能制造出来的。在半导体三极管发明之前，真空二极管、真空三极管及其改进产品在电子技术领域统治了 50 余年。

在电真空管原理基础上，还发展出了众多的其他电真空器件，如电视机的显像管 CRT（Cathode Ray Tube）、示波器用的阴极射线示波管、摄像机用的真空摄像管等。目前显像管、示波管正在被液晶、等离子等显示所取代，摄像管已被 CCD 半导体器件所取代；但电真空器件在有些设备中仍有应用，如家用微波炉中的磁控管和某些大功率高频发射机中的功率发射管等。

（二）半导体器件

1. 电子管的缺点

用电子管器件可以制造出各种类型的电子设备，也可以制造计算机。它的缺点是体积大、功耗大，需加热灯丝才能发射出电子，因此一个电子管就是一个小白炽灯泡。“二战”时期，美国军方要求宾州大学为他们研制一种用电子管取代继电器来计算炮弹弹道的计算机。1946 年 2 月，这种机器正式投入运行，它用了 18800 个电子管，设备长 50ft，宽 30ft，占地 1500ft^2（大约一间半教室大），重约 30t，耗电超过 174kW/h，运算速度却只有 5000 次/s（加法），共运行了 9 年。这就是人们通常提到的“世界上第一台计算机”。

2. 半导体晶体管的发明

半导体晶体管的发明开创了世界电子科学技术的新时代。

半导体是一种介于金属和非金属之间的材料，以锗和硅为代表。1947 年，美国贝尔实验室的 3 位科学家巴丁、布拉坦和肖克利在研究锗和硅的物理性质时，意外地发现在一定性质的锗晶体物理结构条件下，锗晶体对信号有放大作用，随后他们制造出了世界上第一支点接触型锗晶体三极管，因而肖克利被称为“晶体管之父”。晶体管体积小、耗电少，此后晶体管迅速取代电子管，成为各类电子设备的主流器件。由于这一了不起的电子技术成就，肖克利、巴丁和布拉坦 3 人共同分享了 1956 年诺贝尔物理学奖。结型晶体三极管的内部结构及电路符号，如图 1-1 所示。

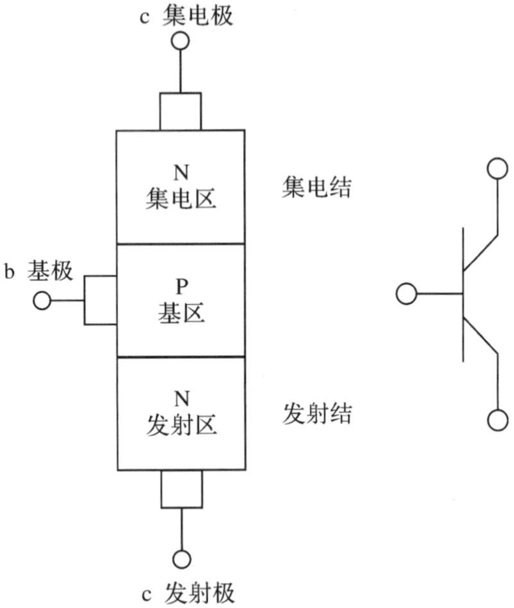

图 1-1　结型晶体三极管的内部结构及电路符号

（三）集成电路

晶体管的体积虽然比电子管小得多，但它还是不够小，一万只晶体管制成的电子设备仍然不能放在手掌心上。继电子管、晶体管之后，电子器件的第三次革命是集成电路。

1958 年，美国德州仪器公司工程师杰克·基尔比在一块 6.45mm^2 硅片上集成了 12 个元件，研制出了一个 RC 移相式振荡器，这是世界上第一块集成电路芯片，它标志着电路制作上的一次革命性进展，从此开创了微电子新时代。在基尔比发明的集成电路基础上，美国硅谷的仙童半导体公司工程师诺依斯提出了用平面处理技术来实现集成电路的大批量生产。随后，集成电路产品迅速取代晶体管分离元器件，在美国硅谷创办了巨大的集成电路产业。随着集成电路的技术进步，电子线路产品体积越来越小，使今天的个人计算机与移动电话成为可能。1966 年，基尔比和诺依斯被富兰克林学会同时授予美国科技人员的最高奖“巴兰丁奖章”。

1961 年，德州仪器公司研制成功了世界上第一台集成电路计算机，共采用 587 块集成电路，重量约 300g，体积 100cm^3，功率 16W。

集成电路以一块芯片上集成数字电路中一种最简单的“门电路”的个数来区分集成电路的规模，称 100 个以下的为小规模，100 ~ 1000 个为中规模，1000 ~ 10000 个为大规模，10 万以上为超大规模（Very Large Scale Integration, VLSI）。目前电路之间的连线宽度已小于 1μm，可达 0. 1μm 甚至更低，已接近物理最小极限。在这种极限尺寸条件下，一块芯片上的电路单元个数在 10 亿左右。元件多了，芯片内的散热成为大问题。打开一块集成电路芯片，大致情形如图 1 – 2 所示。

图 1 – 2　集成电路内部图

目前，VLSI 芯片的技术已进入 SoC（System on a Chip）时代，即把一个电子系统集成在一块集成电路芯片上。这不但可以减小设备体积，还能提高设备可靠性和大大提高电子产品的生产效率，降低成本。在学科上也促进了微电子和信息系统整机产业的融合。集成电路已不再是电路，而是系统，由几片集成电路互连即构成了一台整机。生产集成电路的公司已不再是只生产集成电路，他们在生产集成电路的同时还提供整机解决方案，整机厂家所做的工作仅仅是外形设计和配套一些功能软件，产品质量主要是由集成电路芯片决定的。这是当前电子信息产业的新特征。

（四）纳米电子器件

纳米电子学和纳米电子器件将是微电子器件的下一次革命。纳米电子器件的功能将远远超出人们的预期，它将给人类信息科学技术的发展带来新的变革。随着固体器件尺寸变小，达到纳米（10^{-9}m = 1nm）级尺寸，其中受限电子会呈现量子力学波动效应和现象，使器件出现用经典力学无法解释的特性，而众多特性在信息电子学看来是十分有用的。从而可以提供人们研究与制造新的电子器件，如纳米集成电路、纳米显示器等。

纳米电子学是当今世界电子学发展的大势所趋，全世界的众多科学家正大力开展研究工作并取得了很大进展。1997 年，北京大学成立了纳米科学与技术研究中心。中心通过化学、物理、电子、生物、微电子的多学科交叉，在超高密度信息存储材料、纳米器件的组装和自组装、纳米结构的加工、短单壁碳纳米管的结构和电子学特性研究、近场光学显微技术、纳米尺度的生物研究以及微电子机械加工技术方面都取得了可喜的成果，发现了 0. 33nm 级别的单壁碳纳米管。该碳纳米管上侧向垂直生长形状，得出了纳米电子器件的“T”形模型。这种“T 形结”与纳米点、纳米线构成的“隧道结”一起，可能成为替代微电子 P－N 结（普通晶体管内的基本结构）的两种纳米电子学的基本结构。竖立起来的单壁碳纳米管本身有发光效用，因而可用于显示屏的开发、制备场发射器件和改进扫描探针。单壁碳纳米管很短时，出现的负电阻效用（负电阻等效于释放能量，这是微波振荡电路的物理基础）也引起了科学家们的兴趣。此外，中科院上海微系统与信息技术研究所也组建有“纳米电子器件实验室”。

三、电子信息科学技术

一般来说，电子信息科学技术主要是采用电子学的方法与手段来研究信息科学与技术。概括而言，是研究信息获取、信息传输、信息处理、信息存储与信息利用等。

（一）信息获取

一切生物都要随时获取外部信息才能生存。人类主要通过眼、耳、鼻等来获取外界信息，并利用大脑对信息进行加工、分析和处理，而后做出反应。目前还做不出对外部环境感知能超过人类的机器。电子信息科学技术的最高目标是能制造出和人类一样的机器：能感知外部环境，能自主进行思维分析并做出判断，能根据判断对外部环境做出反应，即采取适当行动。

目前在信息获取技术方面研究比较深入的是语音和图像信息的获取。

1. 语音信息的获取

获取语音信息有多种方法，除了前面提到的早期留声机采用直接记录声波引起的机械振动的方法之外，其大量采用的方法是将声音转换成电信号，统称这类转换器为拾音器。拾音器实际上是一种声音传感器，如固定电话和移动电话中的送话器、会场扩音系统中的麦克风等。按声波转换成电信号的不同机理，大致有两类器件，一类是采用压电晶体（或者压电陶瓷），另一类是采用动感线圈。压电陶瓷的物理特性是：当瓷体受压，则产生电，可通过瓷片两边的金属膜将电信号引出；如果在瓷片两边加电压信号，则瓷片就产生与电压信号相同的振动。动感线圈的工作原理是线圈切割磁力线而产生电压。这两类拾音器的共同点是都有一个“纸盆”以感知声波的振动，两类拾音器的原理结构如图 1－3 所示。如将拾音器的输出送至受话器（或喇叭）则可发声。压电陶瓷成本低，灵敏度高，但音质不好，目前按照动感线圈原理制作的传感器用得较多，体积最大的如扩音器中的麦克风，最小的如移动电话中的送话器，直径仅约 6mm，厚度不到 1mm。

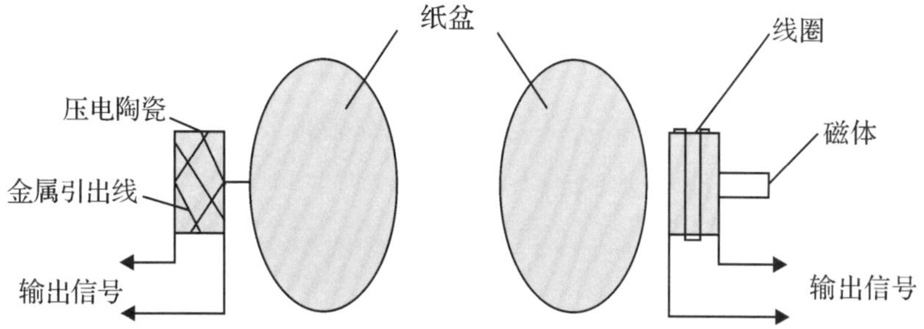

图 1－3　拾音器原理示意图

2. 图像信息的获取

图像信息的获取应用十分广泛，如照相机、摄像机、视频会议、远程医疗、实时监控、机器人视觉、地球资源遥感等。要获取图像，首先要有摄像头。摄像头分为光电扫描摄像头和半导体电荷耦合器件（Charge Couple，CCD）

摄像头两大类，早期用光电扫描摄像管，现在几乎全部采用 CCD，其区别在于摄像管中的感光器件。

（1）光电摄像管的工作原理。

以光电摄像管为例（如图 1－4 所示），它由感光靶面、光学镜头和电子束扫描控制（偏转线圈）系统等组成。外部景物通过光学镜头成像再由光——电转换材料制成的靶面上。光的强弱不同，感光靶面上相应感光点上的电压强度就不同，各感光点上的电压信号由摄像管产生的电子束扫描靶面获取。从左至右扫描一条线，称之为一“行”，扫描完整靶面一次为一“场”。这即是早期电视摄像头的工作原理。扫描的快慢根据应用要求不同而不同。在模拟电视系统中是每秒扫描 50 场，每场图像扫描 625 行。如果是资源卫星中的图像遥感，则扫描频率可以慢得多。彩色图像是由红、绿、蓝 3 种颜色图像的合成，因而要有红、绿、蓝 3 个摄像头分别摄像才能合成彩色图像。

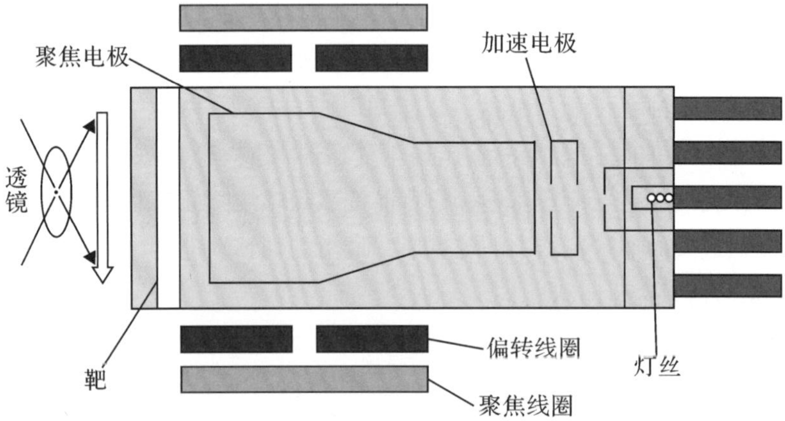

图 1－4　光电摄像管原理图

（2）CCD 半导体摄像头工作原理。

摄像头用电荷耦合器件代替了光电摄像管的靶面，用 DSP（Digital Signal Processing）控制芯片代替了光电摄像管中的电子束扫描系统。一个 CCD 元件构成一个像素点，目前 CCD 已能做到 1450 万个像素点。DSP 芯片也比电子束扫描的控制精度高得多，且消耗功率很小。目前 CCD 几乎应用到了所有的图像传感器领域。

每一个 CCD 单元由电荷感应控制和传递 3 个小单元构成，电荷的多少由光的强弱决定，各单元的电荷依次按行在控制单元的控制下传递出去，按行、场的规律排列就组成了一幅图像。

可以制造出对不同光线敏感的CCD器件用作不同用途，如红外成像和微波遥感等。红外成像应用广泛，如医疗、温度检测、夜视仪、工业控制、森林防火等；微波遥感可用于资源卫星探物、探矿等。

3. 物理参数信息的获取

工业控制中往往需测量被控制对象的物理参数，如温度、压力、张力、变形、流量（液体或气体）、流速，等等。而这些都是通过传感器实现的。一般传感器都得将被测参数的变化变成电参数的变化才能录取。设计与制造好的传感器的关键是材料。

（二）信息传输

信息传输是电子信息科学技术中的一个重要方面。信息传输的另一个常用技术名词叫通信。

1. 通信系统模型

如果将不同的实际通信系统抽象化，则可用图1－5来表示任意通信系统的模型。

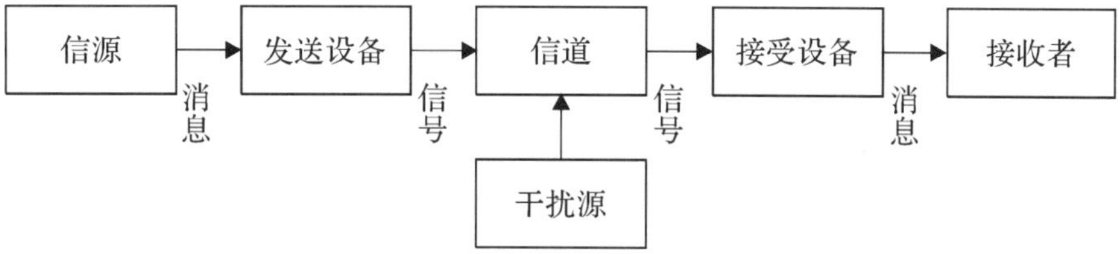

图1－5 通信系统模型

信源——消息的来源。即由它产生出消息。根据消息与信息的含义，可以认为："信源"是指客观世界，包括人类社会和宇宙。信息是由信源发出的。

发送设备——多个功能分设备的总称，包括信息获取、信号数字化、信号处理、编码和调制等。

信道——信号经过的通道。如大气空间、电线或海水等。

接收设备——完成与发送设备对消息所进行的相反变换（如解码、解调等），最后还原出所传送的消息。

接收者——可以是人，也可以是机器。

干扰源——表示信号在传输过程中可能引入的各种干扰，如设备的内部噪声和外来干扰等。

2. 通信系统类型

有多种划分通信系统类型的方法。如按信道类型来划分，就可以将通信系统划分为有线通信与无线通信。固定电话、互联网、闭路电视属有线通信；移动电话、卫星通信、广播电视属无线通信；光纤传输属有线通信，大气激光通信属无线通信；等等。

无线通信可以工作在不同的频率。中波广播的频率是535~1605kHz，广播电视工作的频率是49~863MHz，移动通信工作的频率是450~2300MHz（在与电视重叠的频率部分二者须错开，即已分配给电视的频段，移动通信就不能用）；频率不同，无线通信设备的性能指标会不同，因而各个频段安排的用途也不同。

（三）信息处理

1. 信号处理与信息处理

信号通常是指代表消息的物理量，如电信号、光信号等，它们是由消息经变换后得到的。在通信中通常采用的信号有两类，一类是模拟信号，另一类是数字信号。它们由多个参数决定，如信号幅值、频率、持续时间等（光信号同样有这些参数），信号的每个参数都可以由消息确定，如果消息是无失真变换成信号，这时消息中的信息就转移到了信号中，因而此时的信号序列已经含有信息。这一信号序列已成为信息的载体。除了人脑可以直接对信息进行加工处理之外，机器只能通过对载有信息的信号序列的处理才能实现对信息的处理。

（1）信号处理。

信号处理是针对信号中的某一参数所进行的运算，如编码、滤波、插值、去噪和变换等。在处理过程中系统并未考虑信号参数所代表的信息含义。因此信号处理的系统模型可表示为从信号参数—信号参数，即输入的是信号参数，输出的仍然是信号参数，它无法感知信号参数所代表的信息内容和信号处理后的效果。例如，手机在传送语音时，首先获取的是模拟语音波形，而后将模拟语音波形变成数字信号，接着将数字信号每20ms切割为一段，而后分析这20ms的语音波形参数，再接着是将这一组波形参数再编码为新的数字信号。在上述这些处理过程中，系统是机械地根据信号进行操作，从一组参数变成了另一组参数，丝毫也未顾及信号中的信息，即使是在分割信号流时正好是将语音的一个音节切成两半，它也照切不误。因而手机对语音所进行的上述处理应属于信号处理。信号处理的目的和设计要求，并非服从或者服务于信息本身。上述手机对语音所进行的处理就是服从于通信系统对语音数据速率的限制，因而它不惜损伤语音信息本身。

（2）信息处理。

信息处理有两种模型，一种是“信号→信息”，另一种是“信息→信息”。信息处理往往要通过对信号中代表信息的相应信号参数的处理来实现。信息处理与信号处理的区别主要是引入了对信号参数的理解。因而它对信号参数的处理目的是服从于信息本身，如要求图像清晰度高、音质好等。信息处理主要包括：信息参数提取、增强，信息分类与识别等。信息处理模块的设计与评价是以其输出信息的指标作为依据。

数字电视属第一类信息处理，它输入信号，输出图像。在数字电视机中对信号进行的处理都是为了获得好的图像。语言翻译机属第二类信息处理，系统中对语音信号进行的处理，如编码、语音参数提取、语音识别、语义分析、语音合成等，都是以语音信息的质量指标为前提。因而信息处理的输出是信息（即语音、文字和图像），信息处理系统中对信号进行处理的目的是获得所需要的信息参量指标，这和信号处理中的“信号→信号”模型是不同的，因而将其表示为“信号→信息”模型。

2. 汉字识别

汉字识别分为印刷体汉字识别和手写体汉字识别。印刷体汉字识别已成熟，困难的是手写体汉字识别，因为各人的写字风格不同，行草程度不同。自20世纪90年代开始，我国“863计划”组织了对手写体汉字识别的研究，并取得巨大进展。

手写体汉字识别又分为联机手写体汉字识别和脱机手写体汉字识别。所谓联机手写体汉字识别是利用与识别系统（专用计算机或者专用汉字识别器等）相连的专用输入设备（如写字板、光笔等）写入单个汉字，待机器识别该汉字后再输入下一个汉字。这一技术已较成熟，目前大部分手机都有该项功能。所谓脱机手写体汉字识别是将文件、单据上的手写体汉字以照片或者扫描的方式输入识别系统，由系统完成对汉字的识别。

在脱机手写体汉字识别系统中又分为特定人和非特定人。非特定人手写体汉字识别是最困难的，然而经过持续多年的研究，当前该项技术也已接近实用程度，系统的正确识别率可达95%以上，一般个人计算机识别速度可达2～5个汉字/s。

3. 语音信息处理

语音信息处理包括语音识别与语音合成两方面。目前，语音信息处理技术研究已取得惊人的进展，已有成熟的语音识别与语音合成芯片，不但在机器人中采用，而且已应用在智能玩具中，制造出了能听懂人说话和能说话的玩具，预计市场前景广阔。

（1）语音识别。

语音识别的第一步是将模拟语音波形数字化；第二步是从数字语音信号中提取语音参数，在这一步中要采用多种数字语音信号处理技术，如线性预测系数（LPC）分析、全极点数字滤波、离散傅里叶变换、反变换、求倒谱系数等；第三步是建立语音的声学模型和语音模型；第四步是根据语音参数搜索和匹配语音模型与声学模型，最后识别出语音。这其中还有很多技术细节问题需要考虑，由于汉语有很多同音字，因此需要利用语义分析、“联想”等人工智能策略。但技术发展的潜力是无限的，当前语音识别所达到的水平，在 10 年前是想象不到的。

（2）语音合成。

如果语音识别是将语音通过数字语音处理变为文本文件，那么，可以说语音合成是语音识别的逆过程。是将文本文件转换成语音，这就不难理解语音合成的原理了。采用语音合成技术可以生产出能朗读书、报的机器。

4. 图像信息处理

语音信号是一维时间函数，而图像是二维的；语音信号的处理只是对数字序列进行运算，图像信号的处理是对一个平面的数据（矩阵）进行运算。因而图像信号处理的运算量比语音要大得多。图像信息处理的内容很多，包括图像去噪、增强、变换、边沿提取，图像分割、图像识别和图像理解等。图像信息处理有着广泛应用，如视频通信、网络电视、监控、人脸识别、机器人视觉、导弹自动寻敌、目标识别、地球资源勘探等。

（四）信息存储

信息存储在电子信息学科领域应划入计算机科学的范畴，下面介绍几种应用最广的电子信息存储技术。

1. 磁存储

磁存储的主要设备是硬盘，它是计算机的外部设备。计算机将数据通过磁头变成磁的信号形式刻录在硬盘磁体上。记录在硬盘上的数据可以擦洗后重写。硬盘的尺寸有多种规格，最小的硬盘直径只有1.3cm，可以直接插在摄像机内作为数字图像的大容量存储器。

2. 光存储

光存储是计算机将数据通过激光头记录在CD（Compact Disc）盘片上。有一次写入型CD盘片和多次擦写型CD盘片。盘片性能差别较大，目前较好的蓝光DVD盘片可保存数据70年，一张DVD盘片上可存入的数据量是4.7～8.3GB。

3. 半导体移动存储器

半导体移动存储器也称为闪存（Flash Memory），闪存是可擦写存储器EE-PROM的一种，配上不同的接口电路就得到了不同形式的产品。USB移动存储器是闪存配上USB（Universal Serial Bus，通用串行总线）接口。配上9针接口电路的称为SD卡（Secure Digital Memory Card），SD卡的外形固定为24mm×32mm×2.1mm，与USB移动存储器相比存取速度更快。此外，还有记忆棒（Memory Stick）和CF卡（Compact Flash）等。

目前，USB移动存储器使用最广，其次是SD卡，它们已取代计算机的软盘，成为使用极广的一种移动存储器。记忆棒、CF卡通常使用在其他一些电子设备中，如照相机等。

4. 纳米存储器

目前，光存储器的存储单元尺寸在微米级水平，而正在发展中的纳米存储器的存储单元尺寸在纳米级水平，因而如采用纳米存储技术，在相同几何单元内的信息存储容量将提高100万倍。用一个形象比喻就是：一个大型图书馆中的所有资料，可以轻松地存放到一个不到$2cm^2$的纳米存储器单元内。目前正在研究的纳米存储器有多种，从而有不同的名称，如分子存储器、全息存储器、纳米管RAM、微设备存储、聚合体存储等。

第二章　数字技术

一、数字技术概述

（一）数字技术起源

人们从自然界获得的消息有多种表达形式，如语音、文字、图片和视频等。在处理这些消息时，它们需要被转换成系统中的信号。

1. 信号的分类

常用的信号可以分为以下几种：

（1）连续时间信号。信号的幅值可以是连续的，也可以是离散的。

（2）模拟信号。连续时间信号的一种特例，如果时间是连续的，幅值也是连续的。

（3）离散时间信号。如果时间是离散的，那么幅值是连续的，或称为序列。

（4）数字信号。如果时间是离散的，那么幅值是量化的。

2. 系统的分类

处理信号的物理设备称为系统。常用的系统可以分为以下几类：

（1）模拟系统。如果系统处理的是模拟信号，输入与输出都是连续时间、连续幅值信号。

（2）连续时间系统。如果系统处理的是连续时间信号，输入与输出都是连续时间信号。

（3）离散时间系统。如果系统处理的是离散时间信号，输入与输出都是离散时间信号。

（4）数字系统。如果系统处理的是数字信号，输入与输出都是数字信号。

3. 模拟信号的误差积累

许多人做过一个简单的游戏，第一个人跟第二个人说一句话，第二个人再传给第三个人，依此类推，传到最后一个人时，原来的那句话常常会发生很多改变。这是因为：

（1）语言是模拟信号，在每一次传输过程中都有可能发生误差，引起所传输话语的部分改变。

（2）模拟信号有误差积累效应，在每一次传输过程中误差不断积累，直至最后，整句话可能发生了很多改变。

这就是模拟信号的误差积累。

4. 数字信号的纠错能力

还是刚才那个游戏，但是传送的是数字信号，比如101011001110000。

（1）同样的传输条件，数字信号也可能发生误差，引起某一次传输结果的差错。比如11101100111000。

（2）数字信号可以采用纠错编码，系统会自动检测出错误，直到第二位出现了误码，然后自动纠错，改正为10101100111000后继续往后传送，所以采用纠错编码的数字信号传输没有误差积累。

（3）这样，经过N次传送，最后的误码只相当于一次传送。

这就是数字信号的纠错能力。

5. 综合业务数字网

对于模拟信号来说，不同的信号形式，比如语音、文字、图像、视频，需要不同的处理系统。

如果把各种模拟信号统统转换成数字信号，就可以使用同一个系统来处理了，这就是综合业务数字网的初衷。

因此，数字技术得到了普遍使用，我们已经进入数字时代。

6. 模拟信号的数字化处理

由于许多科学与工程问题中需要处理的是模拟信号，因此首先需要讨论模拟信号的数字化处理：

（1）把模拟信号转换为数字信号。

（2）用数字技术进行处理。

(3) 再还原成模拟信号。

模拟信号的数字化处理系统的方框图，如图 2－1 所示。

图 2－1 模拟信号的数字化处理系统

在模拟信号的数字化处理系统中，输入为模拟信号 $x_a(t)$，数据处理步骤如下：

首先，经过模数（A/D）转换器转换后，模拟信号 $x_a(t)$ 变成了数字信号 $x(n)$。

其次，数字信号处理器将数字信号 $x(n)$ 处理成数字信号 $y(n)$。

最后，再经过数模（D/A）转换器，把数字信号转换成模拟信号 $y_a(t)$。

（二）数字技术特点

数字信号处理相对于模拟信号处理有许多优点，归纳起来有以下明显的优点：

1．灵活性高

数字信号处理系统的性能取决于系统参数，这些参数存储在存储器中，很容易被改变。通过改变系统参数，可以很容易地改变系统性能，甚至可以通过系统参数的改变，把系统变成另外一种完全不同的系统。

2．利用率高

数字系统可以采用时分复用（TDM）技术，即使用一套数字系统分时处理几路信号，可以大大提高系统的利用率。

3．精度高

模拟系统的精度由元器件决定，模拟元器件的精度很难达到 10^{-3} 以上。而数字系统只要采用 14 位字长就可以达到 10^{-4} 的精度。如果使用超大规模集成的数字信号处理器（DSP）芯片，运算位数可以提高到 16、32 或 64 位。因此，在高精度系统中，有时只能采用数字系统。

4．可靠性高

数字系统的特性是不易随使用条件变化而变化。由于使用超大规模集成的 DSP 芯片，设备简单，提高了系统的稳定性和可靠性。

5. 易于大规模集成

由于数字部件具有高度的规范性，对电路参数要求不严，因此便于大规模集成、大规模生产。由于采用了大规模集成电路，数字系统具有体积小、重量轻、成本低、可靠性强等特点，这也是DSP芯片发展迅速的原因之一。

6. 性能指标高

由于数字系统可以方便地对数字信号进行存储和运算，系统可以获得高性能指标。例如，对信号进行频谱分析，模拟频谱仪在频率低端只能分析到10Hz以上的频率，而且难以做到高分辨率。但在数字系统中，已经可以做到10^3Hz的频谱分析。

由于数字信号处理的突出优点，它在通信、雷达、遥感、电视、语音处理、地震预报和生物医学等许多领域得到广泛的应用。

二、主要技术介绍

（一）数字通信

1. 数字通信的组成

数字通信系统传送的是数字信号。与模拟通信系统相比，数字通信系统的发送和接收设备应具有适应数字信号传输的能力，在技术上实现起来也较为复杂。数字通信系统组成的方框图如图2-2所示。从图2-2可以看出，信源消息需要经过信源编码、数字复接、信道编码、调制等多道处理过程后才能经信道进行传输，接收端则需要做出与发送端对应的反变换。

当信源消息是模拟信号时，首先需要进行模拟/数字（Analog/Digital，A/D）转换，把模拟信号转换为数字信号，这一过程称为信源编码。其反变换过程数字/模拟（Digital/Analog，D/A）转换称为信源解码。为了提高信道利用率，还要把多个信源编码后的数字码流进行拼接，合并在同一个信道传输，这一过程称为数字复接。数字信号在传输过程中往往由于噪声干扰等原因产生误码，为此还需要增加信道编码这一环节，即在信源消息数字码流中加插一些校验码元，使系统具有一定的检错和纠错能力。经过信道编码后形成一个频带变宽的宽带数字码流，称为数字基带信号。把数字基带信号经适当码型转换后直接送入信道传输，称为基带传输。但往往信号码流频带与信道不匹配，还需要利用调制器对数字基带信号进行调制后再行传输，称为频带传输。无论是基带传输还是频带传输，经过一定距离传输后，信号都会有所衰减。此时，利用再生中继器可以完整地恢复衰减变形的信号，从而延长传输距离。

上述发送端信号的变换过程，在接收端都相应地有一个反变换过程。

基带传输和频带传输的区别是有没有“调制”和“解调”过程。因此，图2－2中把调制器和解调器以虚线表示，以表明基带数字传输系统不包括调制和解调过程。

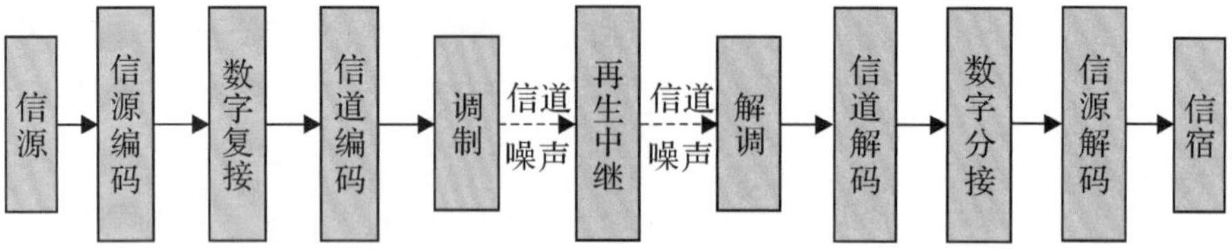

图2－2　数字通信系统组成

（1）信源与信宿。

从信源发出的消息可能是数字信号，也可能是模拟信号。例如，通过计算机各种接口直接发送出来的信源消息是数字信号，而从普通电话机发出的就是模拟语音信号。信宿接收到的信号性质通常与信源信号是一致的。

需要指出的是，数字通信系统与数据通信系统是有区别的。一般来讲，数据通信系统中从信源到信宿都是模拟信号，而数字通信系统的信源和信宿是数字信号，需要进行模拟/数字转换之后才能进行数字传输。

（2）信源编码与解码。

当信源消息是模拟信号时，信源编码实现模拟信号数字化。接收端则通过信源解码实现数字信号模拟化来恢复原始信号。最常用的模拟信号数字化方法成为脉冲编码调制（Pulse Code Modulation，PCM）。

（3）数字复接与分接。

数字复接的目的是提高信道利用率。在发送端将若干个分支的低速数字信号合并成一个复合信号，然后送入同一个信道进行传输。在接收端则使用数字分接技术把它们分开。此时，信道带宽要能够容纳多路数字复接后的信号带宽。数字复接技术的难点在于复接过程中各分支信号的码速同步问题。

（4）信道编码与解码。

信道编码又称为抗干扰编码，其目的是提高传输的可靠性，所采用的方法是在消息码元中加入一些监督码元，让本来不带规律性的消息码元序列产生规律性。在接收端，则根据这一规律性对码元序列进行检验，成为信道解码。一且出现违反规律的情况，就认定出现了传输错误，并做出进一步处理。常用的信道编码包括奇偶校验编码和循环冗余校验编码等。

只具备错误码元检出能力的信道编码称为检错编码，而同时具备自我纠错能力的信道编码称为纠错编码。

（5）调制与解调。

根据传输媒介的不同，数字基带传输信号可以调制到光波频率、微波频率或者短波频率上，以适应不同的信道环境。例如，用数字基带传输信号直接控制发光二极管的发光强度，使之产生随 0、1 数字信号变化的光信号，就可以实现光纤通信。通过频移键控或者相移键控控制某个微波载波频率的信号，就可以实现数字微波通信。

（6）再生中继。

把经过一定距离传输后产生幅度下降和变形的数字信号，进行放大整形恢复后继续传送的过程，称为再生中继。例如，数字微波中继站、卫星上的转发器、光通信中的光中继器都可实现数字信号的再生中继。数字信号不受距离的影响，能够完全再生是数字通信系统所特有的能力，这意味着对原始信号的完整复原。而模拟信号不能实现完全再生。

（7）信道噪声。

信道噪声导致数字传输产生误码。信道固有的热噪声或自激噪声、相邻信道之间的串杂信号干扰、自然界的雷电、高压电火花等外界因素都是噪声的来源。相对来说，无线通信比有线通信易受到干扰，电信号比光信号易受到干扰。不同的传输介质适用的频率范围不同，因而会受不同频率噪声信号的干扰。

2. 数字通信的特点

与模拟通信系统相比，数字通信系统有下列一些特点：

（1）抗干扰能力强，无噪声累积。

在模拟通信系统中，消息的内容往往隐含在信号的波形中，而噪声的叠加干扰对信号的波形影响难以去除，会随同信号一起传输、放大。距离越长，噪声累积就越大。

在数字通信系统中，消息的内容是由不同信号电平的数字编码所表示的。通常传输的是二值信号，只要干扰噪声电平绝对值不超过判决门限值就不会造成实质性的影响，所以有较高的抗干扰能力。同时，再生整形后的数字信号与原始数字信号能够做到完全一样，这样噪声累积被限制在一个中继段内，通信质量不受传输距离的影响。

（2）数据形式统一，便于计算处理。

来自声音、视频和其他数据源的各类信号都可统一为数字信号的形式，通过数字通信系统传输。数字信号便于利用强大的计算机功能进行计算处理，实现通信网的综合化业务和智能化管理。

（3）易于集成化，小型化。

数字化的设备容易通过超大规模集成电路来实现，因而数字通信系统的设备体积小、功耗低、性价比高。

（4）易于加密处理。

信息的保密日益受到重视。数字通信系统既可以在信源编码之后通过增加硬件设备来加密，也可以通过适当地增加扰码进行软加密。而数字信号的加密处理比模拟信号要容易得多。

（5）占用较大的传输带宽。

在相同传输效率的情况下，数字通信需要占用较大的信道传输频带。

（6）技术上较复杂。

数字通信实现包括诸如模/数转换、数/模转换、数字复接等相对复杂的技术。通常利用大规模集成电路对系统做模块化设计，实现起来也较为复杂。

综上所述，数字通信系统虽然需要占用较宽的频带，技术上也较为复杂，但与其所具有的巨大优势相比，这些并不构成问题的主要方面。因此，数字化通信已经成为当代通信领域中的主要技术手段。

（二）模数转换

多输入多输出技术是为了提高移动通信系统的抗干扰、抗衰落能力而出现的一种新技术。它已经成为移动通信领域的一个研究热点。

1. 模数转换的概念

由于数字技术有诸多优点，通信技术的发展方向是数字通信系统，比如数字电视、数字手机等。

自然界的许多信息都是模拟量，比如电话、电视等，其信源输出的都是模拟信号。若要利用数字通信系统传输模拟信号，一般需三个步骤：

（1）把模拟信号数字化，即模数（A/D）转换。

（2）进行数字方式传输。

（3）把数字信号还原为模拟信号，即数模（D/A）转换。

模拟信号的数字化过程包括抽样、量化和编码三个关键步骤。

抽样是指在时间上将模拟信号离散化；量化是指在幅度上将抽样信号离散化；编码则是把量化后的幅度值用二进制数值来表示。编码后的信号即称为二进制数字信号，整个过程称为脉冲编码调制（PCM）。

数/模转换是模/数转换的反过程。接收端通过数/模转换把收到的二进制数字信号序列还原成相应幅度的模拟信号。

2. 模拟信号数字化方法的分类

模拟信号数字化的方法大致可分为两类：

（1）波形编码。

波形编码是直接把时域波形转换为数字代码序列，比特率通常在 16 ~ 64kb/s 范围内，接收端重建（恢复）信号的质量好。

（2）参量编码。

参量编码是利用信号处理技术提取语音信号的特征参量，再转换成数字代码，其比特率在 16kb/s 以下，但接收端重建信号的质量不够好。

采用脉码调制的模拟信号的数字传输系统，如图 2－3 所示。

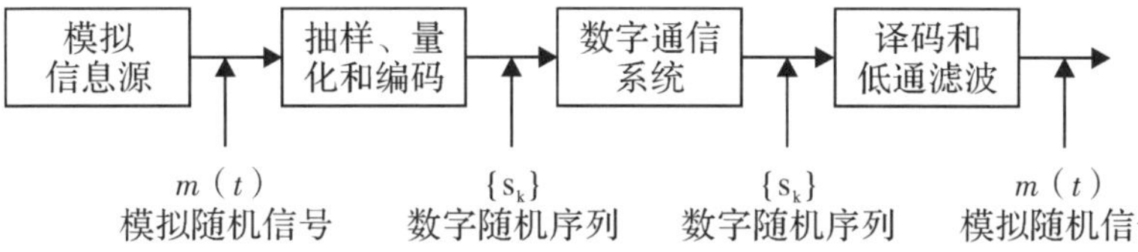

图 2－3 脉码调制的模拟信号数字传输系统

首先对模拟信息源发出的模拟信号进行抽样，使其成为一系列离散的抽样值，然后将这些抽样值进行量化并编码，变换成数字信号。

这时信号便可用数字通信方式传输。在接收端，将接收到的数字信号进行译码和低通滤波，恢复原模拟信号。

除了上述 PCM 脉冲编码调制技术之外，利用相邻抽样幅值相对变化的特性对抽样信号进行编码也是一种较常用的模/数转换方法。例如，差值脉冲编码（Differential Pulse Code Modulation，DPCM）、自适应差值脉冲编码（Adaptive DPCM，ADPCM）、增量调制（Delta Modulation，DM）和自适应增量调制（Adaptive DM，ADM）等。

（三）信源编码

1. 信源编码的概述

设计通信系统的目的是把信源产生的信息送到目的地。信源可以有各种不同的形式，例如在无线广播中，信源一般是一个声音源（话音或音乐）；在电视广播中，信源是输出活动图像的视频信号源。这些信源的输出都是模拟信号，所以称为模拟源。相反，计算机和存储设备，如磁盘或光盘，产生的是离散输出信号（通常是二进制或 ASCII 字符），因此称之为离散源。

无论信源是模拟的还是离散的，数字通信系统都是设计为传输数字形式的信息的。所以，信源的输出必须转换成能用数字方式传输的形式。将信源输出转换为数字形式的过程通常由信源编码器实现，它的输出是一串二进制数字序列。

任何信源产生的输出都是随机的。也就是说，信源输出是用统计方法来定性的；否则，如果信源输出已确切知晓，就没有必要再传输它了。

2. 信源数学模型

最简单的离散信源是由有限字符集的字符组成的序列。例如，一个二进制信源发出 100101110 形式的二进制字符串，它的字符集仅包含两个字符 {0，1}。更一般地讲，若字符集含有 L 个可能的字符，如 $\{x_1, x_2, ..., x_L\}$，则信源发出的是选自该字符集的字符串。

为了构造离散信源的数学模型，假定字符集 $\{x_1, x_2, ..., x_L\}$ 的每个字符都有给定的发生概率 P_k，即：

$$P_k = P(X = x_k) \qquad (1 \leqslant k \leqslant L)$$

$$\sum_{k=1}^{L} P_k = 1$$

这里考虑离散信源的两种数学模型。第一种，假设信源的输出序列是统计独立的，即当前的输出字符与所有过去和将来的输出字符统计无关。凡信源输出序列各字符间满足统计独立条件，则称其为无记忆的，这样的信源称为离散无记忆信源（DMS）。

假如离散信源的输出是统计相关的，如英语课文，可基于统计上的平稳来构造数学模型。根据平稳的定义，如果长度为 n 的两个序列 $a_1, a_2, ..., a_n$ 和 $a_{1+m}, a_{2+m}, ..., a_{n+m}$ 的联合概率在所有 $n \geqslant 1$ 和所有移序 m 的情况下均相等，那么该离散信源是平稳的。换言之，信源输出的任何两个随意长度的序列的联合概率不随时间起点位置的移动而变化。

模拟信源具有输出波形 $x(t)$，它是随机过程 $X(t)$ 的一个样本函数。假设 $X(t)$ 是一个平稳随机过程，其自相关函数为 $\varphi_{xx}(t)$，功率密度谱是 $\Phi_{xx}(f)$。当 X 是带限的随机过程，即 $|f| \geqslant W$ 时满足条件 $\Phi_{xx}(f) = 0$，可以用抽样定理来表示 $X(t)$：

$$X(t) = \sum_{n=-\infty}^{\infty} X\left(\frac{n}{2W}\right) \frac{\sin\left[2\pi W\left(t - \frac{n}{2W}\right)\right]}{2\pi W\left(t - \frac{n}{2W}\right)}$$

这里，$\{X(n/2W)\}$ 表示以每秒 $f_x = 2W$ 个样值的奈奎斯特速率对过程 $X(t)$ 抽样。这样，利用抽样定理可把模拟信源的输出转换成等效的离散时间信源。于是对于所有 $m \geqslant 1$，都可用联合概率密度函数（PDF）$p(x_1, x_2, \ldots, x_m)$ 从统计角度描述信源输出的特性，此处 $X_n = X(n/2W)$，$1 \leqslant n \leqslant m$ 是与 $X(t)$ 抽样对应的随机变量。

我们注意到，由平稳信源得到的每个输出抽样值 $\{X(n/2W)\}$ 通常是模拟量，如果不损伤精度就无法用数字形式表示。例如，可以把各个采样值量化成一组离散的幅度，但这种量化处理必然导致精度损失，后果是从量化的样值中不能精确地恢复原信号。

3. 信源编码的分类

信源种类可以分为：离散信源和连续信源、单符号信源和符号序列信源、无记忆信源和有记忆信源等。根据信源的种类不同，信源编码可分为经典编码方法和现代编码方法两大类。

经典编码方法又可分为无失真信源编码和限失真信源编码。

常用编码方法有霍夫曼编码、算术编码和游程编码等，其压缩效率都以信源的信息熵为上界。

另外，预测编码、变换编码、混合编码和矢量量化编码等方法也大都受信源的信息熵的约束。

（1）信息熵。

决定信源编码性能的主要因素是信源的信息熵。信息熵是反映信源特性的主要参数。

简单来说，信源的信息熵是指对该信源进行无损压缩时，信源编码器输出码率最小值。

无论采用何种方法进行无损数据压缩，每个符号输出码流的平均长度总是不小于信息熵。

(2) 数据压缩。

① 无失真信源编码。

无失真信源编码的作用如下：

- 符号变换。使信源的输出符号与信道的输入符号相匹配。
- 冗余度压缩。使编码之后的新信源概率分布均匀化，信息含量效率等于或接近于 100%。

在各类通信系统和电子信息系统中使用的信源编码方案必须具有一定的性质，满足特定的码字结构要求。

GSM 系统首先是把语音分成 20ms 的音段，这 20ms 的音段通过语音编码器被数字化和语音编码，产生 260 个比特流，并被分成：

- 50 个最重要位。
- 132 个重要位。
- 78 个不重要位。

如图 2－4 所示。

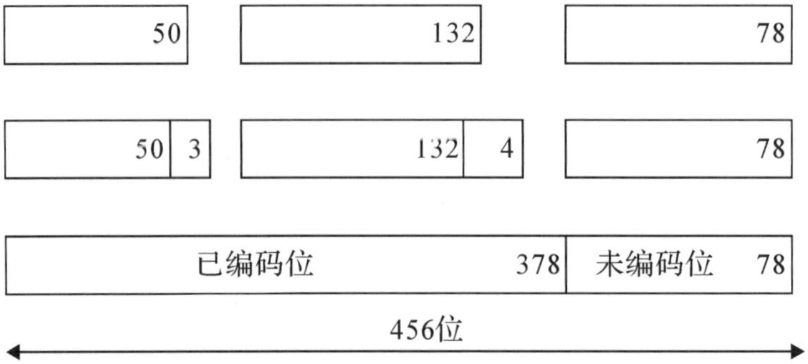

图 2－4　语音编码比特流的划分

目前 CDMA 系统的语音编码主要有两种：

- 码激励线性预测编码（CELP）8kb/s 和 13kb/s。8kb/s 的话音编码达到 GSM 系统的 13kb/s 的语音水平甚至更好。

13kb/s 的语音编码已达到有线长途语音水平。

- CELP 采用与脉冲激励线性预测编码相同的原理，只是将脉冲位置和幅度用一个矢量码表代替。

②数据压缩的概念。

随着多媒体技术的出现和发展，计算机应用不再局限于数值计算、文字处理的范畴，而是面临数值、文字、图形、图像、视频和音频等多种媒体元素，并且要将它们数字化、存储、传输，其数据量很大。近年来，虽然宽带传输介质和大容量存储介质有了较快发展，但仍比不上媒体信息容量的增长。因此，只有对数据进行压缩，通过数据压缩技术来降低数据量，减轻对存储、传输介质的要求。

③数据压缩的可能性。

音频信号和视频图像的数字化数据可以进行数据压缩编码是基于以下事实：

- 各种媒体信息是有冗余的，例如同一幅图像中规则物体或规则背景是相似的，其灰度值无须逐点描述，也就是存在空间冗余。同样，视频的前后两帧图像之间相似度可能很高，可以利用适当的技术重构图像或场景，而无须完整传送每帧图像，也就是存在时间冗余。当然，多媒体数据中还存在其他种类的冗余。数据压缩实际就是去除冗余的过程。

- 人的听觉和视觉感知机理决定了我们可以在眼睛和耳朵觉察不出来的情况下适当删减某些数据。例如，人的视觉对于图像边缘的急剧变化不敏感，对图像的亮度信息敏感，对颜色的分辨率较弱等。因此，如果图像经压缩或量化发生的变化（或称为引入了噪声）不能被视觉所感觉，则认为图像质量是完好的或是够好的，即图像压缩并恢复后仍有满意的主观图像质量。再如，人耳对不同频率的声音敏感性不同，不能觉察所有频率的变化，因此有些频率的声音压缩或量化发生的变化（或称为引入了噪声）不能被人耳所感知。

④衡量数据压缩好坏的标准。

一个好的数据压缩方法对多媒体信息的存储和传输至关重要。影响压缩性能的主要指标有：

- 压缩比。

压缩前后的文件大小和数据量进行比较，作为压缩比的衡量指标。如JPEG压缩标准的压缩比可达50∶1。人们普遍希望压缩的倍数越高越好，压缩的速度越快越好，同时人们又希望确保数据压缩的精度，即压缩完成以后，解压缩的数据和原来的数据最好没有什么差别，没有什么数据损失。然而，追求压缩比和追求精度往往是相互矛盾的，因此就需要在这两者之间权衡取舍。

- 图像质量。

虽然我们希望获得较大的压缩比，但压缩比过高，解压缩后的图像质量就可能降低。图像质量的评估法常采用客观评估和主观评估两种方法。

客观评估则是通过一种具体的算法来统计多媒体数据压缩结果的损失，如计算峰值、信噪比等。

主观评估基于人的视觉感知，因为观察者作为最终视觉信宿，他们能对恢复图像的质量做出直观的判断。方法之一是进行主观测试，让观察者通过观测一系列恢复图像，并与原图像进行比较，再根据损伤的可见程度进行评级，以判断哪种压缩方法的失真少。

- 压缩与解压缩的速度。

压缩和解压缩的速度是压缩系统的两项单独的性能度量。在有些应用中，压缩和解压缩都需要实时进行，这称为对称压缩，如电视会议的图像传输。在有些应用中，压缩可以用非实时压缩，而只要解压缩是实时的，这种压缩称为非对称压缩，如多媒体 CD – ROM 的节目制作。从目前开发的压缩技术来看，一般压缩的计算量比解压缩要大。

- 执行的硬件与软件。

采用什么样的硬件与软件去执行压缩/解压缩，这与采用压缩方案和算法的复杂程度有着密切的关系。

设计精巧的简单算法可以在简单的硬件上执行，且执行速度很快。而设计复杂的算法需要在功能强大的硬件和软件的支持下才能运行。但仅靠算法来提高压缩/解压缩的速度还是有限的。在大多数情况下，不得不依靠硬件本身提供的功能去完成，例如采用专用多媒体处理芯片。

⑤数据压缩方法的分类。

数据压缩常用的分类是根据解压缩后能否完整恢复压缩前的数据而进行的，可分为无损压缩和有损压缩两类。

- 无损压缩。

解压缩后得到的数据与原始数据严格相同，即压缩是没有任何损失或无失真的。该算法是依据香农信息论的理论，通过适当的方法去除信号间的统计冗余来达到压缩的目的。例如，一幅图像中每种灰度值出现次数不等，可以对各灰度值进行编码，出现次数多的用较短的长度，出现次数少的用较长的长度，这样处理后图像文件的数据量即可减小。

无损压缩的压缩比较小，一般在 2：1 ~ 5：1 之间，算法简单。这类算法广泛应用于文本数据、程序。

代表性的算法包括：

a. 游程编码。

b. Huffman 编码。

c. 算术编码。

d. LZ 编码。

• 有损压缩。

解压缩后得到的数据与原始数据有一定的误差，即压缩是有损或有失真的。算法利用人类视觉和听觉器官对图像或声音中的某些频率成分不敏感的特性，允许在压缩过程中损失一定的信息。虽然不能完全恢复原始数据，但所损失的部分是不容易被人耳或人眼觉察到的。

有损压缩的压缩比较大，通常可压缩到原文件的几分之一、几十分之一甚至几百分之一。有损压缩通常用于音频、图像和视频等数据的压缩，有代表性的算法有 PCM、变换编码、子带编码和小波编码等。

现行的很多多媒体压缩标准，如前面提到的 JPEG、MPEG 系列和 H. 26X 等都采用了有损压缩和无损压缩相结合的混合编码方式，以求最大限度地去除冗余，获得高的压缩比和图像质量。

⑥常用多媒体信号压缩编码标准。

为了加速压缩软件和硬件的开发，使不同厂家的设备、不同系统、不同应用环境之间能够互相传递和共享多媒体资源，国际电报电话委员会（CCITT）的研究小组提出了几种国际标准，其中被推荐并广泛使用的有 JPEG、MPEG 和 H. 261。

• 静止图像压缩标准。

静止图像压缩标准（Joint Photographic Experts Group，JPEG）即“多灰度静止图像的数字压缩编码”。它是一个适用于彩色和单色多灰度或连续色调静止数字图像的压缩标准。它包括无损压缩和有损压缩两部分。有损压缩的压缩比可达到 20 ~40 倍。

• 运动图像压缩标准。

运动图像压缩标准（Moving Pictures Experts Group，MPEG）标准包括 MPEG、音频和视频音频同步三部分。MPEG 推出了一系列标准，以适应不同的目标和应用，如目前已提出的 MPEG－1，MPEG－2，MPEG－4，MPEG－7，MPEC－21 标准。以 MPEG－1 为例，其视频是面向位速率约为 1. 5Mb/s 全屏幕运动图像的数据压缩；音频是面向每通道位速率为 64kb/s、128kb/s、

192kb/s 的数字音频信号的压缩；视频音频同步则要解决数字视频和数字音频等多样压缩数据流的复合和同步的问题。采用 MPEG－1 标准的平均压缩比为 50 倍。

该标准从颁布的那一刻起，MPEG－1 取得一连串的成功，如 VCD 和 MP3 的大量使用。

• 视听、通信编码标准 H. 261。

H. 261 标准即 PX64kb/s 视频编码标准，其中 P 为 64kb/s 的取值范围，是 1～30 的可变参数，它最初是针对在 ISDV 上实现电信会议应用，特别是面对面的可视电话和视频会议而设计的。实际的编码算法类似于 MPEG 算法，但不能与后者兼容。H. 261 在实时编码时比 MPEG 所占用的 CPU 运算量少得多，此算法为了优化带宽占用量，引进了在图像质量与运动幅度之间的平衡折中机制。也就是说，剧烈运动的图像比相对静止的图像质量要差。

H. 26X 也是一系列的标准，随着市场需求的增加和要求的提高，国际电信联盟（ITU）相继提出了 H. 261、H. 262、H. 263 和 H. 264 等一系列标准。

（四）信道编码

1. 信道编码的概述

信道编码是提高数据传输可靠性、减少差错的有效方法。

信道编码通过加入校验位，即增加冗余位实现纠错和检错能力。其追求的目标是如何加入最少的冗余位而获得最好的纠错能力。

信道编码也称为纠错编码或者差错控制编码。

2. 信道编码的分类

信道编码有多种分类方法。

（1）根据功能不同，差错控制编码可以分为两类：

①检错码。

②纠错码。

检错码只检测信息传输是否出现错误，本身没有纠错的能力，如循环冗余校验码、奇偶校验码等。

纠错码则可以纠正误码错误。

（2）根据对信息序列处理方法的不同，纠错码可以分为：

①分组码。

②卷积码。

分组码是将信息序列划分为 k 位一组，然后对各个信息组分别进行编码，形成对应的一个码字。

卷积码也是首先将信息序列划分为组，但当前码组的编译码不仅与当前信息组有关，而且与前面若干码组的编译码有关，这样就利用码组的相关性进行译码。

（3）根据码元与原始信息之间的关系，纠错码可以分为：

①线性码。

②非线性码。

线性码的所有码元都是原始信息元的线性组合。非线性码的码元不是信息元的线性组合。

（4）根据适用差错的类型，纠错码可以分为：

①纠随机错误码。

②纠突发错误码。

纠随机错误码主要适合随机错误信道，纠正其中可能产生的随机错误。纠突发错误码主要用于纠正信息传输过程中的突发错误。

3. 信道编码的模型

（1）二进制对称信道。

考虑一个加性噪声信道，把调制/解调器/检测器看成是信道的一个组成部分。如果调制器采用二进制波形，检测器实行硬判决，这就构成了如图 2－5 所示的信道，它具有离散时间的二进制输入序列和离散时间的二进制输出序列。这样一个合成信道的特点是它有一个可能输入值的集合 $X = \{0,1\}$ 和可能输出值的集合 $Y = \{0,1\}$，以及一组表示可能输入与可能输出之间关系的条件概率。如果信道噪声和其他干扰导致传输的二进序列发生统计独立的差错，那么平均差错概率 p 是

$$P(Y=0 \mid X=1) = P(Y=1 \mid X=0) = p$$

$$P(Y=1 \mid X=1) = P(Y=0 \mid X=0) = 1-p$$

这样就把二进制调制器、波形信道、二进制解调器和检测器四者的级联简化为一个等效的离散时间信道，如图 2－6 所示。这种对称的二进制输入、二进制输出信道简称为二进制对称信道（BSC）。由于这种信道的每个输出比特仅与对应的一个输入比特有关，所以说该信道是无记忆的。

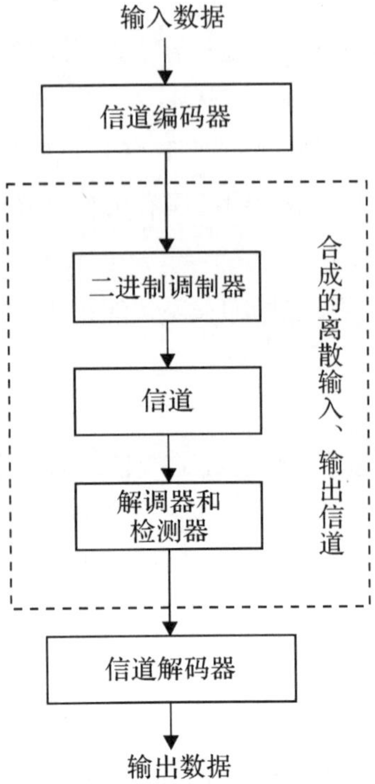

图 2－5　合成的离散输入、离散输出信道

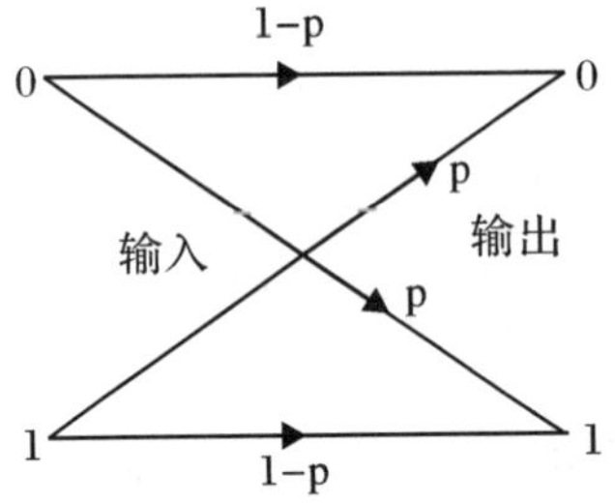

图 2－6　二进制对称信道

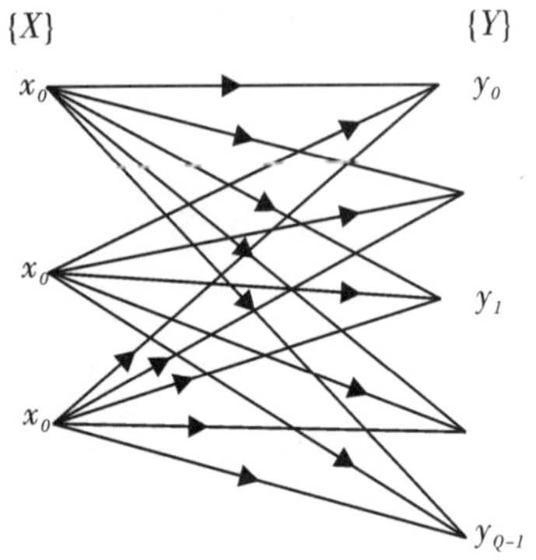

图 2－7　离散无记忆信道

（2）离散无记忆信道。

离散无记忆信道 BSC 可视为一种更广义的离散输入、离散输出信道的特例。假设信道编码器的输出是 q 元符号，即 $X = \{x_0, x_1, ..., x_{q-1}\}$ ，检测器的输出由 Q 元符号组成，这里 $Q \geqslant M = 2^q$ 。如果信道和调制过程是无记忆的，那么图 2－5 所示合成信道的输入—输出特性可以用一组 Q 个条件概率描述：

$$P(Y = y_i \mid X = x_j) \equiv P(y_i \mid x_j)$$

式中，$i = 0, 1, ..., Q - 1$ 以及 $j = 0, 1, ..., q - 1$ 。这样的信道称为离散无记忆信道（DMC，Discrete Memoryless Channel），如图 2－7 所示。若 DMC 的输入选自 X 符号集的 n 个符号 $u_1, u_2, ..., u_n$ 的序列，相应的输出选自 Y 符号集的 n 个符号 $v_1, v_2, ..., v_n$ 的序列，则联合条件概率是：

$$P(Y_1 = v_1, Y_2 = v_2, ..., Y_n = v_n \mid X = u_1, X = u_2, ..., X = u_n)$$
$$= \prod_{k=1}^{n} P(Y_k = v_k \mid X = u_k)$$

这个表达式正是无记忆条件的数学表述。

通常，决定 DMC 特点的条件概率 $\{P(y_i \mid x_j)\}$ 可以写成矩阵的形式 $\boldsymbol{P} = [p_{ji}]$ 。根据定义，式中的 $p_{ji} = P(y_i \mid x_j)$ 。$\boldsymbol{P}$ 称为信道的转移概率矩阵。

（3）波形信道。

可以把调制器和解调器从物理信道中分离出来，讨论一个信道模型，其输入是波形，其输出也是波形。假设这种信道有给定的带宽 W，在带宽 W 范围内具有理想的频率响应 $C(f) = 1$ ，信号在输出端遭受加性高斯白噪声的损伤。假设输入该信道的是带限信号 $x(t)$ ，相应的输出是 $y(t)$ ，那么

$$y(t) = x(t) + n(t)$$

这里 $n(t)$ 代表加性噪声过程的一个样本函数。为了定义一组能体现信道特征的概率，一种适当的办法是把 $x(t)$ 、$y(t)$ 和 $n(t)$ 展开成一个正交函数的完备集，即把 $x(t)$ 、$y(t)$ 和 $n(t)$ 表示为如下形式：

$$y(t) = \sum_i y_i f_i(t)$$

$$x(t) = \sum_i x_i f_i(t)$$

$$n(t) = \sum_i n_i f_i(t)$$

式中，$\{x_i\}$ 、$\{y_i\}$ 和 $\{n_i\}$ 是与展开式对应的一套系数，如：

$$y_i = \int_0^T y(t) f_i^*(t) dt = \int_0^T [x(t) + n(t)] f_i^*(t) dt = x_i + n_i$$

函数 $\{f_i(t)\}$ 在区间 $(0,T)$ 构成一个完备正交系，即：

$$\int_0^T f_i(t)f_i^*(t)dt = \delta_{ij} = \begin{cases} 1(i=j) \\ \cdots\cdots \\ 0(i \neq j) \end{cases}$$

这里，δ_{ij} 是克罗内克（Kronecker）得尔塔函数。由于高斯噪声是白色的，在展开式中可以使用任意一种正交函数完备集。

现在，可利用展开式中的系数描述信道特征。由于

$$y_i = x_i + n_i$$

其中，n_i 是高斯变量，可以推得：

$$p(y_i \mid x_i) = \frac{1}{\sqrt{2\pi\sigma_i}} e^{-(y_i-x_i)^2/2\sigma_i^2} (i = 1,2,\ldots)$$

因为展开式中的函数 $\{f_i(t)\}$ 是正交的，必与 $\{n_i\}$ 不相关。又因为是高斯的，它们也一定是统计独立的，因此

$$P(y_1,y_2,\ldots,y_n \mid x_1,x_2,\ldots,x_n) = \prod_{i=1}^{N} p(y_i \mid x_i)$$

上式对于任意 N 均成立。在这种方式中，波形信道被简化为一个等效的离散时间信道，其特征由条件 PDF 决定。

在任一时刻选用何种信道模型完全取决于用户目的。如果用户的兴趣在于设计和分析离散信道和编、解码器的性能，合适的做法是选择一种信道模型，使调制、解调器变为复合信道的一部分。如果想要设计和分析数字调制器和数字解调器的性能，可采用波形信道模型。

（五）加密编码

1. 加密编码的概述

加密编码是为保证信息的安全性。在信息传输或处理过程中，除了指定的接收者外还有非指定的或非授权的用户，他们通过各种技术手段企图窃取机密信息。

为了保证被传送信息的安全和隐私，必须对信源的输出进行加密或隐藏，同时还要求信息传递过程中保证信息不被伪造和篡改。

通信系统中的传输媒质有电缆、明线、光纤和无线电波等，信号通过这些媒质时是很不安全的。

非指定用户或敌人还会通过各种方法（如搭线、电磁波接收和声音接收

等）对所传输的信号进行侦听（称为被动攻击）。

更有甚者，有些非法入侵者主动对系统进行骚扰，采用删除、更改、增添、重放和伪造等手段，向系统注入假信号或破坏被传的信号，以达到欺骗别人，有利于自己的目的。

人们希望把重要信息通过某种变换，转换成秘密形式的信息。转换方法可以分为两个大类：

（1）隐写术。隐蔽信息载体——信号的存在，古代常用。

（2）编码术。将载荷信息的信号进行各种变换，使它们不为非授权者所理解。

密码编码学是信息安全技术的核心，主要任务是寻求产生安全性高的有效密码算法和协议，以满足对消息进行加密或认证的要求。

密码分析学的主要任务是破译密码或伪造认证信息，实现窃取机密信息或进行诈骗破坏活动。

由于保密问题的特殊性，直至 1976 年迪弗（Diffe）和海尔曼（Hellman）发表了《密码学的新方向》一文，提出了公开密钥密码体制后，保密通信问题才得到广泛研究。

尤其当今，信息的安全和保密问题更加突出和重要。为了保证所传输信息的安全，通常采用以下方法：

（1）认证业务。提供某种方法来证实某一声明是正确的，如口令。

（2）访问控制。控制非授权的访问，如防火墙。

（3）保密业务。对未授权者保护信息，如数据加密。

（4）数据完整性业务。对安全威胁所采取的一类防护措施。

（5）不可否认业务。提供无可辩驳的证据来证明曾经发生过的交换，如采用数字签名技术。

常见的不安全因素包括：

- 伪造。接收方伪造一份来自某一发送方的文件。
- 篡改。接收方篡改接收到的文件或其中的数据。
- 冒充。网络中任一用户冒充另一用户作为接收方或发送方。
- 否认。发送方/接收方不承认曾发送/接收过某一文件。

（1）接收者可以确认发送者的身份。

（2）发送者以后不能否认文件是他发的。

（3）接收者自己不能伪造该文件。

第一个条件是必需的，比如当一位顾客通过计算机发订货单，向一家银行订购一吨黄金，银行计算机需要证实发出订购要求的计算机确实属于付款的公司。

第二个条件用于保护银行不受欺骗。假设银行为该顾客买入了这吨黄金，但金价随后立即暴跌，狡猾的顾客可能会控告这家银行，声称自己从未发出过任何订购黄金的订单。

第三个条件用来在下述情况下保护顾客。如金价暴涨，银行伪造一份文件，说顾客只要买一公斤黄金而不是一吨黄金。

数字签名可以通过计算机网络使地理位置不同的用户实现签名。

数字签名既可有手写签名那样的可见性，又可将签名存储于计算机系统之中。

数字签名与整个文件的每一组成部分都有关，从而保证了不变性，而手写签名的文件则可以改换某一页内容。

数字签名可以对一份文件的一部分进行签署，这是手写签名所不能做到的；手写签名一般要经过专家的鉴定才能确认，而在一个具有良好数字签名方案的网络内，接收方可以立即识别接收的文件中签名的真伪。

2. 加密编码的原理

为了保证信息安全，可以采用加密编码的方法。

在利用现代通信工具的条件下，隐写术受到很大限制，但编码术却以计算机为工具取得了很大的发展。在加密编码中：

（1）真实数据称为明文（M）。

（2）对真实数据施加变化的过程称为加密（EK）。

（3）加密后输出的数据称为密文（C）。

（4）从密文恢复出明文的过程称为解密（DK），如图 2－8 所示。

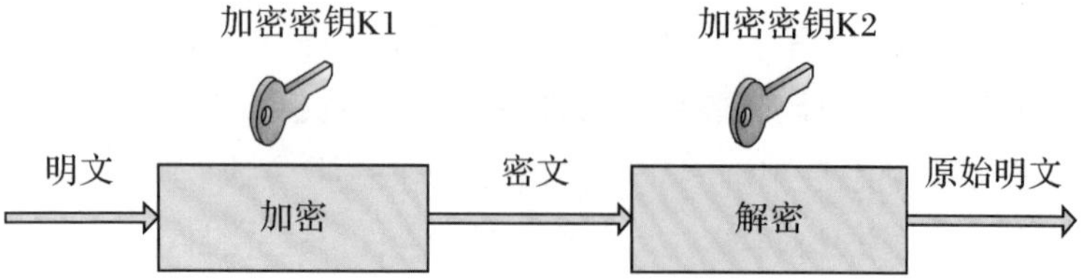

图 2－8　加密编码原理示意图

例：明文 1010110，密钥 1010101，采用模 2 相加，求密文。

解：明文 1010110

密钥 1010101

密文 0000011

密钥 1010101

明文 1010110

完成加密和解密的算法称为密码体制。

变换过程中使用的参数叫密钥 K。

加密时使用的密钥与解密时使用的密钥分为：

（1）可以相同（单密钥）。

（2）也可以不同（双密钥）。

如果求解一个问题需要一定量的计算，但环境所能提供的实际资源却无法实现它，则称这种问题是计算上不可能的。

如果一个密码体制的破译是计算上不可能的，则称该密码体制是计算上安全的。

即使截获了一段密文 C，甚至知道了与它对应的明文 M，破译者要从中系统地求出解密变换仍然是计算上不可能的。

破译者要由截获的密文 C 系统地求出明文 M 是计算上不可能的。

保密性只要求对变换 DK（解密密钥）加以保密，只要不影响 DK 的保密，变换 EK 就可以公布于众。

对称（单密钥）体制：加密密钥和解密密钥相同或者很容易相互推导出。由于假定加密方法是众所周知的，因此这就意味着变换 EK 和 DK 很容易互相推导。因此，如果对 EK 和 DK 都保密，则保密性和真实性就都有了保障。

非对称（双密钥）密码体制：加密密钥和解密密钥中至少有一个在计算上不可能被另一个导出。因此，在变换 EK 或 DK 中有一个可公开而不影响另一个的保密。

通过保护两个不同的变换分别获得保密性和真实性。保护 DK 获得保密性，保护 EK 获得真实性。公开密钥体制即是这种方式。

接收者通过保密自己的解密密钥来保障他接收信息的保密性，但不能保证真实性，因为任何知道他的加密密钥的人都可以将虚假消息发给他。发送者通过保密自己的解密密钥来保障他发送信息的真实性，但任何知道他的加密密钥的人都可以破译信息，保密性不能保证。

3. 常用密码

根据加密明文数据时的加密单位的不同，分为分组密码和序列密码两大类。

（1）分组密码。设 M 为密码消息，将 M 分成等长的连续区组 M_1，M_2，…，分组的长度一般是几个字符，并且用同一密钥 K 为各区组加密。

（2）序列密码。若将 M 分成连续的字符或位 m_1，m_2，…，并用密钥序列 $K = K_1K_2\cdots$ 的第 i 个元素给 m_i 加密。

实际中，常用的是分组密码。

密码学把信源看成是符号（文字、语言等）的集合，并且它按一定的概率产生离散符号序列。多余度用来衡量破译某一种密码体制的难易程度。多余度越小，破译的难度就越大。对明文先压缩其多余度，然后再加密，可提高密文的保密度。

在截获密文后，明文在大多情况上仍然无法确定。即如果无论截获了多长的密文都得不到任何有关明文的信息，那么就说明这种密码体制是绝对安全的。

所有实际密码体制的密文总是会暴露某些有关明文的信息。被截获的密文越长，明文的不确定性就越小，最后会变为 0。这时就有了足够的信息唯一地决定明文，于是这种密码体制也就在理论上可破译了。

理论上可破译并不能说明这些密码体制不安全，因为把明文计算出来的时空需求也许会超过实际上可供使用的资源，在计算上是安全的。

第三章　网络技术

一、网络技术概述

（一）网络技术的发展

1. 计算机网络的发展

计算机网络是现代计算机技术和通信技术密切结合的产物，是随社会对信息的共享和社会信息化的要求而发展起来的。计算机网络的发展主要经历了四个阶段。

第一阶段（20 世纪 50 年代）——联机系统。

以单计算机为中心的联机系统，又称为面向终端的计算机网络，它是由一台主机和若干个终端组成的。主机是网络的中心和控制者，分布在各处的本地或远程终端通过公共电话网及相应的通信设备与主机相连，登录到主机上，使用主机上的资源。在主机和每个终端之间都有一条专用的通信线路，当连接的终端较多时，这一互联方式存在主机的负荷较重，通信线路利用率低，可靠性低等缺点。

第二阶段（20 世纪 60 年代中期到 70 年代早期）——多主机互联的初期网络阶段。

多主机互联的初期网络是计算机与计算机互联的计算机网络。这种系统已由第一阶段用一台中心计算机为所有用户服务的模式发展到了由多台分散的主计算机共同提供服务的模式，它由通信线路及设备将若干个独立、有自主处理能力的计算机连接起来构成。通信子网承担全网的数据传输、转接、加工和变换等通信处理工作，实现主机之间的数据传送；计算机之间不存在主从关系，是真正意义上的计算机网络。通信子网是由通信线路及一些通信实体（又称网络结点）所组成的独立的数据通信系统。网络结点包括通信控制处理（CCP）、网络交换机和信号变换等设备。

第三阶段（20 世纪 70 年代中期以后）——标准化网络。

这一阶段是计算机网络与计算机网络互联的互联网（Internet）时代。网络互联的基本条件是标准化，因此第三代计算机网络是开放式并遵循国际标准化协议的标准化网络，又称为现代计算机网络。

20 世纪 70 年代中期以后，计算机网络开始正式步入网络标准化时代。80 年代，随着微机的广泛使用，局域网获得了迅速发展。美国电气与电子工程师协会（IEEE）为了适应微机、个人计算机（PC）以及局域网发展的需要，于 1980 年 2 月在旧金山成立了 IEEE 802 局域网络标准委员会，并制定了一系列局域网络标准。在此期间，各种局域网大量涌现。为了适应计算机网络互联的发展趋势，就必须实现国际标准化。国际标准化协议有两套模型最具代表性，一套是由国际标准化组织 ISO 制定的开放系统互联基本参考模型，并在 1984 年颁布了它的正式文件，即著名的 ISO 7498 国际标准，通常人们将它称为 OSI（Open System Interconnection）参考模型，并记为 OSI/RM。另一套是由非国际官方的美国国防部赞助研发的 TCP/IP 协议。

第四阶段（20 世纪 90 年代至今）——网络互联与高速网络。

进入 20 世纪 90 年代，计算机网络技术的迅猛发展，特别是 1993 年美国宣布建立国家信息基础设施（National Information Infrastructure，NII）后，全世界许多国家纷纷制定和建立本国的 NII，从而极大地推动了计算机网络技术的发展。使计算机网络进入一个崭新的阶段，这就是计算机网络互联与高速网络阶段。

2. 通信网络的发展

通信网络的发展大致经过了三个阶段。

（1）1880—1970 年，属于模拟通信网络时代，网络的主要特征是模拟化、单业务单技术。这一时期电话通信网络占统治地位，电话业务是网络运营商的主要业务，这一时期整个通信网络都是面向话音业务来优化设计的。

（2）1970—1994 年，是骨干通信网络由模拟网向数字网转变的阶段。这一时期数字技术和计算机技术在网络中被广泛使用，除传统 PSTN 外，还出现了多种不同的业务网。

网络的主要特征是数模混合、多业务多技术并存。这一时期是现代通信网络最重要的一个发展阶段，它几乎奠定了未来通信网络发展的所有技术基础，比如数字技术、分组交换技术等，这些技术奠定了未来网络实现综合业务的基础。

（3）1995 年起，这一时期可以说是信息通信技术发展的黄金时期，出现了很多新技术和新业务。

这一时期骨干通信网络实现了全数字化，骨干传输网实现了光纤化，同时数据通信业务增长迅速，独立于业务网的传送网也已形成。

（二）网络技术的特点

1. 网络的组成

图 3－1 展示了不同的通信方式。

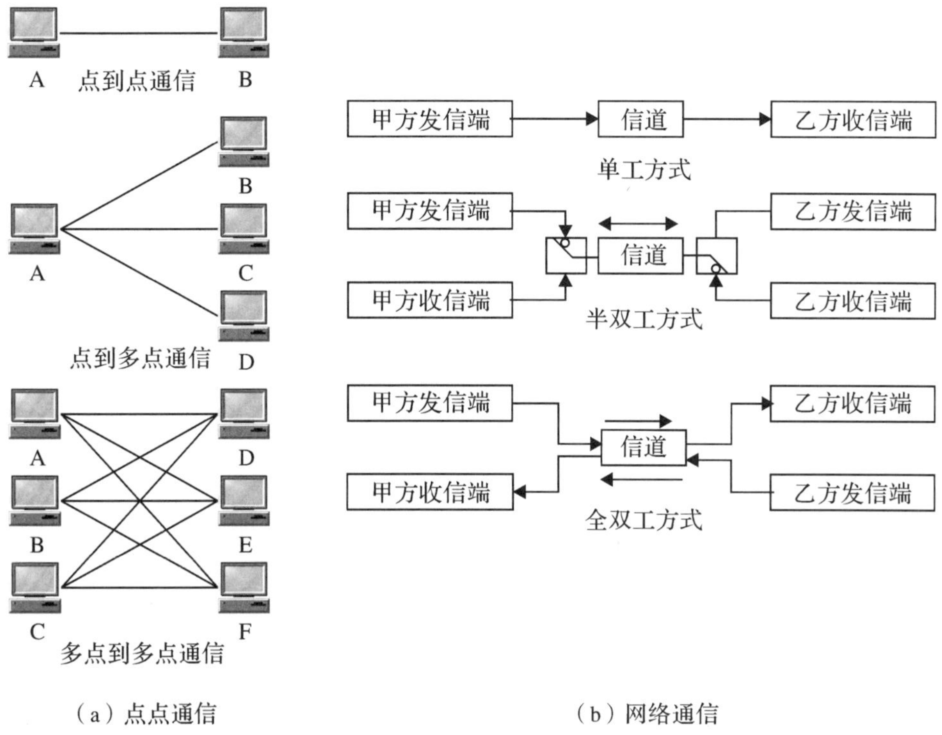

图 3－1　不同的通信方式

点到点的通信模型是基本的通信形式，要实现多用户间的通信，则需要一个合理的拓扑结构将多个用户有机地连接在一起，并定义标准的通信协议，以使它们能协同工作，这样就形成了一个通信网络。

对于通信网络，站在不同的角度有不同的观点：

（1）从用户的角度来看，通信网络是一个信息服务设施，甚至是一个娱乐服务设施，用户可以使用它获取信息、发送信息、娱乐等。

（2）从工程师的角度来看，通信网络则是由各种软硬件设施按照一定的规则互连在一起，完成信息传递任务的系统。这个系统应该可测、可控，便于管理和扩充。

通信网络的定义：通信网络是由一定数量的节点（包括终端节点、交换节点）和连接这些节点的传输系统有机地组织在一起，按约定的信令或协议完成任意用户间信息交换的通信体系。用户使用它可以克服空间、时间等障碍来进行有效的信息交换。

在通信网络上，信息的交换可以在：

（1）两个用户间进行。

（2）两个计算机进程间进行。

（3）一个用户和一个设备间进行。

交换的信息包括：

（1）用户信息（如话音、数据和图像等）。

（2）控制信息（如信令信息、路由信息等）。

（3）网络管理信息。

由于信息在网上通常以电或光信号的形式进行传输，因而现代通信网络又称为电信网。

网络只是实现大规模、远距离通信系统的一种手段。与简单的点到点的通信系统相比，它的基本任务并未改变。

通信的有效性和可靠性仍然是网络设计时要解决的两个基本问题，只是由于用户规模、业务量、服务区域的扩大，使解决这两个基本问题的手段变得复杂了。

实际的通信网络是由软件和硬件按特定方式构成的一个通信系统，每一次通信都需要软硬件设施的协调配合来完成。

（1）从硬件构成来看，通信网络由终端节点、交换节点、业务节点和传输系统构成，它们完成通信网络的接入、交换和传输等基本功能。

（2）软件设施则包括信令、协议、控制、管理和计费等，它们主要完成通信网络的控制、管理、运营和维护，实现通信网络的智能化。

通信网络的硬件构成主要包括以下几个方面：

①终端节点。最常见的终端节点有电话机、传真机、计算机、视频终端和PBX等，它们是通信网络上信息的产生者，同时也是通信网络上信息的使用者，其主要功能是处理户信息和信令信息。

②交换节点。交换节点是通信网络的核心设备，最常见的有电话交换机、分组交换机、路由器和转发器等。交换节点负责集中、转发终端节点产生的用户信息，但它自己并不产生和使用这些信息。

③业务节点。最常见的业务节点有智能网中的业务控制节点（SCP）、智能外设、语音信箱系统以及Internet上的各种信息服务器等。它们通常由连接到通信网络边缘的计算机系统、数据库系统组成。

④传输系统。传输系统为信息的传输提供传输信道，并将网络节点连接在一起。通常传输系统的硬件组成应包括线路接口设备、传输媒介和交叉连接设备等部分。

2. 网络的分类

通信产业经过100多年的发展，已经形成了错综复杂的网络体系，对它们可以按照不同的标准进行分类。

（1）按业务类型分类。

按业务类型，可以将通信网络分为电话通信网络（如PSTN、移动通信网络等）、数据通信网络（如X.25，Internet和帧中继网等）和广播电视网等。

（2）按空间距离分类。

按空间距离，可以将通信网络分为广域网（Wide Area Network，WAN）、城域网（Metropolitan Area Network，MAN）和局域网（Local Area Network，LAN）。

（3）按信号传输方式分类。

按信号传输方式，可以将通信网络分为模拟通信网络和数字通信网络。

（4）按运营方式分类。

按运营方式，可以将通信网络分为公用通信网络和专用通信网络。

3. 网络的拓扑

网络的拓扑可以分为：网状形网络（网形网）、网孔网、星形网络、复合形网络、环形网络、树形网络、总线形网络。如图3-2所示。

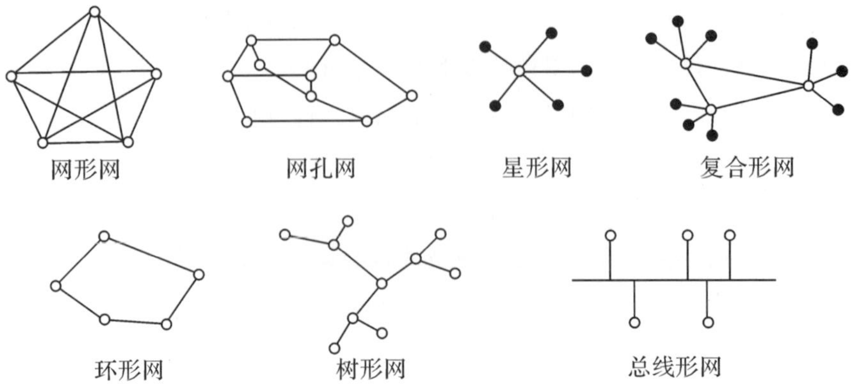

图 3-2 网络拓扑结构

（1）网形网：网内任何两个节点之间均有直达线路连接。网内节点数 N 与传输链路数 M 的关系为：可见节点数越多，传输链路也就越多。因此这种网路结构的冗余度较大，安全性较高，但线路利用率不高，经济性较差，适用于局间业务量较大或分局量较少的情况。

（2）网孔网：是网形网的一种变形，也就是不完全网状网。其大部分节点相互之间有线路直接相连，一小部分节点可能与其他节点之间没有线路直接相连。哪些节点之间不需要直达线路，视具体情况而定（一般是这些节点之间业务量相对少一些）。网孔网与网形网（完全网状网）相比，可适当节省一些线路，即线路利用率有所提高，经济性有所改善，但安全性会稍有降低。

（3）星形网：也称为辐射网，它将一个节点作为辐射点，该辐射点与其他节点均有线路相连，但其他节点间却没有链接。星形网的辐射点就是转接交换中心，其余节点间的相互通信都要经过转接交换中心。星形网络结构的特点是网络结构简单，便于管理，控制简单，联网建网都容易。网络结构灵活，节点的插入和删除都很方便，易于网络的扩展。网络延时较短，误码率较低。缺点是安全性较差（因为中心节点是全网可靠性的瓶颈，中心节点一旦出现故障会造成全网瘫痪）。

（4）复合形网：由网形网和星形网复合而成。星形网较适合作连接用户的用户线路网，在业务量较大的转接交换中心区采用网形结构，可以使整个网路比较经济且稳定性较好。复合形网具有网形网和星形网的优点，是通信网中常采用的一种网路结构，但网路设计应以交换设备和传输链路的总费用最小为原则。

（5）环形网：由 3 个以上的节点用闭合环路形式组成，信息依次通过节点，每个节点是否接收环形线缆中传递的信息，取决于信息的目标地址。环形网的特点是结构简单，实现容易。而且由于可以采用自愈环对网络进行自动保护，所以其安全性比较高。当然，若不采用自愈环形式，其安全性就较差。自愈环形网在中小型网络中很少使用，主要用在大型网络中。

（6）树形网：它可以看成是星形拓扑结构的扩展。在树形网中，节点按层次进行连接，信息交换主要在上、下节点之间进行。树形网这种分层结构，使它适用于分级控制的系统，如用户接入网或用户线路网，数字同步网中主从结构的同步时钟分配网。

（7）总线形网：用一条通信线缆（总线）把各节点（即计算机）串联起来。其中没有其他的连接设备，从而形成一条共享信道。总线形网络在总线的两端必须设置电阻器，以防止信号的反射。这种结构中任何两台计算机之间的通信都必须通过总线。总线形网络拓扑的特点是：网络结构简单灵活，节点的插入、删除都较方便，因此易于网络的扩展。可靠性高，网络响应速度快，共享资源能力强，便于广播式工作。设备量少、价格低、安装使用方便。缺点是故障诊断和隔离困难，网络对总线比较敏感。网络规模受总线长度的限制，当总线长度超过 100 m 时，数据传输会产生较大的损耗。由于总线通常用无源工作方式，因此任一个节点故障都不会造成整个网络的故障。

二、主要技术介绍

（一）因特网

1. 因特网的概述

Internet（因特网）是一个由各种不同类型和规模的、独立运行和管理的计算机网络组成的世界范围的巨大计算机网络——全球性计算机网络，是全球最大和最具影响力的计算机互联网络，也是世界范围的信息资源宝库。因特网的基础是现在的各种计算机网络和通信线路，它把世界各地的计算机网络、数据通信网，通过路由器和各种通信线路在物理上连接起来，在利用 TCP/IP 协议实现不同类型的网络之间相互通信，是一个“网络的网络”。Internet 不属于任何国家和组织，Internet 的最高管理机构是 Internet 协会（ISOC），总部设在美国。

Internet 的原型是 1969 年美国国防部远景研究规划局（Advanced Research Projects Agency）为军事实验用而建立的网络，名为 ARPAnet。初期只有 4 台主机，其设计目标是当网络中的一部分因战争原因遭到破坏时，其余部分仍能正常运行；20 世纪 80 年代初期，ARPA 和美国国防部通信局研制成功用于异构网络的 TCP/IP 协议并投入使用；1986 年在美国国会科学基金会（National Science Foundation）的支持下，用高速通信线路把分布在各地的一些超级计算机连接起来，以 NFSnet 接替 ARPAnet；进而又经过十几年的发展形成 Internet。其应用范围也由最早的军事、国防，扩展到美国国内的学术机构，进而迅速覆盖了全球的各个领域，运营性质也由科研、教育为主逐渐转向商业化。

2. 因特网的协议

Internet 采用的是 TCP/ IP 协议。TCP/IP 的含义为 Transfer Control Protocol/ Internet Protocol，叫作传输控制/网际协议，又叫网络通信协议。TCP/IP 协议实际是一组协议。IP 协议保证将数据从一个地址传送到另一个地址，但不能保证传送的正确性，TCP 协议则用来保证传送的正确性。TCP/IP 协议族是 20 世纪 70 年代中期，美国国防部为 ARPAnet 广域网开发的网络体系结构和协议标准，以它为基础组建的 Internet 是目前国际上规模最大的计算机网络，正因为 Internet 的广泛使用，使得 TCP/IP 协议成了事实上的国际标准和工业标准。

TCP/IP 协议族是唯一的一个异种网通信协议体系，它适用于连接多种机型，既可用于局域网，也可用于广域网，许多厂商的计算机操作系统和网络操作系统产品都采用或支持 TCP/IP 协议。TCP/IP 协议族包括有上百个各种功能的协议，如远程登录、文件传输和电子邮件等。协议族分为 4 个层次：网络接口层、网间网层、传送层和应用层。TCP/IP 协议与 OSI 参考模型不符，但是从整体来说，TCP/IP 协议 4 层模型可对应于 OSI 参考模型的 7 层模型，如表 3－1 所示。

表 3－1　TCP/IP 协议模型与 OSI 参考模型的对应

OSI 层	TCP/IP 层	TCP/IP 主要协议
高层（7～5）	应用层	DNS、NFS、NSP…TELNET、FTP、SMTP、HTTP
传输层（4）	传送层	TCP、UDP
网络层（3）	网间网层	ICMP、IP、ARP、RARP
低层（1～2）	网络接口层	电话网、无线网、卫星网…X. 25 网、局域网

其中各层的功能如下：

（1）网络接口层。

网络接口层是 TCP/IP 协议与各种网络的接口，与 OSI 数据链路层和物理层相当，是最底层的网际协议软件。它负责接收数据，并把数据发送到指定网络上。实际上，TCP/IP 协议自身的体系结构中并没有这一部分的具体内容，只是规定主机必须使用何种已存在的协议与网络连接。

（2）网间网层。

网间网层又称网际层，与 OSI 网络层相当，是整个 TCP/IP 体系结构的关键部分，它解决两个不同计算机之间的通信问题。其功能包括三方面：首先处理来自传输层的分组发送请求，收到请求后，将分组装入 IP 数据报，填充报头，选择去往信宿机的路径，然后将数据报发往适当的网络接口。其次处理输入数据报，先检查其合法性，然后进行寻径，当该数据报已到达信宿机，则去掉报头，将剩下部分交给适当的传输协议；假如该数据报尚未到达信宿，则转发该数据报。最后处理路径、流控、拥塞等问题。该层包含 4 个重要的协议。

①网际协议（Internet Protocol，IP）：网际协议提供关于数据应如何传输以及传输到何处的信息，是一种使 TCP/IP 协议可用于网络连接的协议，即 TCP/IP 协议可跨越多个局域网段或通过路由器跨越多种类型的网络。IP 协议是一种不可靠的、无连接的协议，即意味着它不保证数据的可靠传输。然而，TCP/IP 协议族中更高层协议可使用 IP 信息确保数据包按正确的地址进行传输。

②互联网控制报文协议（Internet Control Message Protocol，ICMP）：IP 协议控制的传输中有可能出现种种差错和故障，如线路不通、主机断链、超过生存时间、主机或路由器发生拥塞等。互联网控制报文协议则专门用来处理差错报告和控制，它由出错设备向源设备发送出错信息或控制信息，源设备接到该信息后，由 ICMP 软件确定错误类型或决定重发数据的策略。

③地址转换协议（Address Resolution Protocol，ARP）：网络中的节点是通过 MAC 地址来确保自己的唯一性，但 IP 协议控制的传输是以 IP 地址表示节点的，ARP 的任务就是查找与给定 IP 地址相对应的主机的网络物理地址。

④反向地址转换协议（Reverse Address Resolution Protocol，RARP）：主要解决网络物理地址 MAC 到 IP 地址的转换。

（3）传送层。

位于网间网层之上的一层通常被称为传送层，与 OSI 传输层相当，它的作用是使两端用户间进行会话。其功能包括格式化信息流、提供可靠传输。传送层有两个协议。

①传输控制协议（Transmission Control Protocol，TCP）：是一种面向连接的

子协议，提供可靠的数据传输服务。TCP 协议位于 IP 协议的上层，通过各种方法弥补 IP 协议可靠性的缺陷。如果一个应用程序只依靠 IP 协议发送数据，IP 协议将杂乱地发送数据，如不检测目标节点是否脱机，或数据是否在发送过程中已被破坏。为保证数据可靠，协议规定接收端必须发回确认，假如分组丢失，必须重新发送。

②用户数据报协议（User Datagram Protocol，UDP）：不同于 TCP 协议，UDP 是一种无连接的传输服务，该协议只负责向网络中发送数据包，而不保证数据包的接收。然而通过 Internet 进行实况录音或电视转播，要求迅速发送数据时，UDP 的不精确性使得它比 TCP 协议更加有效、更实用。

（4）应用层。

该层协议大致与 OSI 参考模型的会话层、表示层和应用层对应，它们之间没有严格的层次划分。主要作用是向用户提供一组常用的应用程序，如电子邮件、文件传输访问、远程登录等。在这一层中有许多著名协议，一些常用的协议功能如下。

①Telnet：提供远程登录（终端仿真）服务。

②FTP：提供应用级的文件传输服务，简单地说就是远程文件访问等服务。

③SMTP：电子邮件协议。

④TFTP：提供小而简单的文件传输服务，实际上从某个角度上来说是对 FTP 的一种替换（在文件特别小并且仅有传输需求的时候）。

⑤ SNTP：简单网络管理协议。

⑥DNS：域名解析服务，也就是如何将域名映射成 IP 地址的协议。

⑦ HTTP：超文本传输协议，提供网上的图片、动画、音频等服务。

3. 因特网的地址

Internet 是一个庞大的网络，在这样大的网络上进行信息交换的基本要求是计算机、路由器等都要有一个唯一可标识的地址，就像日常生活中电话号码一样。所有连接到因特网上的每一台计算机都必须要有自己的地址。地址的表示方式有两种：IP 地址和域名地址。

（1）IP 地址。

IP 地址用于标识连入因特网上的每台主机，它是每台主机唯一的标识。在 IPv4 中，一个 IP 地址由 32 个二进制比特数字组成，通常被分割为 4 段，每段 8 bit，并用点分十进制表示。

IP 地址由两部分组成，即网络号（Network ID）和主机号（Host ID）。网络号标识的是 Internet 上的一个网络，而主机号标识的是网络中的某台主机。

常用的三种类别的 IP 地址为 A、B、C 三类。

① A 类 IP 地址：用第一个字节来标识网络号，后三个字节标识主机号。该类 IP 地址的最前面一位为“0”，即 A 类地址的网络号取值介于 1 ~ 126 之间。A 类地址通常为大型网络而提供，全世界总共只有 126 个 A 类网络，每个 A 类网络最多可以连接 16 777 214 台主机。网络号为 0 和 127 的网络为特殊网络地址。

② B 类 IP 地址：用前两个字节来标识网络号，后两个字节标识主机号，该类 IP 地址的最前面两位是“10”。B 类地址的网络号第一段取值介于 128 ~ 191 之间，适用于中等规模的网络，全世界大约有 16000 个 B 类网络，每个 B 类网络最多可以连接 65534 台主机。

③ C 类 IP 地址：用前三个字节来标识网络号，最后一个字节标识主机号，前面三位是“110”。C 类地址的网络号第一段取值介于 192 ~ 223 之间。C 类地址适用于小型网络，每个 C 类网络最多可以有 254 台主机。

在 Internet 中，每台主机的 IP 地址由网络地址和主机地址两部分组成（网络地址 + 子网地址 + 主机地址组成），为了使计算机能自动地从 IP 地址中分离出相应的部分，需要专门定义一个网络掩码，也称子网掩码。

网络掩码是 1 个 32 bit 的二进制数值，分别对应于 IP 地址的 32 bit 二进制值。对应于 IP 地址中的网络地址和主机地址部分，在网络掩码中分别用“1”和“0”来表示。

例如，C 类 IP 地址：210. 33. 80. 8，其网络掩码为：255. 255. 255. 0。

对于上述规定的网络掩码，将它和 IP 地址进行“与”逻辑运算，即可获得 IP 地址部分，从而能区分出不同的网络。

（2）域名地址。

在 Internet 上，为了避免记忆数字表示的一长串 IP 地址，便引入了域名的概念。通过为主机起一个具有一定含义又便于记忆的名字（域名），就可以避开难以记忆的 IP 地址。域名和 IP 地址的关系就像是一个人的姓名和他身份证号码之间的关系，显然，记忆一个人的姓名要比身份证号码容易得多。

域名常见格式为：主机名. 机构名. 二级域名. 顶级域名。例如，兰州大学的域名为：www. lzu. edu. cn。

（3）IP 地址与域名的关系。

IP 地址是 Internet 上唯一可以直接使用的地址，网间计算机通信全部使用 IP 地址。

使用域名以后，解决了记忆的难题。但是计算机网络并不认识域名，这就需要专门的 DNS 服务器来完成域名到 IP 地址的翻译工作。

普通情况下 1 个 IP 地址可以对应多个域名，而 1 个域名只对应 1 个 IP 地址。

4. 因特网的应用

随着信息化社会的发展，人们的生活已经越来越离不开各种各样的网络了。在各种网络中，比较重要的业务网有：

（1）电话通信网。

（2）移动通信网。

（3）有线电视网。

（4）计算机网络。

IP 网络技术是将不同物理网络技术统一起来的高层软件技术，在统一的过程中，首先要解决的问题就是地址的统一。对于地址，首先的要求是唯一性，即在同一系统中一个地址只能对应一台主机。因特网中采用了一种全局通用的地址格式，为全网的每一台主机分配一个网络地址。

最初的因特网采用简单的分类编址机制，一个 IP 地址由 4 个 8 位字节数字串组成，这 4 个字节通常用小数点分隔。每个字节可用十进制或十六进制表示，如 129.45.18.25 或 0x8.0x43.0x10.0x26 就是用十进制或十六进制表示的 IP 地址。IP 地址也可以用二进制表示。

一个 IP 地址包括两个标识码（ID），即网络 ID 和主机 ID。同一个物理网络上的所有主机都用同一个网络 ID，网络上的一个主机（包括网络上工作站、服务器和路由器等）有一个主机 ID 与其对应。据此把 IP 地址的 4 个字节划分为两个部分：一部分用以标明具体的网络段，即网络 ID；另一部分用以标明具体的节点，即宿主机 ID。

下面介绍 Internet 的主要业务。

（1）电子邮件：是一种通过 Internet 与其他用户进行联系的快捷、简便、廉价的现代化通信手段，也是目前 Internet 用户使用最频繁的一种服务功能。电子邮件系统采用了简单邮件传输协议（SMTP），保证不同类型的计算机之间电子邮件的传送。该协议采用客户端/服务器结构，通过建立 SMTP 客户端与远程主机上 SMTP 服务器间的连接来传送电子邮件。

（2）远程文件传输（File Transfer Protocol，FTP）：是 Internet 最早、最重要的网络服务之一。FTP 的主要作用是在不同计算机系统间传送文件，它与两台计算机所处的位置、连接的方式以及使用的操作系统无关。

（3）万维网（World Wide Web，WWW）：是 Internet 上的一个超文本信息查询工具。WWW 是基于 Internet 的信息查询与管理的系统，是目前 Internet 上最受欢迎、最流行的服务方式和工具。

（二）无线传感网

1. 无线传感网的定义

无线传感器网络集传感器技术、嵌入式技术、无线通信以及分布式信息处理等技术于一体，是由一组传感器以自组织方式构成的无线网络，其目的是协作地感知、采集和处理网络覆盖区域中感知对象的信息，并发送给观察者。目前，尽管已经有很多文献给出了无线传感器网络的定义，虽然表述方式各有不同，但各种定义的本质是相同的。本书对已有的无线传感器网络定义进行梳理，总结归纳如下：

无线传感器网络（Wireless Sensor Network，WSN）能够协作感知、采集和处理自身网络覆盖范围内的监测对象的信息，是大规模部署、具有无线通信及计算能力、能够以自组织及多跳的网络方式将监测信息发送到用户终端的微型传感器节点所构成的一种网络系统。

2. 无线传感网的特点

无线传感器网络集成了传感器技术、嵌入式计算技术、无线通信技术以及分布式信息处理技术，是由一组传感器节点以自组织方式构成的无线网络，其目的是协作地感知、采集和处理网络覆盖区域中感知对象的信息，并发送给观察者，预设监测区域内大量传感器节点通过自组织的形式构成无线传感器网络，感知被测对象，采集监测数据，进行处理后以无线的方式逐步发送到汇聚节点，然后通过汇聚节点发送到用户终端。

无线传感器网络主要具有以下特点：

（1）节点多，规模大。无线传感器网络中传感器节点分布密集，数量巨大，可达几百、几千万，要求无线传感器网络相关的通信协议具有良好的可扩展性。

（2）资源受限。无线传感器网络节点体积微小，节点的计算、存储、通信能力以及携带的电池能量都非常有限，要求开发设计无线传感器网络节点时考虑到其资源和能量的有限性。

（3）自组织。无线传感器网络系统更适合于人工不能或不宜到达的区域，节点的部署采用非人工、随机方式实施。无线传感器网络系统通过一套合适的通信协议，保证网络在无人干预的情况下自动组网，自动运行，没有固定的基础设施作为网络骨干。在节点失效等问题出现时，系统能自动调整，实现无人值守，具有一定的容错性和抗毁能力。

（4）以数据为中心。传统网络是以 IP 为中心的网络，每个节点拥有全网唯一的 IP 地址，数据转发以目的节点的 IP 为依赖。在无线传感器网络中，节点没有 IP 地址，是以数据为中心的网络，关心的是数据本身，而非关注数据是由哪个节点采集的。

（5）网络拓扑动态变化。无线传感器网络可以分为动态和准静态两种网络。即使在准静态网络中，网络拓扑也会由于节点的失效或者新节点的加入而造成变化。

（6）无线传感器网络系统与应用密切相关。不同的应用背景，无线传感器网络的开发设计各不相同，会出现不同的节点硬件平台、网络协议以及软件系统。

（7）安全性较弱。无线传感器网络常常工作于自然环境恶劣的条件下或部署于敌方区域，因此极易受到恶意攻击而失效，导致整个网络瘫痪。随着 WSN 应用研究的深入，网络的安全性将引起越来越多的重视。

3. 无线传感网的结构

由于无线传感器网络是一种无中心节点的、由大量传感器节点密集部署的全分布系统，更适用多跳、对等的通信方式。下面分别介绍无线传感器网络的体系结构以及网络协议栈。

无线传感器网络的体系结构如图 3－3 所示。监测区域内随机部署了大量的传感器节点，这些节点以自组织的形式构成无线传感器网络。传感器节点监测的数据沿着其他传感器节点逐跳地进行传输，在传输过程中监测数据可能被多个节点处理，经过多跳路由到汇聚节点，然后通过互联网或卫星到达监控中心。用户通过监控中心对无线传感器网络进行远程配置和管理，发布监测任务，收集监测数据。

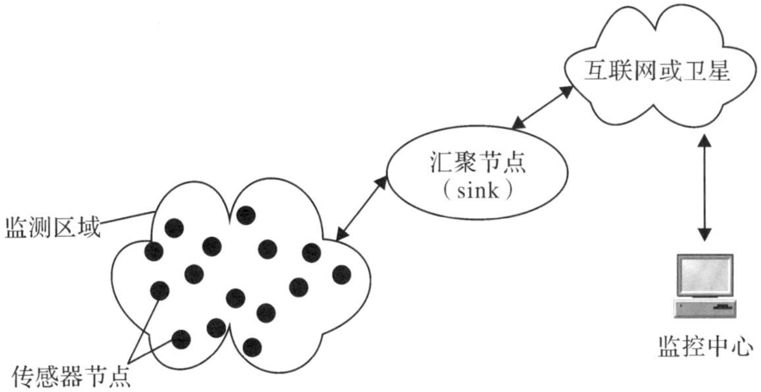

图 3－3　无线传感器网络系统架构

无线传感器网络的协议栈主要分为 5 层：物理层、数据链路层、网络层、传输层和应用层。另外，该协议栈还至少包括 3 个平台：能量管理平台、移动管理平台和任务管理平台，这些管理平台使得传感器节点能够按照能源高效的方式协同工作，在节点移动的传感器网络中转发数据，并支持多任务和资源共享。其中，物理层提供简单但健壮的信号调制和无线收发技术；数据链路层负责数据成帧、帧监测、媒体访问和差错控制；网络层负责路由生成与路由选择，通过合适的路由协议寻找源节点到目标节点的优化路径，并且将监测数据按照多跳的方式沿着此优化路径进行转发；传输层负责数据流的传输控制；应用层包括一系列基于监测任务的应用层软件；能量管理平台管理传感器节点的能量使用；移动管理平台监测并管理传感器节点的移动，维护到汇聚节点的路由；任务管理平台在给定的区域内平衡和调度监测任务。

4. 无线传感网的应用

无线传感器网络可被应用到军事、工业、农业、环境监测、交通、医疗、安全防范、智能家居以及抢险救灾等领域，具有广阔的发展前景，将会给人类的生活和生产带来巨大的影响。随着研究的深入、计算成本的下降、传感器节点的快速发展，一些无线传感器网络应用方案已经投入使用。

(1) 军事。

传感器网络最早就是为了适应军事应用而提出的。无线传感器网络的自组织、高容错性、隐蔽性和可快速部署等特点，使其非常适合军事领域的应用。利用该网络，可以实现对敌军兵力、装备和弹药的监控，对战场的实时监视，协助弹药对目标进行准确攻击，对战场进行损失评估以及对核攻击和生物化学攻击的侦察等功能。

传感器网络已经成为军事 C4ISRT（command，control，communication，computing，intelligence，surveillance，reconnaissance and targeting）系统必不可少的一部分，受到军事发达国家的普遍重视，各国均投入了大量的人力、物力进行研究。早在 2000 年，美国国防部就把 Smart Sensor Web 作为 5 个尖端研究领域之一，目的是在整个作战空间部署大量的传感器节点，采集、传输战场信息，然后将信息汇聚到融合点，并根据该信息生成图片，供作战者使用，提高了军队作战的敏感度。

（2）医疗健康。

无线传感器网络在医疗研究、护理领域的研究主要有无线监测人体生理数据、医院药品管理、老年人健康状况和远程医疗等。在病人身上安装能够监测病人心率和血压的传感器节点并组成无线传感器网络，医生就可以随时了解被监护病人的病情，及时进行处理。为帮助老年人、阿尔茨海默氏患者以及残疾人士的家庭生活，英特尔公司研究了一个无线传感器网络应用在家庭护理方面的方案，该方案拟在鞋子、家具、电器等家中道具和设备中嵌入半导体传感器。

（3）交通管理。

美国国防部早在 1995 年就提出了“国家智能交通系统项目规划”。该计划的目的为：有效集成先进的信息技术、数据通信技术、传感器技术、控制技术及计算机处理技术并运用于整个地面交通管理，建立一个大范围、全方位的实时高效的综合交通运输管理系统。该系统可以利用传感器网络进行交通管理，可以监视每一辆汽车的运行状况，有效减少交通事故。

（4）智能家居。

随着生活水平的不断提高、生活节奏的加快，人们希望拥有一个更舒适、更温馨的信息化家居，对其安全性、智能性、经济性提出了更高的要求。在家电和家具中嵌入传感器节点，通过无线网络与 Internet 连接在一起，能够为人们提供更加舒适、方便和更具人性化的智能家居环境。利用远程监控系统能够实现对家电的远程遥控。例如，可以在回家之前半小时打开空调，也可以遥控电饭锅、微波炉、电冰箱、电话机、录像机、电脑等家用电器，按照主人的意愿完成相应的煮饭、烧菜、查收电话留言、选择录制电视和电台节目以及下载网上资料到电脑中等工作，还可以通过图像传感设备随时监控家庭安全情况。

（5）工业监控。

工业生产过程首先强调的是安全问题。在一些危险的工业环境，比如矿井、钢材加工厂、核电厂等，可以利用无线传感器网络进行过程监控，实施安全监测，而且在工业自动化生产线上利用无线传感器网络构建的监控系统，能够大大改善工厂的运作条件，大幅度降低检查设备的成本，提高效率，并延长设备的使用时间。

（6）建筑及土木工程。

目前，建筑结构往往呈现复杂化和大型化的特点，因此大型建筑结构的安全问题引起人们的高度重视，科研人员考虑利用无线传感器网络进行大型建筑物的结构安全监测。目前，Senera 公司已经开发了一个基于无线传感器网络的桥梁安全监控系统，能够监测桥梁的温度、湿度、震动幅度、桥墩被侵蚀程度等数据，减少断桥事故导致的生命财产损失。

（7）环境监测。

无线传感器网络应用在环境监测方面相比传统的监测方法有明显的优势，可以避免传统数据收集方式给环境带来的侵入式破坏。同时，无线传感器网络比传统环境监测所采集的数据量较大、精度较高，而且各个传感节点之间可以协同工作并具有无线传输的能力。因此，无线传感器网络在环境监测方面具有广阔的前途。

无线传感器网络在环境监测领域可用于监控农作物灌溉情况、土壤空气情况、牲畜及家禽的环境状况、大面积的地表监测、行星探测、气象和地理研究、洪水监测、大气质量监测等方面。无线传感器网络在农业方面的应用有助于农业逐渐从以人力为中心、依赖于孤立机械的生产模式转向以信息和软件为中心的生产模式。无线传感器网络在农业方面的典型应用有温室环境监测、节水灌溉应用以及精准农业等。比如，英特尔公司设计了一个无线传感器网络应用方案，用于监测盛产葡萄酒的美国俄勒冈州的一个葡萄园中环境的细微变化，研究葡萄酒的质量与葡萄生长过程中的日照、湿度及温度等环境因素的确切关系。无线传感器网络在环境保护中的应用主要有森林防火、污染监控、生物种群研究等。比如，2002 年美国加州大学伯克利分校的研究人员利用无线传感器网络对位于美国缅因州以北 15 千米处的大鸭岛上海燕的栖息情况进行监测，以便对海燕的活动以及大鸭岛的微环境进行研究。

（三）物联网

1. 物联网的定义

物联网的英文名称叫“the Internet of Things”，简称 IoT。顾名思义，物联网就是“物物相连的互联网”。这有两层意思：

（1）物联网的核心和基础仍然是互联网，是在互联网基础上的延伸和扩展的网络；

（2）其用户端延伸和扩展到了任何物体与物体之间，进行信息交换和通信。

因此，物联网的定义是：通过射频识别（RFID）、红外感应器、全球定位系统、激光扫描器等信息传感设备，按约定的协议，把任何物体与互联网相连接，进行信息交换和通信，以实现对物体的智能化识别、定位、跟踪、监控和管理的一种网络。

物联网是一场更大的科技创新。这场科技创新的本质是：将会使得全世界每一个物品存在一个唯一的编码。通过细小却功能强大的无线射频（RFID）、二维条码等识别技术，将物品的信息采集上来，转换成信息流，并与互联网相结合，以此为基础形成人与物之间，物与物之间全新的通信交流方式。这种全新的通信交流方式，终将彻底改变人们的生活方式和行为模式。另外，物联网的出现，为政府公共安全监管提供了强有力的技术支持手段，提高了早期发现与防范能力。特别是突发社会安全事件和自然灾害、核安全、生物安全等的监测、预警、预防，能够及时有效地透过物联网及时传达到政府的各个相关决策部门，增强应急救护综合能力。部分城市正在试点公共安全智能视频监控服务平台，也正是基于此。

2. 物联网的结构

从技术架构上来看，物联网可分为三层：感知层、网络层和应用层。感知层由各种传感器以及传感器网关构成，包括温度传感器、湿度传感器、二维码标签、RFID 标签和读写器、摄像头、GPS、二氧化碳浓度传感器等感知终端。感知层的作用相当于人的眼耳鼻喉和皮肤等神经末梢，它是物联网获识别物体，采集信息的来源，其主要功能是识别物体、采集信息。

网络层由各种私有网络、互联网、有线和无线通信网、网络管理系统和云计算平台等组成，相当于人的神经中枢和大脑，负责传递和处理感知层获取的信息。

应用层是物联网和用户（包括人、组织和其他系统）的接口，它与行业需求结合，实现物联网的智能应用。

物联网的行业特性主要体现在其应用领域内，目前绿色农业、工业监控、公共安全、城市管理、远程医疗、智能家居、智能交通和环境监测等各个行业均有物联网应用的尝试，某些行业已经积累一些成功的案例。

3．物联网的分类

物联网分成下面几类：

（1）私有物联网（Private IoT）：一般为单一机构内部提供服务。可能由机构或其委托的第三方实施和维护，主要存在于机构内部的内网（Intranet）中，也可存在于机构外部。

（2）公共物联网（Pubic IoT）：基于互联网（Internet）向公众或大型用户群体提供服务，一般由机构（或其委托的第三方）运行和维护。

（3）社区物联网（Community IoT）：向一个关联的“社区”或机构群体（如一个城市政府下属的各个部门：公安局、交通局、环保局、城管局等）提供服务。可能由两个或以上的机构协同运行，主要存在于内网和专网（VPN）中。

（4）混合物联网（Hybrid IoT）：是上述的两种或以上的物联网的组合，但后台有统一运行实体。

4．物联网的应用

物联网是通信网络的应用延伸和拓展，是信息网络上的一种增值应用。感知、传输和应用三个环节构成物联网产业的关键要素：

（1）感知识别是基础和前提。

（2）传输是平台和支撑。

（3）应用则是目的，是物联网的标志和体现。

物联网发展不仅需要技术，更需要应用，应用是物联网发展的强大推动力。物联网的主要应用如下：

（1）现代物流。物联网覆盖现代物流从末梢神经到整个系统运行的全过程，现代物流从末梢神经到整个运行过程的实时监控和实时决策必须由物联网来支持。

（2）智能交通。

（3）智能安防。

（4）公共安全。

（5）现代农业。数字农业建设目标是实现农业生产管理的数字化、网络化与智能化，数字农业的核心是精准农业。

（6）现代医疗。数字健康技术的发展对推动医学信息学与数字健康产业的发展具有重要的意义，而物联网技术可以将医院管理、医疗保健、健康监控、医学教育与培训连接成一个有机的整体。

（7）数字环保。数字环保是利用计算机技术、因特网技术、3S 技术、虚拟现实技术、数据仓库与数据挖掘技术、智能技术、环境可视化，根据环境保护的要求，对环境保护业务实现规范和整合，对环境数据进行深入的分析和挖掘，从而最大限度地提高环境保护信息化水平、监督执法水平、工作协调水平。

（8）国防军事。利用无线传感器网络，及时、准确地获取整个战场区域，以及人难以到达区域的地形、气象、水文、敌我双方的兵力部署、武器配备、人员调动情况，“透明”地洞察战场情况，是现代信息时代战争的取胜法宝。

（四）云计算

1. 云计算的定义

云计算是一个 IT 平台，也是一个新的企业业务模式。企业需要改变自己以适应这个新的模式。对于什么是云计算，IT 人员和企业管理者有着不同的定义。

从 IT 的角度来说，云计算就是提供基于互联网的软件服务。云计算的最重要理念是用户所使用的软件并不需要在他们自己的电脑里，而是利用互联网，通过浏览器访问在外部的机器上的软件完成全部的工作。用户所使用的软件由其他人运转和维护，用户只需要通过互联网建立起连接就可以了。用户的文件和数据，也存储在那些外部的机器里。

从商务人员的角度来看，云计算不是一个企业门户系统，不是一个供应链管理系统，而是一个商务圈和增值链（value chain），是一个企业与客户，企业与合作企业的社交网络。他们拥有共同的兴趣（即：业务）。云计算超越了单个企业的销售和客户服务，为企业和客户建立了一个增值的信息链。云计算平台提供了多个企业的端到端的业务处理，这个业务处理包含了事务性的操作和协作性的操作。通过云计算平台所提供的 7 × 24 小时的云服务，企业、客户和供应商都能随时随地使用它。在这个平台上，各个业务流程相互操作，各个企业协调工作。所以，云服务是一个独立的商业服务，而不是一个独立的 IT 系统。企业可以根据他们的需要组合他们自己的业务系统。企业可以像买菜一样，在市场上订购不同的云服务，组合成一个所需要的业务系统。从某种意义上说，软件开发人员所开发的服务就像一个模板，不同的企业订购这些模板，组合成一个大的系统，进行相关的配置，就变成该企业所需要的软件系统。这个组合和配置的过程可能只需要几个小时或几天即可完成。

2. 云计算的结构

云计算不仅仅包括应用软件层，还包括了硬件和系统软件在内的多个层次。简单地说，云计算包含云服务、云平台、硬件平台三层，如图 3－4 所示。

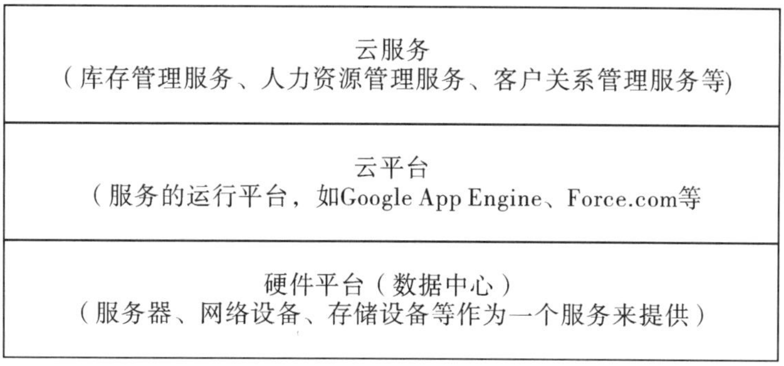

图 3－4　云计算的三层结构

很多厂商都提供了上面的平台。如 IBM 的 SmartCloud 和亚马逊的 EC2 主要是一个云计算的硬件平台（硬件作为一个服务），Google 的 Application Engine 主要是一个云平台，Salesforce 则是云服务的提供商。硬件平台和云平台为高性能计算、海量信息存储、并行处理、数据挖掘等方面提供可靠的支撑环境。

（1）硬件平台（数据中心）。

硬件平台是包括服务器、网络设备、存储设备等在内的所有硬件设施。它是云计算的数据中心。硬件平台首先要具有可扩展性（scaling），用户可以假定硬件资源无穷多（这是因为云计算的出现才提出的一个新概念）。根据自己的需要，用户动态地使用这些资源，并根据使用量来支付服务费。用户不再为“系统正常运转后，需要多少硬件设备来支持当前的访问量”这样的问题而烦恼了。

当前的虚拟技术可以让多个操作系统共享一个大的硬件设施，使得硬件平台的提供者灵活地提供各类云平台的硬件需求。目前市场上有收费的虚拟技术（如 VMware），也有免费的开源技术（如 Xen）。Hadoop 等产品也可以让一堆低档机器组成一个大的虚拟机。

对于硬件平台，还需要考虑其存储结构。这对于云计算来说也是非常重要的，无论是操作系统，还是服务程序的数据，它们都保存在存储器中。在考虑云计算平台的存储体系结构的时候，不仅仅需要考虑存储的容量。实际上，随着硬盘容量的不断扩充以及硬盘价格的不断下降，使用当前的磁盘技术，我们可以很容易通过使用多个磁盘的方式获得很大的磁盘容量。相较于磁盘的容量，在云计算平台的存储中，磁盘数据的读写速度（I/O）是一个更重要的问题。单个磁盘的速度很有可能限制服务程序对于数据的访问，因此在实际使用的过程中，需要将数据分布到多个磁盘（乃至多个服务器）之上，并且通过对多个磁盘的同时读写以达到提高速度的目的。

在云计算平台中，数据如何放置是一个非常重要的问题。在实际使用时，需要将数据分配到多个节点的多个磁盘当中。当前有两种方式能够实现这一存储技术：一种是使用类似于 Google File System 的集群文件系统，另外一种是基于块设备的存储区域网络（SAN）系统。总体上来说，云计算的存储体系结构应该包含类似于 Google File System 的集群文件系统或者 SAN。另外，开源代码 Hadoop HDFS（Hadoop Distributed File System）也实现了类似 Google File System 的功能，这为想要做硬件平台（或者 IDC）的公司提供了解决方案。Hadoop HDFS 将磁盘附着于节点的内部，为外部提供了一个共享的分布式文件系统空间，并且在文件系统级别做冗余以提高可靠性。

读者要注意的是，SAN 系统与分布式文件系统并不是相互对立的系统，而是在构建集群系统的时候可供选择的两种方案。其中，在选择 SAN 系统的时候，为了应用程序的读写，还需要为应用程序提供上层的语义接口，此时就需要在 SAN 之上构建文件系统。而 Google File System 正好是一个分布式的文件系统，它能够建立在 SAN 系统之上。

很多人往往忽视硬件平台在云计算上的重要性。其实，只有当硬件平台具备用较低的成本来实现大规模处理量的能力时，整个云计算才能为用户提供低价的服务。另外，硬件平台毕竟是一大堆设备，所以，硬件设备所需要的资源（如电）的收费也需要考虑进去。对于那些想要做硬件平台的 IT 企业来说，可能需要考虑设备的价格、电费、当地的温度（机器不能太热）、管理人员的成本等各类因素。

（2）云平台。

云平台首先提供了服务开发工具和基础软件（如数据库、分布式操作系统等），从而帮助云服务的开发者开发服务。另外，它也是云服务的运行平台，所以，云平台要具有Java运行库、Web 2.0应用运行库、各类中间件，等等。

云平台和硬件平台之间，可以是一个操作系统（确切地说，是一个分布式操作系统），该操作系统直接动态分配底层的硬件；也可以是两个操作系统：一个是与硬件接口并提供虚拟机的分布式操作系统（往往由硬件平台提供），另一个是在这个虚拟机上的当前流行的操作系统（如Linux，UNIX，Windows等）。前一种方案的问题是，该操作系统可能提供了很多私有的接口和开发工具，开发的应用很难迁移到其他平台。这正是后一个方案的优势：开发人员使用他熟悉的开发语言开发程序，也可以将该程序无缝迁移到其他类似平台；所有物理资源的分配，完全由下面的虚拟机完成。笔者更喜欢后一个方案。

云平台提供商和硬件平台提供商一起构筑一个大型的数据和运营中心，用户不再需要建立自己的小型数据中心。虽然“用多少付多少”的方式不能从单个用户上获得很多收益，但是，用户的数量优势将帮助平台提供商最终实现盈利。

（3）云服务。

云服务就是指可以在互联网上使用一种标准接口来访问的一个或多个软件功能（比如财务管理软件功能）。调用云服务的传输协议不限于HTTP和HTTPS，还可以通过消息传递机制来实现。我们建议使用Web服务的标准来实施云服务。云服务有点类似于在云计算出来之前的“软件即服务”。大多数人对“软件即服务”的概念并不陌生。服务提供商（即IT公司）只需要在几个固定的地方安装和维护软件，而不需要到客户现场去安装和调试软件。另外，客户可以通过互联网随时随地访问各类服务，从而访问和管理自己的业务数据。

云服务也很容易同SaaS（Software As A Service，软件即服务）相混淆。一般而言，在“软件即服务”的系统上，服务提供商自己提供和管理硬件平台和系统软件。对于云计算平台上的云服务，服务提供商一般不需要提供硬件平台和云平台（系统软件）。这是云服务和“软件即服务”的一个主要区别。或者说，云计算允许软件公司在不属于自己的硬件平台和系统软件上提供软件服务。这对于软件公司来说，是一个好事：软件公司将硬件和系统软件问题委托给云平台来负责了。

从更广泛的角度来说，云计算包含了如图3-5所示的体系结构。企业作为云服务的客户，通过访问服务目录来查询相关软件服务，然后订购服务。云平台提供了统一的用户管理和访问控制管理。从而，一个用户，使用一个用户名和密码，就可以访问所订购的多个服务。云平台还需要定义服务响应的时间。如果超过该时间，云平台需要考虑负载平衡，如：安装服务到一个新的服务器上。平台还要考虑容错性，当一个服务器瘫痪时，其他服务器能够接管。在整个接管中，要保证数据不丢失。多个客户在云计算平台上使用云服务，要保证各个客户的数据安全性和私密性。要让各个客户觉得只有他自己在使用该服务。服务定义工具包括使用服务流程将各个小服务组合成一个大服务。

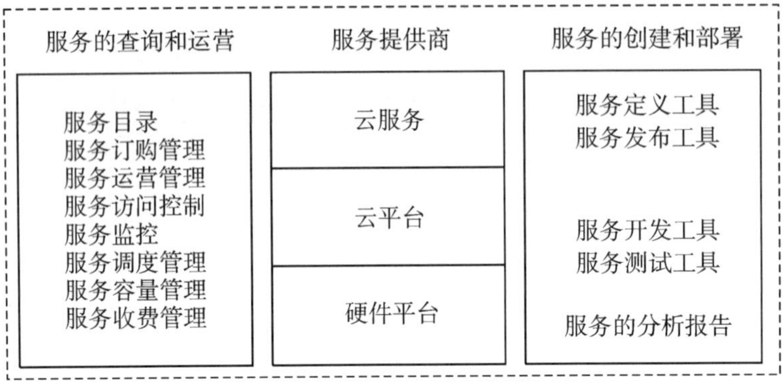

图 3－5 云计算体系结构

3. 云计算的内容

一个 IT 公司在实施云服务时，或者一个企业在选择云服务时，应该确定云计算包含了以下的内容：

（1）SOA。

采用 SOA（面向服务的体系架构）来设计云服务。各个服务自己管理自己，一个服务的失败不会影响另一个服务（即：各服务之间是松耦合的）。采用 SOA 所设计的云服务才能满足软件的互操作性和 mashup（中文翻译为“糅合”，即将多种软件服务合成一个新的服务）。当你使用 SOA 来设计云服务时，要重点关注两个方面：服务接口和将多个服务组合成一个业务流程，而不是服务的实现方法。一个服务既可以使用 .NET 或 JAVA 来实现，也可以使用传统的实现方法（如 C/C＋＋）来实现。我们推荐云服务都采用 Web 服务标准。

（2）Web 2.0。

同 Web 1.0 不同，Web 2.0 允许用户成为信息的提供者。有人把 Web 1.0 称为“只读互联网”，而把 Web 2.0 称为“可读写的互联网”。比如：通过

Web 2.0，一个或多个客户可以向企业提出一些具体的产品需求。所以，客户不再是企业系统的使用者，而是参与者。企业软件服务应该是包含其客户在内的动态服务，而不是静态的软件服务。

（3）Mashup。

Mashup 帮助我们从已经存在于各地的服务中快速地开发和组合新的服务。Mashup 技术充分使用了上述的 SOA 和 Web 2.0。比如：一个环保行业的云计算平台提供了环境质量信息。通过 Mashup 功能，我们可以将气象局的云计算平台上的气象服务同环境质量服务结合起来，从而为广大市民提供一个完整的环境气象信息。

（4）MDM（Master Data Management，核心数据管理）服务。

MDM 服务确保在不同云服务之间的核心数据的一致性。比如：当一个企业更改了发货地址，那么，不同云服务都立即使用新改的发货地址。

（5）BPM（Business Process Management，业务流程管理）服务。

一个企业范围的流程管理是企业成功的要素。现代企业家越来越注重完整的企业业务流程管理，而不再是一个部门的功能管理。企业家注重业务流程的整个生命周期。在云计算平台上，业务流程可能包含多个企业的协同工作。另外，云计算的重心是确立正确的服务意识和服务的可重用性，而这些服务是一个业务流程或流程中的某一项业务。

在不久的将来，云计算平台上可能出现一些公共的 BPU（Business Process Utilities，业务流程工具包）。比如：人力资源管理、客户关系管理、行业的供应链管理等。

（6）BRM（Business Rule Management，业务规则管理）服务。

业务规则管理指通过企业规则引擎来处理各类规则。

（7）BAM（Business Activity management，业务活动管理）服务。

监控企业的实时业务活动。比如：一个企业的库存量低于某一个水平时，自动通过互联网向供货商定货，并发布提醒信息给企业管理人员。

（8）BI（Business Intelligence，业务智能）服务。

企业智能服务。它提供企业指标数据（dashboard），帮助企业发现哪些是最挣钱的客户，帮助企业优化供应链和定价，并识别提高企业效益的因素。

（9）CEP（Complex Event Processing，复杂事件处理）服务。

当低层次的事件积累到一定量之后，所应该采取的动作。

4. 云计算的应用

云计算可以如下几种方式支撑物联网的应用发展：

（1）单中心、多终端应用模式。特点是：

①分布范围较小。

②私有云。

（2）多中心、多终端应用模式。特点是：

①区域跨度大。

②公共云。

③私有云。

（3）信息与应用分层处理，海量终端应用模式。特点是：

①用户范围广。

②信息及数据种类多。

③安全性要求高。

云计算的关键技术：虚拟化技术。

因特网上开通了许多中文网站作为开放的云计算技术交流平台，为云计算爱好者提供云计算资讯信息，例如：

（1）中国云计算（http：//www. cncloudcomputing. com）。

（2）中云网（http://www. china－cloud. com）。

（3）中国云计算（http://www. chinacloud. cn）等。

其他常用云计算平台：

（1）Amazon S3。

2006 年 3 月，亚马逊（Amazon）公司首先推出的云计算服务是简单存储服务（Simple Storage Services，S3），它实现了基础设施即服务（IaaS）云层的存储云功能，并且作为公共存储云提供给个人或企业用户使用。

（2）Amazon EC2。

2006 年 8 月，亚马逊推出了远程云计算平台服务，即 AWS 现有业务中最大的弹性计算云（Elastic Compute C1oud，EC2）。Amazon 公司现有约 4 万台服务器，分布在美洲和欧洲用以支持 EC2 服务。

（3）Simple Queue Service。

2007 年 7 月，亚马逊公司推出了简单队列服务（Simple Queue Service，SQS），这项服务使托管主机可以存储计算机之间发送的消息。通过这项服务，应用程序编写人员可以在分布式程序之间进行数据传递，而无须考虑消息丢失问题。

（4）Google App Engine。

Google App Engine（GAE）是Google公司于2008年4月推出的云计算服务（http://appengine.google.com）。这是一个可伸缩的Web应用程序云平台，它运用云计算技术，跨越多个服务器和数据中心来虚拟化应用程序。

（5）Microsoft的云计算服务。

Microsoft的云计算服务为用户提供包括电子邮件、日程表、协作工具和通信软件在内的诸多工具。今年以来，Microsoft已经发布了完整的融入“云计算”的产品和策略，如Azure系列“云计算”服务，网络传递、轻巧版的Office应用软件及最新的Live Mesh中介软件等。

第四章　无线电技术

一、无线电技术概述

当今社会，技术发展之迅猛，对人们生活影响之重大，首推无线电技术。我们已经进入了无线时代，移动通信、移动因特网和物联网等基于无线技术的现代通信手段已经得到广泛应用。

射频/微波天线工程就是无线电领域的核心。过去的100多年来，人们对射频/微波天线技术的认识和使用日趋成熟。

无线通信与移动通信系统的信道是无线信道，发送端天线发射的射频信号是无线电波，无线电波在自由空间中传播，到达接收端后，被接收天线所接收。因此，无线通信与移动通信技术的基础是无线电技术。

无线电技术的发展历史如图4－1所示。

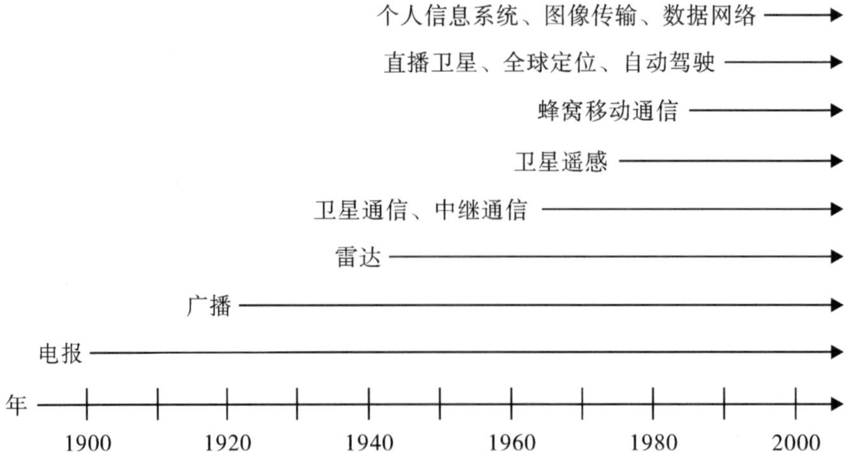

图4－1　无线电技术的发展历史

无线电技术的理论基础是麦克斯韦方程。

1873 年，麦克斯韦建立了完整描述电场和磁场定律的麦克斯韦方程组：

$$\nabla\times H(r,t) = \frac{\partial}{\partial d}D(r,t) + J(r,t) \quad (4-1)$$

$$\nabla\times E(r,t) = -\frac{\partial}{\partial d}B(r,t) \quad (4-2)$$

$$\nabla\cdot D(r,t) = \rho(r,t) \quad (4-3)$$

$$\nabla\cdot B(r,t) = 0 \quad (4-4)$$

其中：

$E(r, t)$—— 电场强度矢量(V/m)。

$B(r, t)$—— 磁感应强度矢量(Wb/m^2)。

$H(r, t)$—— 磁场强度矢量(A/m)。

$D(r, t)$—— 电位移矢量(C/m^2)。

$J(r, t)$—— 电流密度矢量(A/m^2)。

$\rho(r, t)$—— 电荷密度(C/m^3)。

麦克斯韦方程组是自由空间与介质中电磁场的基本定律。指出电与磁是可以相互转化、相互依赖、相互对立的，共存于统一的电磁波中。

电可以转换为磁；而变化的磁场才能转换为电。

电/磁场的空间变化引起磁/电场的时间变化。

电/磁场的时间变化导致磁/电场的空间变化。

1888 年，赫兹用实验证明了电磁波的存在。

1898 年，马克尼首次完成了无线电通信的实验。从此，开启了应用无线电技术的崭新时代。

二、主要技术介绍

（一）射频/微波技术

1．微波的概念

微波是一种频率极高、波长很短的电磁波，微波的所谓“微”，即是指其波长与普通无线电波相比更微小的意思。微波对应的频率为 300MHz ~ 3000GHz，由频率 f，波长 λ 和电磁波在真空中的传播速度 $c(c \approx 3\times10^8 m/s)$ 之间的关系：

$$f\lambda = c$$

可知，微波的波长范围在 1m 至 0. 1mm 之间。微波在整个无线电波中的位置如表 4 - 1 所示。从表 4 - 1 中可见，其低频端与普通无线电波的“超短波”波段相连接，而其高频端则与红外线的“远红外”波段毗邻。在微波波段内部，按其波长范围划分为分米波、厘米波、毫米波和亚毫米波。

表 4 - 1　无线电波的波段划分

波段名称		波长范围	频率范围	频段名称
超长波		$10^5 \sim 10^4$m	3 ~ 30kHz	超低频（ULF）
长波		$10^4 \sim 10^3$ m	30 ~ 300kHz	低频（LF）
中波		$10^3 \sim 10^2$m	0. 3 ~ 3MHz	中频（MF）
短波		$10^2 \sim 10$m	3 ~ 30MHz	高频（HF）
超短波		10 ~ 1m	30 ~ 300MHz	甚高频（VHF）
微波	分米波	10 ~ 1dm	300 ~ 3GHz	特高频（UHF）
	厘米波	10 ~ 1cm	3 ~ 30GHz	超高频（SHF）
	毫米波	10 ~ 1mm	30 ~ 300GHz	极高频（EHF）
	亚毫米波	0. 1 ~ 1mm	300 ~ 3000GHz	超级高频
红外、远红外		100 ~ 0. 72μm	3000 ~ 416000GHz	—

微波工程上习惯将常用的波段以拉丁字母表示，各微波波段的频率和波长范围表示如表 4 - 2 所示：

表 4 - 2　微波波段常用代号及其相应的频率和波长范围

波段代号	标称波长/cm	频率范围/GHz	波长范围/cm
L	22	1 ~ 2	30 ~ 15
S	10	2 ~ 4	15 ~ 7. 5
C	5	4 ~ 8	7 ~ 3. 75
X	3	8 ~ 12	3. 75 ~ 2. 5
K_u	2	12 ~ 18	2. 5 ~ 1. 67
K	1. 25	18 ~ 27	1. 67 ~ 1. 11
K_a	0. 8	27 ~ 40	1. 11 ~ 0. 75
U	0. 6	40 ~ 60	0. 75 ~ 0. 5

2. 微波的特点

微波位于无线电波的高频端，与低频无线电波相比，具有以下几个基本特点：

（1）频率高，信息容量大。

微波的振荡频率每秒达 3 亿次以上，比低频无线电波的振荡频率高出几个数量级，因此，低频段一些并不显著的效应在微波波段就显现了出来，如：渡越时间效应、时延效应、趋肤效应和辐射效应等，并产生了与低频不同的分析方法和结构形式。低频电路中基本量是电压和电流，在微波中则为电场和磁场，电压和电流失去了意义；低频元件一般为集中参数，而微波元器件常表现为分布参数形式；低频采用双线传输能量，微波则不行（由于双线在微波波段产生趋肤效应和辐射效应，微波能量被损耗），需要用其他的结构如同轴线、波导、微带线和共面波导等统称微波传输线来传导能量。另外，由于微波频率高，对应的波长很短，微波在传输线上的时延将导致各处具有不同的相位。值得一提的是，微波波段产生微波信号的器件和调谐电路的结构与低频段亦有很大的差别。

更为重要的是，由于微波的频率高，在不太大的相对带宽下，其可用频带是很宽的，可达数百甚至上千兆赫，这就意味着微波信息容量大，从而使得它在需要很大信息容量的场合（如微波多路通信、卫星通信等）得到了广泛的应用。

（2）似光性和具有直线传播的特点。

微波的波长比地球上一般的宏观物体如建筑物、船舰、飞机和导弹等的尺度要小得多，当微波波束照射到这些物体上时，将会产生显著的反射。一般说来，电磁波的波长越短，则其传播特性越接近于几何光学，波束的定向性和分辨率就越高。微波的这一特性使它在雷达、导航和通信中获得了重要的应用。

（3）穿透能力强。

微波照射到介质物体时，能深入到物体内部的特性称为穿透性。例如，微波能穿透电离层来进行卫星通信和宇航通信，使之成为人类观测宇宙的一个“窗口”。医学上利用微波热疗乃至日常生活中人们使用的微波炉等都是这一特性的典型应用。

（4）量子特性。

微波的量子能量并不大，为 10^{-5}eV ~ 10^{-2}eV，在与物质相互作用的时候，不会改变物质的内部结构，因而，微波的作用是非电离性的。但在超低温和低功率条件下，微波的量子效应就会显现出来，可将它作为探索物质内部结构和基本性质的一种有效的研究手段。

3. 微波技术的发展

微波成为一门独立的技术科学，开始于20世纪30年代，成熟于第二次世界大战之后六七十年代。在微波系统中，实现对微波信号的传输、衰减、隔离、滤波、相位控制、波形及极化变换、阻抗变换与调配等功能作用的单元，统称为微波元件，也叫微波电路。微波技术是分析、研究和设计微波电路的科学技术。

在一般电子线路中，常用的无源元件是电阻、电容、电感、变压器等。同样，在微波电路中也广泛地使用电阻、电容、电感等无源元件。但是，由于频率的增高，电子线路中常用的这些元件已经不能运用于微波频段，而微波技术中的“电阻”“电容”“电感”是一种分布参数，是不同于一般电路中的电容、电感的元件，但它们对于微波信号而言起到了电阻、电感与电容的作用。比如，构成一个具有一定功能的微波电路，还离不开诸如定向耦合器、功率分配器、阻抗匹配器、微波滤波器、衰减器、终端负载等无源微波元件。同样与电子线路一样，微波电路也包含有各种形式的微波有源器件，如放大器、混频器、微波开关、振荡器等，它们的各种组合能够完成对微波信号的一系列处理。

如果将微波元件分类，可分为微波无源器件与微波有源器件。而微波有源器件又可分为微波电真空器件、微波半导体器件、微波集成电路（microwave integrated circuits）和微波功率模块等。微波电真空器件包括速调管、行波管、磁控管、返波管、回旋管、虚阴极振荡器等，利用电子在真空中运动及与外围电路相互作用产生振荡、放大、混频等各种功能。微波半导体器件包括微波晶体管和微波二极管等；微波半导体器件具有体积小、重量轻、耗电省等优点，但在高频率、大功率设备中，它们还不能完全取代微波电真空器件。微波集成电路是将具有微波功能的电路用半导体工艺制作在砷化稼或其他半导体材料芯片上，形成功能块，在固态相控阵雷达、电子对抗设备、导弹电子设备、微波通信系统和超高速计算机中，有着广泛的应用。微波功率模块是通过采用固态功率合成技术，将多个固态微波功率器件组合形成的器件，这在一定程度上可以弥补半导体微波器件功率小的不足，它对雷达、通信、电子对抗等电子装备实现全固态化有重要意义。

4. 微波技术的应用

微波技术的发展大致可分为四个阶段：1940 年以前为第一阶段，此阶段为实验室阶段，主要研究微波产生的方法；1940—1945 年为第二阶段，这个阶段正值第二次世界大战期间，由于军事上的需要，微波技术首先应用于雷达中，当时所谓的微波工程实际上就是雷达工程，由于雷达应用的需求，产生了很多的微波器件，但这一时期对微波理论的研究较少；1945 年至 20 世纪 60 年代为第三阶段，主要是微波技术的理论研究阶段，建立了一整套微波电子学的理论体系，进而发展成为一门相对独立的微波学科，为以后的发展提供了坚实的理论基础；60 年代至今，是微波技术迅速发展的阶段，特别是近 20 年来，微波技术与微电子和计算机技术的有机结合，开辟了微波器件的新时代，目前正向着小型化、多功能、数字化、宽频带和更高频段方向发展。

微波的实际应用相当广泛，遍及通信、军事国防、科学研究、农业生产和日常生活等各个领域，下面分别简要介绍。

（1）通信。

微波几乎遍及通信的各个领域（除光通信外），常用的微波通信有移动通信（载波频率有 900MHz，1800VIHz，2. 4GHz）、微波多路通信（包括微波中继接力通信）、卫星通信（载波频率为 3. 7 ~ 4. 2GHz，11. 7 ~ 12. 75GHz），利用三个互成 120 度的位于外层空间的同步卫星，可实现对全球的通信和电视转播，在地面上利用网络通信则已十分普及。

（2）雷达。

正如前述，雷达是微波技术的早期应用，时隔几十年，现代雷达的种类已很多，性能也日益提高，诸如导弹跟踪雷达、导弹制导雷达、空中交通管制雷达、炮瞄雷达、气象雷达、导航雷达等。采用单脉冲雷达，作用距离可达数十万千米。特别值得一提的是，由于半导体集成电路技术的发展和计算机信息处理能力的提高，不仅可使雷达小型化，而且能使雷达从噪声中提取微弱的信号，并进行程序控制，从而，使雷达的作用距离、精度、分辨率和多目标等性能方面得到了极大的提升。

（3）科学研究手段。

微波的穿透性和量子特性，可以作为科研的手段。如将飞机或卫星作为平台，采用微波遥感技术，对地球资源进行调查，进行海洋和气象观测，进行地质和水旱灾害预报等；又如将微波作为观察宇宙的一个窗口，用射电天文望远镜观测和发现新的天体；另外通过微波与物质的相互作用，可以进行物质基本物理常数和内部频谱精细结构的测定等。

（4）微波能的应用。

微波加热具有均匀、速度快、节能、效率高和卫生等优点，被广泛地应用于工农业生产和日常生活中，微波炉已成为家庭的必备炊具，微波加热还应用于食品加工及木材、纸张、卷烟等物品的干燥与杀菌，微波能也用于医疗中，对人体进行局部组织的热疗。近年来，对微波的生物效应方面的研究十分活跃，出现了类似微波化学和微波生物学等的边缘学科，微波的应用方兴未艾。

（二）天线技术

1. 天线技术概述

天线是无线电技术设备中用来发射或接收电磁波的装置，它广泛地应用于无线电通信、雷达、导航、遥感、电子对抗和射电天文等领域中，担负着换能器的任务，即把高频电流或导波形式的能量转换成空间电磁波能量，并定向地辐射（这过程称为发射）或相反的转换过程（称为接收）。

现以无线电通信设备为例，观察信号从发射机至接收机的传输过程，由此进一步了解天线的换能器作用。图4－2是进行无线电通信时，从发射机至接收机的信号通路的简单框图。发射机所产生的已调高频电流能量（或导波能量）经馈线传输到发射天线，由天线以电磁波的形式将它辐射出去，电磁波到达接收天线后被天线所接收，并经馈线向接收机提供含有所需信息的高频电流（或导波）。

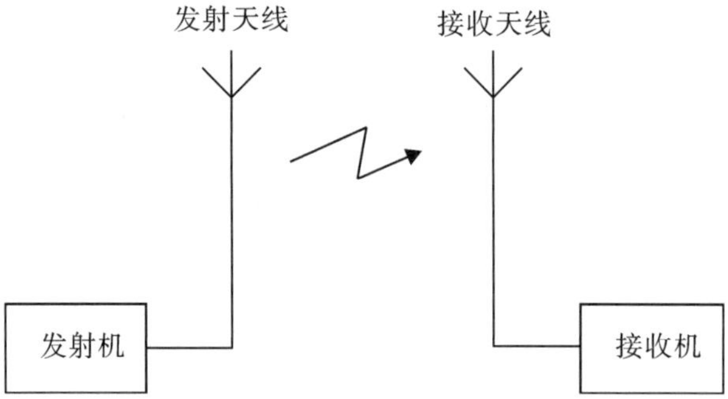

图4－2　信号通路的简单框图

天线的指标参数对系统的性能起着关键作用。天线的具体形式繁多，有多种分类方法，按照用途不同，可将它们分为通信天线、广播天线、电视天线、雷达天线、导航天线和测向天线等；按工作波长的不同，可分为长波天线、中波天线、短波天线、超短波天线和微波天线等；按天线的特色不同，可分为圆极化天线、线极化天线、超宽频带天线和波束控制天线等。从便于分析和讨论天线的性能出发，比较合理的分类方法是把大部分天线按其结构分成两大类：一类是导线或金属棒构成的线状天线；另一类是金属面或介质面构成的面状天线。

2. 天线主要参数

（1）方向性系数。

方向性系数定义：当被研究天线的辐射功率和作为参考的无方向性天线的辐射功率相等时，被研究天线在最大辐射方向上，产生的功率通量密度与无方向性天线在同一点处辐射的功率通量密度之比。

（2）天线效率。

天线效率定义为：天线辐射功率与输入到天线的总功率之比。

（3）天线增益。

天线增益定义为：在天线最大辐射方向上的某点，辐射场强相同时，无方向性天线所需要的输入功率与所研究的实际天线需要的输入功率之比。

（4）输入阻抗。

天线输入阻抗是指加在天线输入端的高频电压与输入端电流之比。

（5）天线的极化。

① 线极化。

当电场矢量只是大小随时间变化而取向不变，其端点的轨迹为一直线时，称为线极化。线极化波的电场矢量在传播过程中总是在一个确定的平面内，这个平面就是电场矢量的振动方向和传播方向所决定的平面，常称为极化平面。

② 圆极化。

当电场振幅为常量，而电场矢量以角速度、围绕传播方向旋转时，称为圆极化。此时，如果在垂直于传播方向的某一固定平面上观察电磁波的电场矢量，则其端点随着时间变化在该平面上画出的轨迹是一个圆。

3. 常用天线

（1）对称天线。

对称天线可以看成是由一对终端开路的传输线两臂向外张开而得来的，并假设张开前、后的电流分布相似，如图 4－3 所示。

对称振子天线辐射场的方向图是一个圆，且与天线的电长度 l/λ 无关。

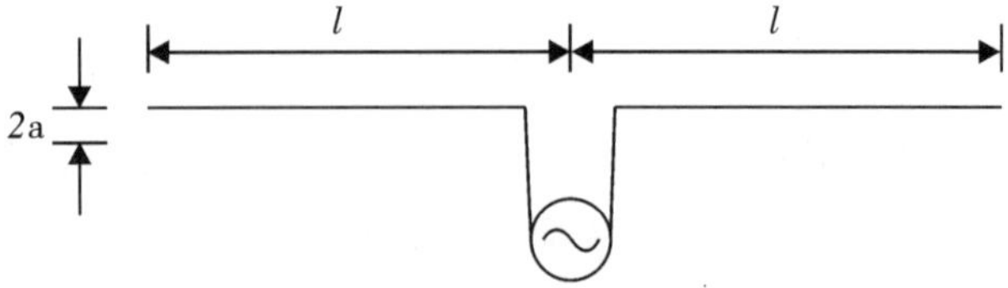

图 4－3 对称天线

（2）单极天线。

单极天线如图 4－4（a）所示。当地面为无限大的理想导电平面时，垂直接地的单极天线。天线臂与其镜像构成一对称振子，如图 4－4（b）所示。

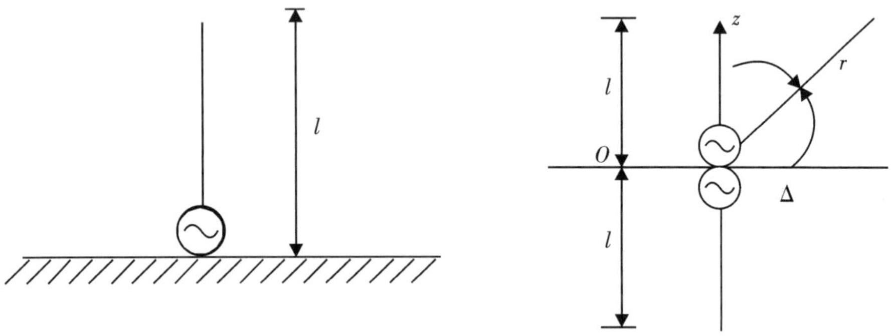

（a）单极天线　　（b）镜像

图 4－4 单极天线

除了以上两种天线外，还包括喇叭天线、抛物面天线、卡塞格伦天线等。

4．智能天线

智能天线是在自适应滤波和阵列信号处理技术的基础上发展起来的。由于移动通信频率资源日益紧张，人们已经在时域、频域、码域进行了资源的开发，但仍不能满足通信业发展的需要，为此引入空域处理技术，以图再次提高频率资源的利用率，于是就形成了开发智能天线的新研究领域。智能天线是能根据所处电磁环境来调节或选择天线参数，使通信系统保持最佳性能状态的技术。智能天线技术是在阵列信号处理技术、微波和射频技术、数字信号处理技术、自适应天线技术、软件无线电技术和集成电路工艺水平等领域的基础上发展形成的新技术领域。

根据工作原理的不同，智能天线可分为多波束智能天线和自适应智能天线。多波束智能天线又分为固定多波束天线和波束切换型智能天线。多波束智能天线主要是形成多波束，并利用 CDMA 提高空间利用率，被动地抑制干扰。自适应智能天线能在干扰方向未知的情况下，自动调节阵列中各阵元的信号加权值，使阵列方向图的零点对准干扰方向而抑制干扰，即使干扰与信号同频也能有效地抑制干扰。如果增加天线阵元的数量，还可以增加零点数，并同时抑制不同方向上的几个干扰源。

（1）智能天线的技术特点。

智能天线就是该系统能够利用多个天线阵元的组合进行信号处理，自动调整发射和接收方向图，并针对不同的信号环境使系统达到最优性能。天线阵性能通常由一些因素决定，如阵列的尺寸和孔径，决定了阵列所能取得的最大增益，阵元数量决定了阵列方向图设计中的自由度数。智能天线技术在很多方面具有优势，它能根据信号的来波方向，自适应地调整其方向图，跟踪强信号，减少或抵消干扰信号，提高信干比，增加通信系统容量，提高通信系统频谱资源利用率，降低所需信号发射功率及提高通信的覆盖范围等。这些都能提高通信系统综合性能，加之目前实现智能天线的各项技术日趋成熟，因此，在第三代移动通信系统的研制过程中，智能天线技术受到人们的广泛关注。

① 智能天线的特点。

智能天线是使用一列低增益天线阵元，按一定方式排列起来构成天线阵列。为简化分析，在技术上已作如下工程假设：

- 入射到天线元阵列上的信号带宽小于载频。
- 所有入射都可分解为一系列离散的平面波，即信号的数目有限。
- 天线阵元间距足够小，不同阵元接收到的信号幅值相同。
- 阵元之间没有耦合。

智能天线的优点有：

- 智能天线能增加系统覆盖范围。使用智能天线能够在基站和移动用户收发功率不变的情况下，自动定向收发通信信号，提高基站天线增益，扩大基站覆盖范围；还可考虑增加基站下行链路，采用波束形成技术来扩大系统的覆盖范围。

- 智能天线能提高系统容量使用智能天线能使用户和基站以较低的功率达到与常规系统同样的容量。在 CDMA 系统中，使用智能天线可使每个链路的用户所需的发射功率降低，从而降低多址干扰，增加每个小区同时容纳的用户数量，实现系统扩容。

• 智能天线的多径处理能改善链路通信质量，无线信道中的多径会导致信号衰落和时间扩散，增大误码率。而使用智能天线则有助于解决多径干扰，甚至可利用其所固有的分集效应。

• 智能天线所形成的波束可实现空间滤波器的作用。智能天线对期望的信号方向具有高增益，而对干扰信号能实现近似零陷作用，达到抑制和减少干扰的目的，保障信号质量。

• 智能天线技术以其独特的抗多址干扰和扩容能力，不仅成为目前解决个人通信多址干扰、容量限制等问题的最有效手段，而且也被认为是第三代移动通信系统的核心技术。

② 智能天线的设计理论。

目前智能天线的开发是采用阵列天线技术，利用各用户信号空间特征的差异，依据某个接收准则自动调节各天线阵元的加权向量，达到最佳接收和发射效果，使得同一信道上接收和发送多个用户的信号而又不互相干扰。若选择不当，例如，智能天线阵元间距超过 $\lambda/2$ ，则会出现栅瓣，导致阵列产生不希望的波束，甚至可能放大噪声和干扰信号。智能天线技术是能根据所处电磁环境来调节或选择天线参数，使通信系统保持最佳性能状态的技术。对于 φ 是入射到阵列上的平面波方位角，θ 是其的仰角。来自（ θ，φ ）方向的入射平面波，入射在阵元 m 和原点参考阵元的信号分量间的相位差为

$$\Delta\psi_m = \beta\Delta d_m = \beta(X_m\cos\varphi\sin\theta + Y_m\sin\varphi\cos\theta + Z_m\cos\theta) \quad (4-5)$$

式中，$\beta = 2\pi/\lambda$ 是相位传播因子，λ 表示波长，等于 c/f，c 是光速为 3×10^8 m/s，f 是载波频率，单位是 Hz。一般来说，构成天线元阵列的阵元可按任意方式排列，而实际上都是按相同取向，将相似的共极化及低增益阵元按直线等距、圆周等距或平面等距进行排列。

考察一个人射到天线元阵列上的平面波，设其与阵列轴线的夹角为（θ，φ），用基带复包络 s（t）表示平面调制波，并假设所有阵元都是无噪声的各向同性天线，具有各向同性的增益。由式（4－5）$x_m = m\Delta x$ 可知，LES 阵元 m 上接收到的信号为

$$u_m(t) = A_s(t)\exp(-j\beta m\Delta d) = A_s(t)(-j\beta m\Delta x\sin\theta\cos\varphi) \quad (4-6)$$

式中，A_S 是任意的增益常数。阵列输出端的信号 z（t）为

$$z(t) = \sum_{m=0}^{M-1} w_m u_m(t) = A_s(t)\sum_{m=o}^{M-1} w_m\exp(-j\beta m\Delta x\sin\theta\cos\varphi) = A_s(t)f(\theta,\varphi) \quad (4-7)$$

$f(\theta,\varphi)$ 称为阵列因子（Array Factor）。阵列因子是波达方向（θ,φ）的函数，决定阵列输入端的信号 $z(t)$ 与参考阵元处测得的信号 $A_S(t)$ 的比值。通过调整权集 $\{w_m\}$，可以将阵列因子的最大主瓣对准任意方向（θ_0,φ_0）。

在阵列输出端接收到的功率为：

$$P_r(t) = \frac{1}{2}|z(t)|^2 = \frac{1}{2}|A_s(t)|^2|f(\theta,\varphi)|^2 \qquad (4-8)$$

（2）多波束智能天线系统。

多波束智能天线系统主要指固定多波束天线系统和波束切换型智能天线。这类天线在实际工作时，天线方向图形状基本不变，因此又称之为固定形状方向图智能天线。它通过测向来确定用户信号的波达方向，根据接收信号的 DOA 选择合适波束或波束组合，从而提高用户信号的干燥比。多波束智能天线是在其辐射范围内设置多个波束来覆盖整个区域，每个波束只覆盖一部分角度范围，其方向图并未进行综合，这种天线的优点是下行波束可以利用上行波束的方向，这样在下行方向就能获得 M 倍的天线增益。

多波束智能天线系统与其他更复杂的智能天线系统相比其制作成本和复杂度较低，具有许多实用特点。但多波束切换智能天线存在如下的一些局限性：

① 当用户绕基站移动时，在用户位置接收到的功率电平要发生波动，产生扇贝现象。从理论上讲，扇贝现象是指当 DOA 和固定波束形成网络（BFN）产生的波束轴线发生偏离时，由于天线方向图的滚降系数是角度的函数，所以它将发生变化。通常 BFN 产生的波束在 4dB 点处交叉，故当用户从某个波束的中心移向边缘时，用户的信号强度要发生变化。

② 基于 BFN 的系统相对于自适应阵列处理器的系统而言，对多径分量的角度分布更为敏感。对于波达方向与期望接收分量方向十分接近的多径分量，系统无法保证期望分量不受干扰。

③ 切换波束系统一般无法充分利用多径分量来合并相干多径分量。尽管切换波束系统有一些局限性，但它还是得到人们的重视，这主要是因为，它同样能增加覆盖区域，并根据辐射传播环境，减小延迟扩展，这使低层 PCS 系统可以应用在天线高度和用户速度都很高的环境中。相比自适应天线系统，切换波束系统与基站接收机之间的相互影响不大。由于这个方案的技术含量相对较低，实现这些系统的工程成本比实现更复杂系统所需的成本要低得多，具有极大的市场吸引力，因此对于各种多址接入方式，人们都优先考虑选择波束切换方案进行市场判断抉择。

(3) 自适应智能天线系统。

由于个人通信环境的干扰源比较多，而干扰强度并不大，人们便开始研究将自适应天线技术用于个人移动通信领域。这类智能天线采用自适应算法进行波束合成，其方向图随着信号及干扰的变化而变化，不断跟踪用户信号，零陷干扰信号，实现其自适应功能。智能天线系统主要由基站和用户部分组成。但由于移动用户的天线成本问题，目前智能天线系统的主要功能是由基站部分来完成的。

自适应智能天线的结构：

自适应智能天线系统主要是依靠阵列信号处理和数字波束形成技术发展起来的。它主要包括两部分，一是对于来自移动台发射的多径电波方向进行波达方向估计，并进行空间滤波，抑制其他移动台的干扰；二是对基站到达发送信号进行数字波束形成，使基站发送信号能够沿着移动电波的到达方向发送回移动台，从而降低发射功率，减少自身信号对其他移动台的干扰。智能天线包括智能接收和智能发射两部分，其工作原理基本相同。自适应智能天线结构的方框图如图 4 -5 所示，自适应智能天线主要包括天线阵、天线射频前端、模拟下变频、A/D 和信号处理模块等，其中时域均衡等可在数字信号处理（DSP）模块中通过软件实现。天线接收的信号经过高频/中频处理放大器，以满足A/D变换的要求，再进入专用数字处理器，变换为窄带信道的零中频包络信号，此信号经过数字波束形成器处理，计算出所需信号和干扰信号的到达时间和角度，完成信号合成。而对发送信号则可根据接收信号获得的信息参数进行相反的信号处理。

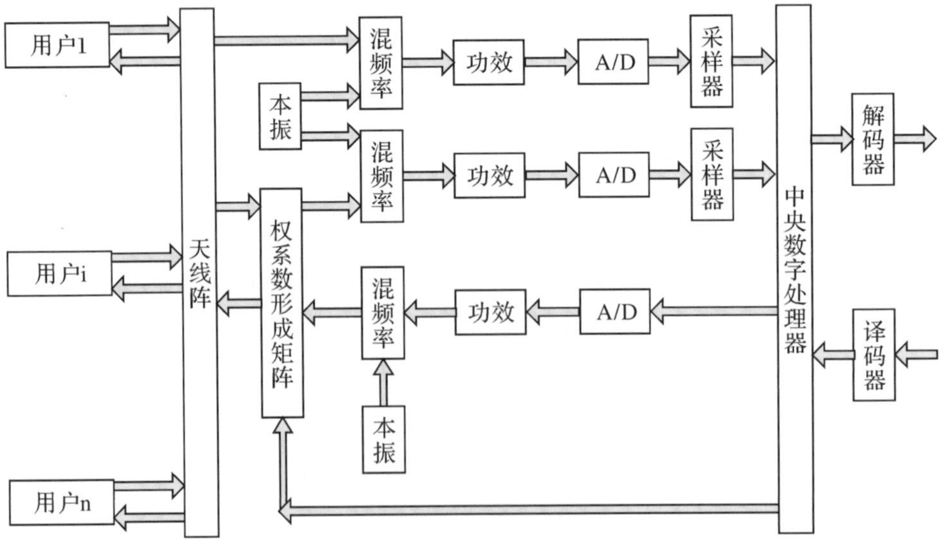

图 4 -5　自适应智能天线结构方框图

实际的智能天线基本都是多信道的，为了简化和便于分析，现拆分出一个单信道智能天线，其结构原理图如图 4 －6 所示。主要包括天线射频前端、模拟下变频、A/D 和信号处理模块。其中时域均衡器等可在 DSP 模块中通过软件实现，数字信号处理模块的性能和价格是影响其实用价值的关键。数字信号处理模块主要分为两部分：

- 波束形成部分，这应该使用高速 DSP 器件来完成。
- 信息的权值更新操作，它应当用高级语言代码在高速 PC 上执行。

一旦智能天线系统的测试得到满意的结果，就可及时用 DSP 器件代替 PC 完成设计。

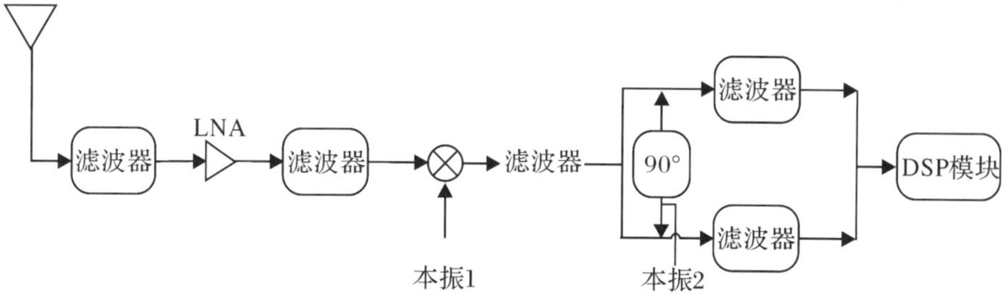

图 4 －6　智能天线单信道结构原理图

（4）智能天线研究现状。

随着科学技术的不断发展和通信研究的深入，在时域、频域、码域资源被充分挖掘之后，为继续扩大无线通信系统的通信容量，人们开始了对空域资源的开发，随之发展成智能天线技术的研究应用。由于智能天线的技术优点对于无线通信系统的发展具有革命性的影响，因此世界各国对此高度重视，先后投入大量的人力、物力、财力进行开发和研究。中国及欧、美、日、韩等国家均有大批公司、大学、科研院所等机构开展相应的研发工作，如美国的 ArrayComm 公司、Sptial Digital System（SDS）公司、德州大学奥斯汀 SDMA 研究小组和 Metawave 公司；加拿大的 MeMaster 大学；欧洲的 NOKIA、西门子和爱立信等公司；日本的三洋、松下、NICT 和 ATR 等公司及横滨国立大学；韩国的 KMW 和 ETRI 等公司；中国的大唐电信、华为、中兴通讯等公司及清华大学、西安交通大学、上海交通大学等。现已经有相应的各类研发成果和产品，有些已投入生产使用。如美国 ArrayComm 公司的自适应智能天线系统已用于 PHS 系统，试验结果表明这种技术可以将通信系统容量提高 4 倍。正是这种具有革命性的技术特点，在研发初期许多国家的政府就给予了充分的支持。我国已经将智能天线技术的研究列入国家863通信技术主题研究项目。在连续获得ITU和3GPP通过的我国自主研发的TD-SCDMA技术体制中，就广泛采用了智能天线和软件无线电技术。欧洲通信委员会（CEC）在RACE（Research into Advanced Communication in Europe）计划中实施了第一阶段智能天线技术研究，称之为TSUNAMI（The Technology in Smart Antennas for Universal Advanced Mobile Infrastructure），由德国、英国、丹麦和西班牙合作完成。总之，在移动通信技术的发展中，智能天线已成为一个最活跃的领域，智能天线技术对移动通信系统所带来的优势是目前任何技术所难以替代的。随着MIMO系统多天线技术及各项技术的发展和天线制作U艺水平的提高，智能天线将形成新一代技术趋势和主流。

5. MIMO多天线技术

（1）MIMO系统的发展与特点。

新一代无线通信的快速发展除了需要支持传统的话音业务外，还要能够提供丰富的多媒体数据业务，这对通信系统的频谱效率和服务质量提出了更高的要求。多输入—多输出（Multiple Input Multiple Output，MIMO）技术在发射端和接收端分别采用多个天线，从而能够在不增加带宽的情况下成倍提高系统的数据传输速率和传输质量，是无线通信领域的一个重大突破。多天线技术作为提高通信系统容量的重要途径成为下一代无线通信的一个研究热点。

MIMO系统最早是由Marconi于1908年提出的，它利用多天线来抑制信道衰落。在20世纪90年代中期，美国贝尔实验室Teladar，Foschini等学者率先将MIMO概念应用到移动通信系统中，并从理论和实验上证明了MIMO技术能够大大提高无线通信系统的容量和频谱利用率，从而引起了各国学者的极大关注。此后，MIMO技术成为无线通信领域研究的热点问题，并取得了迅速发展。MIMO技术的核心是空时信号处理，也就是利用在空间中分布的多个天线将时间域和空间域结合起来进行信号处理。该技术的关键是能够将传统通信系统中存在的多径影响因素转变成对用户通信性能有利的增强因素。MIMO技术有效地利用了随机衰落和可能存在的多径传播，在不额外增加所占用的信号带宽的前提下为无线通信的性能带来成倍的改善。

多天线系统是MIMO技术的重要组成部分，其性能的优劣将直接影响MIMO系统的性能。多天线发射的信号在无线信道中散射传播，经接收端多天线接收后，通过空时处理算法分离并恢复出发射数据，其性能取决于各天线单元接收信号的相关性，而多天线间的相关性与天线特性及散射传播密切相关。因此，MIMO 无线系统的高性能除了依赖于多径传播的丰富程度外，还依赖于多天线的合理设计与布局。MIMO 多天线设计的研究主要包括天线单元形式、多天线布局、互耦分析等几方面内容，探索低成本、高性能的天线方案和布局形式是当前 MIMO 多天线研究的重点。

对于 MIMO 无线系统，多天线的设计与传播环境和天线的放置位置紧密相关。首先由于散射传播环境不同，提供空间低相关的衰落信号所需要的天线单元间距也不一样。比如，宏小区环境可能需要若干个波长的间隔，才能获得天线解相关，而散射丰富的室内环境可能只需半个波长间距就足够了。对于极化域而言，交叉极化耦合度决定了能否提供极化分集，或能否提供近似正交的并行信道。其次天线单元数目、天线单元间距与天线放置位置等都是至关重要的因素。比如，对于基站天线，它对天线数目的限制较小，但由于放置位置较高且散射扩展较小，从而天线单元的间距要求较大；对于便携终端天线，其对天线数目与放置位置要求都较严；对于手机天线，它对天线数目与间距要求尤为严格。

多天线技术相比单天线技术具有如下优势：

① 使用多天线技术后增加了信号的相干性，从而获得阵列增益。

② 提高了分集增益。分集增益是通过利用多途径来获得的，当某一条路径性能变坏时不会影响系统的性能。在无线衰落信道里，可以增加接收信号强度的稳定性从而提高传输信息的可靠性。分集增益可以在空间（天线）、时域（时间）和频域（频率）三个维度上获得。

③ 消除了共信道干扰。使用多天线技术后通过分析干扰的不同信道响应，消除共信道的干扰信号。

（2）MIMO 多天线分集技术。

MIMO 系统和未来移动通信系统面对的主要问题在于因传播环境的恶劣，无线信号会产生深度衰落和多普勒频移等，使接收电平下降到热噪声电平附近，相位也随时间产生随机变化，从而导致通信质量下降。对此可采用分集接收技术减轻衰落的影响，获得分集增益，提高接收灵敏度。

分集是一种广泛用于克服无线移动系统衰落的技术，它们都基于一个原理：用多种可能的途径采样接收信号，然后对接收到的信号进行组合或分类，以选择最好的信号。理论上可以证明，当接收天线数目趋向无限大时，采用最大比合并方法可从统计意义上完全地消除多径衰落。

分集支路之间的相关性是决定分集性能的重要因素，为获得良好的分集性能，要求该相关性系数低于 0.7。天线分集主要包括三种类型，即空间分集、极化分集和角度分集，它们分属于天线分集中的空间维、极化维与角度维。实际中一般难以独立应用各维，而是多维联合应用或某一维占优。分集天线把多径信号分离出来，使其互不相干，然后通过合并技术将分离出来的信号合并起来，获得最大的信噪比收益。

空间分集是常用的分集形式，它是在发射端采用一副天线发射，而在接收端采用多副天线接收。接收端的天线之间需保持一定的距离，如 $d \geqslant \lambda/2$（λ 为工作波长），以保证接收天线输出信号的衰落特性是相互独立的。将信号幅度较大、信噪比最佳的一路信号经过合并电路选出，得到一个总的接收天线输出信号，从而降低了通道衰落的影响，改善了传输的可靠性。该技术在频分多址系统、时分多址系统及码分多址系统中都有应用。空间分集又可分为接收分集和发射分集。

极化分集实际上是空间分集的特殊情况。极化分集利用正交极化信号的低相关性，把垂直极化和水平极化两副接收天线集成到一个物理实体中，故达到紧凑的效果，通过极化分集接收达到空间分集接收的效果，尤其适合体积受限的场合。极化分集通过使用两根或者更多不同方式极化的天线在接收端提供独立的信道，而正交极化信号间的低相关性是由于不同极化方向的电磁波在受到阻挡而发生反射、折射或绕射而产生的，一般遵循不同的规律，故经过传输中的多次阻挡作用后，正交分量间的衰落相关性将变得很小。极化分集的优点是分集天线可以安装在同一空间位置，结构紧凑，缺点是它的分集接收效果低于空间分集接收天线，并且由于发射功率要分配到两副天线上，将会造成 3dB 的信号功率损失。

角度分集又称方向图分集，由于地形地貌等传播环境的影响，从不同方向远离发射端或抵达接收端的多径信号不是完全相关的，采用方向性波束在不同角度发射或接收，也能获得分集效果，因此，可在基站端采用开关波束智能天线和多模天线实现角度分集，这些不同的天线方向图以加权方式将多径信道重新合并，从而对应每个方向图产生一个不同的信道。

（3）MIMO 多天线的设计。

① 天线的典型结构。

MIMO 无线通信系统的天线分集技术决定了多天线的结构类型和布局，天线的分集主要有空间分集、极化分集和角度分集等几种，所以 MIMO 天线的设计也是围绕这几种展开的，除了常规的线天线、微带天线、平面印刷天线以外，还出现了很多新的设计。

• 多模式双锥天线。双锥天线最早由 Schelkunoff 提出并作为研究天线辐射特性的模型，由于具有良好的宽带特性得到了广泛的研究和应用。其主模为 TEM 模，但如果增大同轴馈线的半径，便可以激励 TE、TM 等高次模，这些模式产生的辐射是有方向性的，通过改变馈电的位置使不同的高次模叠加，从而控制波束的指向。F. Demmerle 和 W. Wiesbeck 提出了一种多模式双锥多波束天线，如图 4 –7（a）所示，该天线就是利用高次模叠加原理实现波束控制，满足 MIMO 系统的要求。非对称双锥天线通常指锥角不同、锥长相同的双锥天线。研究表明，如果使用不对称的双锥天线，可以使天线俯仰面内的主波束向上或向下倾斜。

• 立方布局天线。J. B. Andersen 和 B. N. Getu 提出了一种立方布局天线，如图 4 –7（b）所示，它将 12 个电偶极子分别平行于立方体各棱边放置，除了利用三维的极化分集外，同极化的电偶极子还可以实现空间分集。所以这是一种将空间分集与极化分集两种分集方式相结合的设计方法，在 MIMO 系统中有所应用。

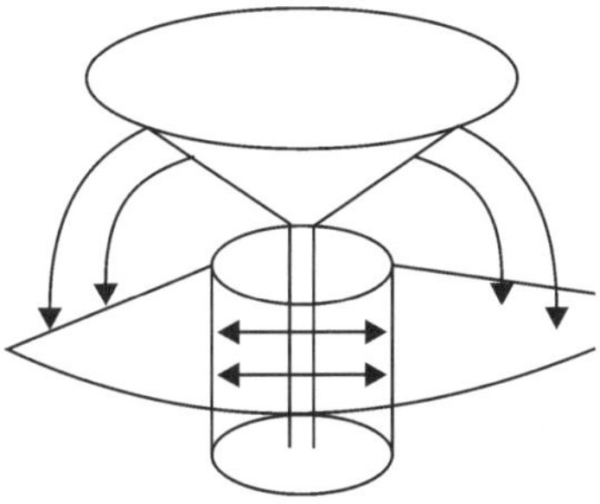

图 4 –7（a） 多模式双锥天线

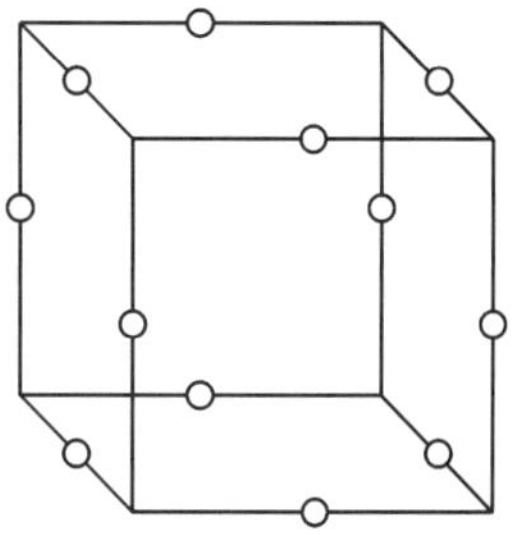

图 4 –7（b）立方布局天线

图 4 –7 天线的典型结构

• 开关寄生天线。在天线阵列中加入开关，通过开关的通断改变寄生单元与激励单元的相对关系，从而进行方向图控制，这是天线设计中常用的方法。R. Vaughan 等人提出了一种开关寄生天线，这种天线具有一个激励单元和多个寄生单元，寄生单元带有多个开关，如果改变开关的状态，则波束可以指向其他方向，实现角度分集。这种开关寄生天线类似于具有几个固定波束的天线阵列，但它的体积更小。研究表明，各接收信号相关性较弱，可以用于 MIMO 系统。

② 天线设计基础。

• 天线布局。MIMO 技术是在发射端和接收端都采用多根天线，有效地开发了系统对空间维的利用，从而在不增加发射功率和带宽的前提下提高了系统的容量，使之成为频谱利用效率很高的传输技术，但是这种性能的提高得益于收发端都采用的多天线配置，而这种多天线配置要求为每个收发天线配备相应的射频链路，包括多个 RF 通道、放大器、D/A 转换器等这样当基站用户很多时，系统硬件的成本大幅度增加，会给系统的配置和维护带来困难而且随着天线数目的增加，MIMO 系统中编码和解码算法的复杂性随之显著增加，这非常不利于信息的实时性传输。因此，如何才能做到既要保持多天线系统较高的频谱效率和较高的可靠性，又要降低系统的复杂度和成本已逐渐成为人们的研究热点。而在发送端或者接收端或者两端同时进行天线选择，恰恰可以克服 MIMO 系统的上述缺点。

天线选择技术，来源于分集合并技术，简单来说就是从所有的天线中选取最佳匹配的阵元进行处理，从而最大化系统的容量和降低系统的误码率，降低系统的成本。天线选择技术是从多个天线中选择出部分天线进行传输信号或者接收信号，因此，所需要的射频链路大大降低，从而使 MIMO 系统的硬件结构得以简化。

除了天线选择外，天线布局对系统性能的影响也至关重要的基站天线发射端的极化方式有双极化天线、垂直极化的多波束天线阵、双极化多波束天线阵，接收天线有垂直极化空间分集、双极化（极化分集 + 空间分集）、结合空间极化角度 3 种分集方式的天线分析表明，基站使用双极化天线时系统效果最好，多波束大线阵的效果比较差。通过对室外及室内环境下的一些多天线布局方案包括方位角、极化、发射天线间距等因素的影响的比较发现，无论对于室内或室外环境，双极化天线的效果也都好于单极化方式。其次，对于到达角扩展比较小的室外环境，增加发射天线单元间的距离有助于提高系统容量，但对于多径比较丰富的室内环境作用较小。另外，天线单元的平均有效增益（MEG）也是决定信道容量的一个因素，因为较高的 MEG 代表着较高的接收功率，接收功率提高所带来的增益可以弥补相关性提高所引起的负面影响，从而获得较高的信道容量。

• MIMO 天线设计要求。MIMO 系统中分布式接入和宽带等特征对天线系统提出了前所未有的要求，涉及全系统的特性和组成、带宽特性、天线结构和制作工艺等。天线设计不仅包括频带宽度、回波损耗、极化隔离等指标，还包括移动终端的个人化、天线的分布和多天线间的互耦等因素。

- 提高频带宽度。考虑到 MIMO 系统的特点，工作频段会在一定范围内调整，因此，天线单元带宽应较宽，同时应具有很好的结构重构性。可以通过采取以下方式来增大频率带宽，如引入电磁带隙结构；利用周期性结构，获得信频内的良好特性；加寄生单元，利用其相互间的耦合；实现多点谐振，并保持谐振点间隔尽量较小，采取合理结构使得天线本身和地构成 LC 电路，利用渐变曲线和函数的结构特性。

- 获得良好的极化隔离。获得良好的极化隔离需要水平和垂直极化天线的轴比值趋于无限大，极化纯度高，这样实际加工带来的误差不会产生太大影响。设计中一般采用 ±45°极化方式，完全正交，巨为线极化，轴比值趋于无限大，这样使得极化隔离良好，在全频带内极化隔离小于 -30dB。

- 良好的方向图辐射特性。在 MIMO 天线的设计中，增大天线单元的波束宽度以尽可能地接收方位向的来波，有效利用多径分量，改善小区覆盖质量，以使天线的辐射特性满足移动通信中复杂环境中的要求。

- 尽量提高天线的增益以改善信噪比，并提高系统的抗干扰能力。增益的提高主要依靠减小垂直面方向辐射的波瓣宽度，而在水平面上保持全向的辐射性能。天线增益对移动通信系统的服务质量极为重要，因为它决定蜂窝边缘的信号电平增益的提高可以在确定的方向上增大网络的覆盖范围，或者在确定范围内增大增益余量。

- 天线垂直的波瓣宽度一般与该天线所对应方向上的覆盖半径有关。角度越大，在扇区交界处的覆盖越好，也越容易发生波束畸变，形成越区覆盖；角度越小，在扇区交界处覆盖越差，而且相对而言，不容易产生对其他小区的越区覆盖。在市区中心基站由于站距小，水平半功率角要小，而郊区水平半功率角要较大。

- 采用分集技术。多天线技术带来的天线分集效果可以有效提高移动通信系统的性能，这是因为多路独立信道中的信号都被严重衰落的可能性会小很多，这样就能够在一定程度上避免因通信环境的恶劣、深度的衰落或畸变而带来的信息丢失的情况，从而降低误帧率、误比特率，提高系统性能。因此满足或充分利用给定的空间尺度条件，实现空间、极化、角度等多种分集手段是非常重要的。而为了充分利用天线分集技术，MIMO 天线应保证信号的独立性，并减小互耦以降低天线自身引入的相关性。

- 合理的天线结构。移动终端的有限空间要求天线单元具有尺寸小和轮廓低的特点。因此可采用同样原理的多天线共存于同一电路板中，为了减小电路板尺寸，可采用地板开缝、PBG 等结构。同时根据等效电路的原理，可以尽量将整个天线结构模拟成等效感容电路，利于实际测试，同时大大减小尺寸。

因此，MIMO 天线的设计准则可概括为：高增益、高隔离度、低相关、宽波瓣与多分集，在实际的设计工作中，应结合不同情况，尽可能地实现以上要求。有关研究表明：天线单元方向图、极化特性、多天线排列结构以及互耦都对 MIMO 通信性能有重大影响。为实现 MIMO 的各种优势，得到所需的增益以及系统容量，对于多天线的阵元及其布局的设计尤显重要。各种多天线设计在很多文献中均有报道。

③ MIMO 多天线的设计。

MIMO 多天线系统受移动通信终端条件的限制，既要求天线小型化，又要求与移动终端设备共形，这给天线单元设计和天线阵列设计带来了更大的挑战，也促进了移动终端天线的迅速发展。MIMO 多天线阵列单元的数目、阵列结构、阵列放置的方式、天线单元的设计等因素直接影响 MIMO 信道的空间相关性。MIMO 系统要求阵列中各天线单元具有较小的相关性。但是由于受到接收机或发射机尺寸及结构的限制，往往要在有限的空间尽可能多地布置天线单元。设计的重点是在降低尺寸的同时尽量保持天线性能，如增益、覆盖区和频带等。此外，移动通信的多业务、宽带化、多频段对天线提出了更高的要求，其电源功率和电池寿命也限制了天线系统的辐射效率。因此，适用于狭小空间的宽频带、小尺寸、高辐射效率、易集成、与设备共形的移动终端多天线具有广阔的发展空间。

目前移动终端所用的天线主要有：单极子天线及其组合、单极子天线与倒 F 天线组合、螺旋天线、倒 F 天线、两个倒 F 天线组合、单极子天线与缝隙天线组合、微带天线阵列等不同的组合具有不同的特性。这些天线各有其优势与劣势。下面是天线设计方案。

正交极化地板开缝微带天线。为了有效减小天线的整体尺寸，可以采用在辐射贴片上或接地板上开一些槽缝来实现，通过开缝可改变电流的有效流动路径，有效地降低谐振频率，即等效降低天线尺寸。由于制约气带天线尺寸的主要是地板，故通过对地板开缝，缩小地板面积对减小天线的整体尺寸更为有效，正交极化地板开缝微带天线的结构如图 4－8 所示。

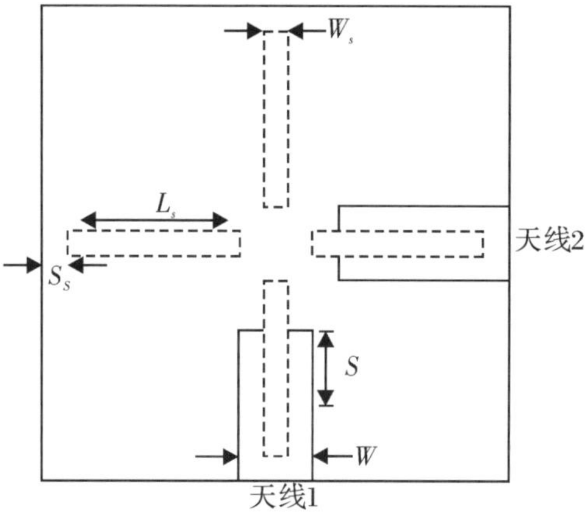

图 4-8 天线馈电层的俯视图

（三）电波传播

1. 电波传播概述

（1）电波传播的基本特性。

移动通信的首要问题就是研究电波的传播特性，掌握移动通信电波传播特性对移动通信无线传输技术的研究、开发及移动通信的系统设计具有十分重要的意义。移动通信的信道是指基站天线、移动用户天线和两副天线之间的传播路径。从某种意义上来说，对移动无线电波传播特性的研究就是对移动信道特性的研究。移动信道的基本特性就是衰落特性。这种衰落特性取决于无线电波的传播环境，不同的传播环境，其传播特性也不尽相同。而传播环境的复杂，就导致了移动信道特性十分复杂。总体来说，这些传播环境包括地貌、人工建筑、气候特征、电磁干扰情况、通信体移动速度情况和使用的频段等。无线电波在此环境下传播表现出了几种主要传播方式：直射、反射、绕射和散射以及它们的合成。图 4-9 描述了一种典型的信号传输环境。

移动信道是一种时变信道。无线电波通过这种信道，在这种传播环境下所表现出的衰落一般表现为：随信号传播距离变化而导致的传播损耗和弥散；由于传播环境中的地形起伏、建筑物及其他障碍物对电磁波的遮蔽所引起的衰落，一般称为阴影衰落；无线电波在传播路径上受到周围环境中地形地物的作用而产生的反射、绕射和散射，使得其到达接收机时是从多条路径传来的多个信号的叠加，这种多径传播所引起的信号在接收端幅度、相位和到达时间的随机变化将导致严重的衰落，即所谓多径衰落。

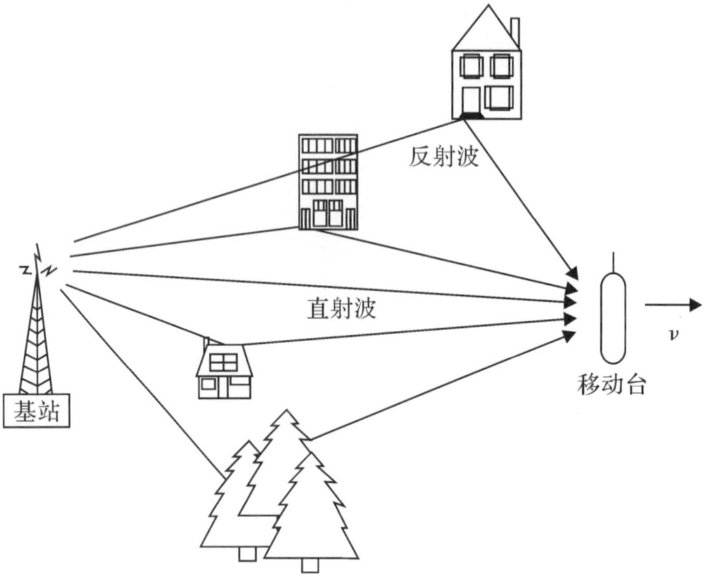

图 4-9 一种典型的信号传播环境

另外，移动台在传播径向方向的运动将使接收信号产生多普勒（Doppler）效应，其结果会导致接收信号在频域的扩展，同时改变了信号电平的变化率。这就是所谓的多普勒频移，它的影响会产生附加的调频噪声，出现接收信号的失真。

通常人们在分析研究无线信道时，常常将无线信道分为大尺度（Large - Scale）传播模型和小尺度传播模型两种。大尺度传播模型主要是用于描述发射机与接收机（T - R）之间的长距离（几百或几千米）上信号强度的变化。小尺度传播模型用于描述短距离（几个波长）或短时间（秒级）内信号强度的快速变化。然而这两种衰落并不是独立的，在同一个无线信道中既存在大尺度衰落，也存在小尺度衰落。另外，根据发送信号与信道变化快慢程度的比较，无线信道的衰落又可分为长期慢衰落和短期快衰落。一般而言，大尺度表征了接收信号在一定时间内的均值随传播距离和环境的变化而呈现的缓慢变化，小尺度表征了接收信号短时间内的快速波动。

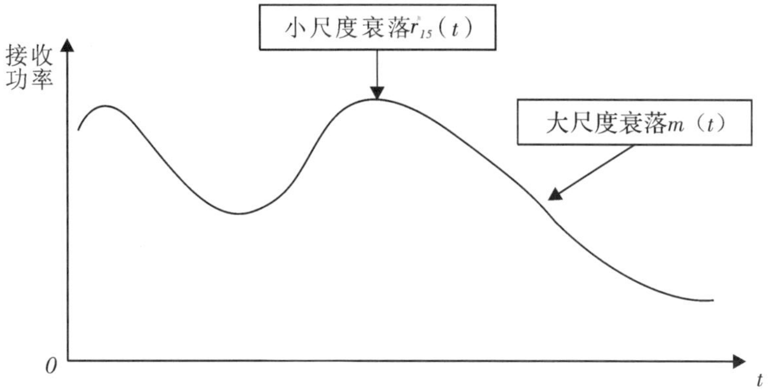

图 4 – 10　无线信道中的大尺度衰落和小尺度衰落

因此无线信道的衰落特性可用下式描述。

$$r(t) = m(t) \cdot r_0(t) \tag{4-9}$$

式中，$r(t)$ 表示信道的衰落因子；$m(t)$ 表示大尺度衰落；$r_0(t)$ 表示小尺度衰落。

大尺度衰落是由移动通信信道路径上的固定障碍物（建筑物、山丘、树林等）的阴影引起的，衰减特性一般服从 d^{-n} 律，平均信号衰落和关于平均衰落的变化具有对数正态分布的特征。利用不同测试环境下的移动通信信道的衰落中值计算公式，可以计算移动通信系统的业务覆盖区域。从无线系统工程的角度看，传播的衰落主要影响到无线区的覆盖。

小尺度衰落由移动台运动和地点的变化而产生的，主要特征是多径。多径产生时间扩散，引起信号符号间干扰；运动产生多普勒效应，引起信号随机调频。不同的测试环境有不同的衰落特性。而多径衰落严重影响信号传输质量，并且是不可避免的，只能采用抗衰落技术来减少其影响。

（2）电波传播特性的研究。

如上所述，移动通信的无线信道传播环境是十分恶劣和复杂的，因此对于研究和开发移动通信系统来说，首要的问题就是了解移动通信环境下的无线信道传播特性。

一般而论，研究无线信道的传播环境主要考虑以下问题：

- 在某个特定频率段和某种特定的环境中，电波传播和接收信号衰落的物理机制是什么。
- 在无线信号的传播路径上信号功率的路径损耗是多少。更好地了解路径损耗对移动通信中的无线小区覆盖设计具有实际的意义。路径损耗的预测对移动通信系统的设计和规划具有指导意义。

• 接收信号的幅度、相位、多径分量到达时间和功率分布是如何变化的，其概率分布的统计规律是怎样的。了解这些变化和分布的特性可以根据信号的这些衰落特性研究，开发相应的抗衰落技术。

对无线电波传播特性的研究，将导致以下两种应用成果：

• 传播预测模型的建立。根据理论分析和实际测量数据的统计分析或两者的结合，建立适合各种传播环境的各类传播预测模型，根据给定的频率、距离、收发信机天线高度、环境特性参数，预测出电波的传播路径损耗，该结果用于移动通信的无线网络规划设计中。

• 为实现信道仿真提供基础。根据传播特性研究的理论分析结果、测量数据的统计分析结果，用硬件或软件实现电波在移动通信环境中传播和传播特性的仿真。应用仿真技术，可进行无线传输系统的试验，更有效地进行调制解调技术、各种抗衰落技术以及网络性能等无线传输技术及网络性能的研究和开发。

研究无线移动传播环境时，基本方法有：

• 理论分析：用电磁场理论分析电波在移动环境中的传播特性，并用数学模型来描述移动信道。通常采用所谓射线跟踪法，即用射线表示电磁波束的传播，在确定收发天线位置及周围建筑等环境特性后，根据反射、绕射和散射等波动现象直接寻找出可能的主要传播路线，并计算出路径损耗及其他反映信道特性的参数。在分析中，往往要忽略次要因素，突出主要因素，以建立简化的信道传输模型，简化计算。

• 现场电波传播实测方法：在不同的传播环境中，做电波实测实验。实际测试后，根据实测记录的数据，用计算机对大量的数据进行统计分析，寻找出反映传输特性的各种参数的统计分布。再根据数据的分析结果，建立信道的统计模型来进行传播预测。在传播特性的研究中，统计数据通常用以建立信道的冲击响应模型，所以此方法也称为冲激响应法。

值得注意的是，理论分析方法是应用电磁传播理论来建立预测模型，因而更具有普遍意义。其预测模型的准确程度取决于对预测区域内传播环境描述的详细程度。现场实测方法是通过对实际测试的大量数据，经过统计分析来建立预测模型。现场测试方法对环境的依赖性较大，对测试设备的要求很高，同时测试工作量较大。但是由于建立模型的过程是根据对大量测试数据的统计分析得出的，所以在相似的传播环境下，其预测值与实际值较为一致。而且对于覆盖区域较大的小区而言，由于地形、地物复杂，很难用理论的方法建立预测模型，因而用现场测试和大量数据的统计分析来建立预测模型无疑是一个可行的方法。

需要说明的是，理论分析方法和实际测试方法不是对立的，而是相互联系的、互为补充的。理论预测模型的正确性多用实测数据来证实；现场实测的方法、实测数据的统计和结果分析要在电磁波传播理论的指导下进行。

2. 无线信道

在无线通信中，信号传输的信道是无线的。无线电波在无线信道中的传播可以分为以下三种情况：在大气中传播、在电离层中传播、在外层空间传播。

（1）大气衰减。

无线电波在大气中传播，大气对电波的衰减主要来自两个方面：

- 云、雾、雨等小水滴对电波的热吸收及水分子、氧分子对电波的谐振吸收。热吸收与小水滴的浓度有关，谐振吸收与工作波长有关。
- 云、雾、雨等小水滴对电波的散射，散射衰减与小水滴半径的 6 次方成正比，与波长的 4 次方成反比。

当工作波长短于 5cm 时，就应该考虑大气层对电波的衰减，尤其当工作波长短于 3cm 时，大气层对电波的衰减将趋于严重。

对于云、雾、雨、雪对微波传播的影响来说，降雨引起的衰减最为严重。对 10GHz 以上频率的电波，由降雨引起的衰减在大多数情况下是可观的。因此，在地面和卫星通信线路的设计中，都要考虑由降雨引起的衰减。

（2）电离层影响。

电离层是地球高空大气层的一部分，从离地面 60km 的高度一直延伸到 1000km 的高空。由于电离层的电子不是均匀分布的，其电子浓度 N 随高度与位置的不同而变化，因此电离层是非均匀媒质，电波在其中传播必然有反射、折射与散射等现象发生。电离层的电子浓度变化具有：

- 昼夜变化规律。
- 季节变化规律。
- 太阳黑子周期（11 年）变化规律。

电离层中，电波的传播特性与波的频率有关。电磁波通过电离层会产生法拉第旋转：引起极化方向的改变。

（3）外层空间。

电磁波经低空大气层和电离层，到达外层空间的传播方式称为外层空间传播。如卫星传播、宇宙探测等均属于这种远距离传播。

由于电磁波传播的距离很远，且主要是在大气以外的宇宙空间内进行的，而宇宙空间近似于真空状态，因而电波在其中传播时，它的传输特性比较稳定。

3．无线信道的电波传播

（1）地面波。

地面波传播是指电磁波沿着地球表面传播的情况。当天线低架于地面，天线架设长度比波长小得多，且最大辐射方向沿地面时，电波是紧靠着地面传播的。

- 地面的性质、地貌和地物等情况都会影响地面波的传播。在长、中波波段和短波的低频段均可用这种传播方式。
- 地面波沿地球表面附近的空间传播，地面上有高低不平的障碍物，根据波的衍射特性，当波长大于或相当于障碍物的尺寸时，波才能明显地绕到障碍物的后面。
- 地面上的障碍物一般不太大，长波可以很好地绕过它们。中波和中短波也能较好地绕过。短波和微波由于波长过短，绕过障碍物的本领就很差了。
- 由于障碍物的高度比波长大，因而短波和微波在地面上不能绕射，而是沿直线传播。
- 由于水平分量在地面上会引起较大的传导电流，从而增加功率损失。地面对水平极化波吸收大，因此表面波多采用垂直极化波。为此，表面波需要采用垂直于地面的直立天线。

（2）电离层波。

电离层波具有以下特点：

- 频率的选择很重要。频率太高，电波将穿透电离层射向太空；频率太低，电离层吸收太大，以至不能保证必要的信噪比。
- 电离层传播的随机多径效应严重。多径时延较大，信道带宽较窄。因此，它对传输信号的带宽有很大限制。
- 电离层所能反射的频率范围是有限的，一般是短波范围。由于波段范围较窄，因此短波电台特别拥挤，电台间的干扰很大。

- 由于电离层传播是靠高空电离层的反射进行的，因而受地面的吸收及障碍物的影响较小，传输损耗较小，因此能进行远距离通信。
- 电离层通信，特别是短波通信，建立迅速，机动性好，设备简单。

4. 无线信道特征

研究无线通信系统首先要研究无线信道的电波传播特性。

信道的基本组成如图 4－11 所示。根据研究问题的不同需要，可以选择不同的信道模型。

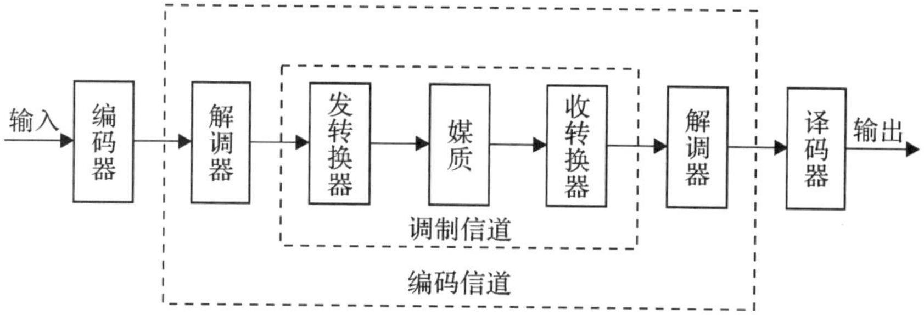

图 4－11 信道的基本组成

调制信道和编码信道是通信系统中常用的两种广义信道。

调制信道是指图 4－11 中从解调器的输出端到解调器的输入端的部分，包括发转换器、媒质和收转换器三部分。

编码信道是指图 4－11 中从编码器输出端到译码器输入端的部分，包括解调器、调制信道和解调器。

无线信道的传输函数随时间随机变化，是随机参量信道，简称随参信道。

（1）陆地移动通信信道。

如图 4－12（a）所示，陆地移动通信信道是指基站天线和手机天线之间的传播路径。

陆地移动通信工作频段主要在射频与微波频段，电波传播以直射波为主。但是，由于城市建筑群和其他地形地物的影响，电波在传播过程中会产生反射波、散射波、地面波以及它们的合成波，电波传输环境较为复杂。移动信道是典型的随参信道。

（2）卫星通信信道。

如图 4－12（b）所示为卫星通信信道，卫星与地面站之间的信号需要经过电离层传播。

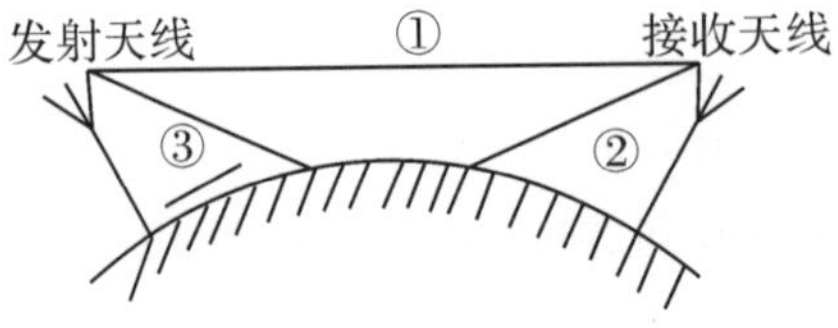

图 4-12（a） 陆地移动通信信道

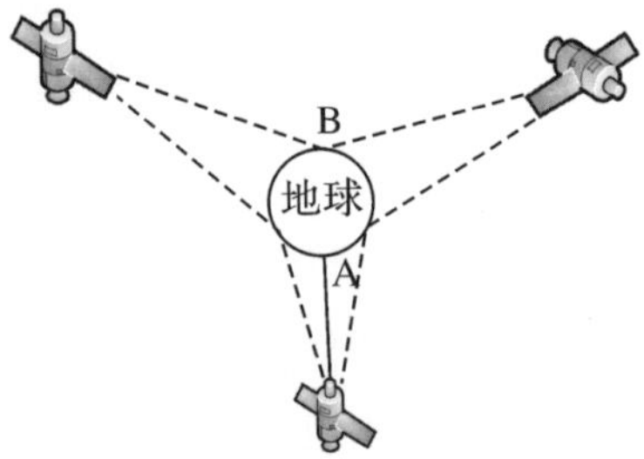

图 4-12（b） 卫星通信信道

卫星与地面站之间的信道中，微波信号经过电离层会产生法拉第旋转，使电波的极化发生偏转。因此，在卫星通信中需要使用圆极化波信号。

（四）软件无线电

1. 硬件无线电的概念

所谓硬件无线电，是指无线电设备的功能是由硬件结构确定的，系统的工作很少有软件参与，它们在功能上是确定的。

长期以来，我们在使用各种不同的硬件无线电系统，比如手机、收音机、电视机、电话机和传真机等。

随着电子通信技术的发展，电子信息设备在军事领域中的作用越来越重要。军事现代化的一个重要标志就是军事信息化。无线通信已经成为现代战争的重要信息传输手段。

长期以来，军用无线设备都是针对不同的军事需求而设计的。对于不同的军用无线通信设备而言，虽然它们的发送与接收单元有许多相似的功能，但结构却有许多不同，不能通用。

不同无线通信设备的射频载波不同、调制方式不同、波形结构不同，这就使得军事无线装备具有如下特点：

- 品种多。
- 系列多。
- 通用性差。
- 协同能力差。

这种局面无法适应现代战争海、陆、空、天立体协同作战的要求。因此，必须考虑如何解决，这种问题的解决方案就是软件无线电。

2. 软件无线电的概念

软件无线电是20世纪末发展起来的通信新技术，是通信领域的第三次革命。这三次革命分别为：

- 从固定通信到移动通信。
- 从模拟通信到数字通信。
- 从“硬件无线电”到“软件无线电”。

（1）软件无线电的定义。

1992年，美国MITRE公司的Joseph Mitola Ⅲ首次明确提出了“软件无线电”的概念。

定义1：软件无线电是多频带无线电，它具有宽带的天线、射频转换、模/数和数/模变换，能够支持多个空中接口和协议，在理想状态下，所有方面（包括物理空中接口）都可以通过软件定义。

这个最初的定义明确提出了软件无线电的概念，给出了软件无线电的基本含义和理想结果。

软件无线电论坛（www. sdrforum. org）给出的软件无线电的定义。

定义2：软件无线电是一种新型的无线电体系结构，它通过硬件和软件的结合，使无线网络和用户终端具有可重配置能力。

（2）软件无线电的含义。

软件无线电提供了一种建立多模式、多频段、多功能无线设备的有效而且相当经济的解决方案，可以通过软件升级实现功能提高。

软件无线电可以使整个系统（包括网络和用户终端）采用动态的软件编程对设备进行重配置。也就是说，相同的硬件可以通过软件定义来完成不同的功能。

（3）软件无线电的特点。

软件无线电的优势主要体现在以下几个方面：

- 系统结构通用，功能实现灵活，升级换代方便。
- 易于实现不同系统间的互操作。
- 由于通过软件实现系统的主要功能，因此更易于采用新的信号处理手段，从而提高了系统抗干扰的性能。
- 拥有较强的跟踪新技术的能力。

3. 软件无线电的系统组成

软件无线电系统用软件控制参数，如频带、调制、波形和检测等，不需要对硬件进行修改就可以改变系统的功能。

如图 4－13 所示，仍然存在模拟处理部分，如射频或中频电路。

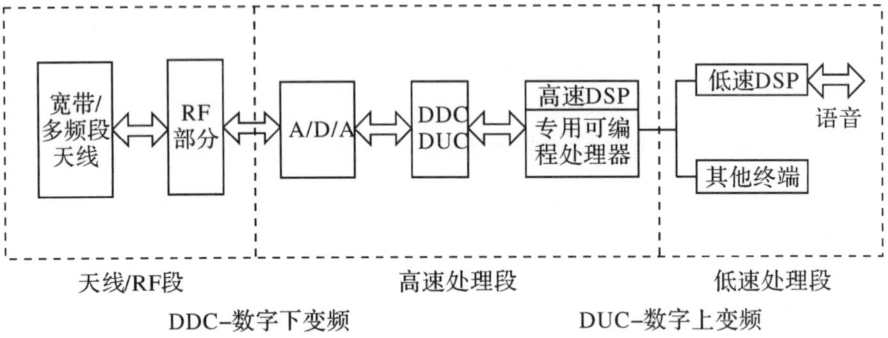

图 4－13 软件无线电结构示意图

软件无线电能够通过软件控制相当宽的频率范围，可以通过下载软件来为系统增加新的功能。一个实际的软件无线电系统的基本组成如图 4－14 所示。

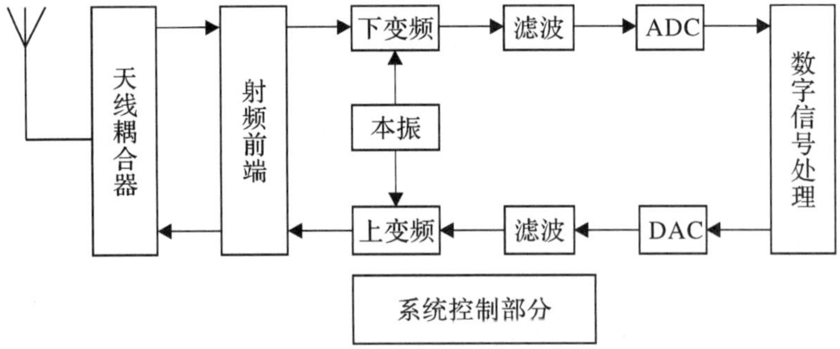

图 4－14 实际的软件无线电系统的基本组成

软件无线电系统的基本组成包括以下部分：

- 天线：发射与接收天线阵列。
- 射频前端。
- 变频部分：本振、上变频、下变频。
- 滤波器部分。
- 模数转换部分：ADC，DAC。
- 数字信号处理部分。
- 系统控制部分。

软件无线电系统接收信号的过程如下：

- 天线接收模拟无线电信号。

- 信号经过天线耦合到射频部分。
- 经过下变频降低频率。
- 模拟信号由 ADC 经过采样、量化、编码，得到数字信号。
- 数据经数字信号处理，存储或输出给信宿。

系统发射信号的过程如下：

- 发射信号经数字信号处理，成为需要的数字信号。
- 数字信号经 DAC 转换成模拟信号。
- 经上变频升高至射频。
- 经天线耦合器耦合至天线。
- 经天线发射出去。

4. 软件无线电的关键技术

支撑软件无线电的关键技术包括：

（1）射频/微波技术。

射频/微波技术所涉及的无线电频谱是从中波到毫米波段，很宽范围内的无线电信号的发射与接收设备的工作频率。

这些技术包括信号的产生、调制、功率放大、辐射、接收、低噪声放大、混频、解调、检测、滤波、衰减、移相、开关等各个模块单元的设计和生产。

（2）智能天线技术。

智能天线是这样一种天线阵列系统，它通过智能算法来合并天线阵因子的信号，以自动适应不同的信号环境。

智能天线对于给定的方向，它的天线增益是可以自动调节的，这样可以适应不同通信的需求。

（3）多输入多输出技术。

在多径环境中，可以使用多天线系统代替单天线系统。这样，利用空间分集技术，可以大大提高系统的抗衰落性能。

多输入多输出系统就是在发射端与接收端都使用多个天线。采用多输入多输出技术，还可以有效提高信道容量。

研究结果表明：如果接收天线数量不少于发射天线数量，那么随着发射天线数量的增加，多输入多输出系统的信息容量就会线性增加。

（4）采样技术。

实现软件无线电的基础是数字技术，其核心是数字信号处理技术。为了实现模拟信号的数字处理，首先必须进行模拟信号的数字转换。

在软件无线电中，模拟/数字变换器（A/DC）的性能将直接影响系统的性能。A/DC 变换分为三步：

第一步，采样。

第二步，量化。

第三步，编码。

采样结果对模数变换器输出信号有着重要影响。

（5）调制解调技术。

在无线通信中，在无线信道中传播的是无线电波，调制与解调是实现无线信道传输的基本技术之一。

在发射端，调制的目的是把要传输的模拟信号或数字信号变换成适合信道传输的信号。该信号称为“已调信号”。

在接收端，需要将接收到的已调信号还原成系统所传输的原始信号，该过程称为“解调”。

（6）数字信号处理技术。

软件无线电对信号处理的要求包括：

- 能够执行大量的乘累加运算。
- 具有某些特定模式。
- 大部分处理时间用于执 x 行、循环的操作上。
- 具有高速的数据吞吐能力。
- 信号处理数值范围较宽。

（7）软件设计技术。

软件无线电以软件方式实现各种空中接口，提供各种灵活的无线通信方式。在软件无线电中，软件的作用是非常重要的。软件无线电的软件设计包括：

- 软件的功能。
- 软件与硬件之间的关系。
- 软件的体系结构。

软件无线电的软件应该具有以下特点：

- 具有良好的开放性。
- 采用模块化结构。
- 具有可重用性。

(8) 信息安全技术。

由于无线通信系统的开放性，信息传输中的信息安全是一个非常重要的问题。因为在公用无线通信网络中存在着各种各样的安全漏洞和威胁，所以信息安全涉及的领域相当广泛。信息安全需要研究的领域包括：

- 信息的保密性。
- 信息的完整性。
- 信息的可用性。
- 信息的真实性。
- 信息的可控性。

(9) 同步技术。

所谓同步，是指收发双方在时间上步调一致，又称为“定时”。同步技术是数字通信系统的关键技术之一。在数字通信系统中，按照同步技术的功用不同，可以分为：

- 载波同步。
- 位同步。
- 群同步。
- 网同步。

(10) 电磁兼容技术。

电磁兼容（Electromagnetic Compatibility，EMC）是指电气及电子设备在共同的电磁环境中能执行各自功能的共存状态。即要求在同一电磁环境中的各种电气、电子设备都能完成自身的功能，而不至于在其环境中产生不允许的干扰。

电磁兼容是通过控制电磁干扰来实现的，电磁干扰是人们早就发现的电磁现象，它几乎和电磁效应的现象同时被发现。

电磁兼容设计成为民用电子设备和军用武器装备研制中必须严格遵循的原则和步骤。电磁兼容性成为产品可靠性保证中的重要组成部分。

在当今信息社会，随着电子技术、计算机技术的发展，一个系统中采用的电气及电子设备数量大大增加，而且电子设备的频带日益加宽，功率逐渐增大，灵敏度提高，连接各种设备的电缆网络也越来越复杂。因此电磁兼容问题日显重要。

为了保证电子设备稳定可靠的工作，减小电磁污染，越来越多的国家开始强制执行电磁兼容标准，特别是在美国和欧洲国家，电磁兼容指标已经成为法制性的指标，是电子产品厂商必须通过的指标之一。

5. 软件无线电的应用

软件无线电应用项目的典型是美军的易通话（Speak Easy）计划。

易通话计划是美军的军用软件无线电通信电台开发计划。为解决多兵种之间的互通，主要开发面向未来军事需求的、具备多媒体网络操作的无线电系统结构与技术。易通话计划的实施分两个阶段：

第一阶段，完成基于软件无线电构建电台的可行性研究与适用性验证。

第二阶段，创建一个可行的软件无线电结构。

易通话计划的主要参数如下：

- 电台工作频率为：2MHz 至 2GHz。
- 利用可编程处理技术，与 15 个电台兼容。
- 具备调幅、调频和调相等各种调制解调方式。
- 可以作为各种不同模式电台之间通信的中继转发电台。

易通话计划的电台软件与硬件系统都采用模块化、开放式结构，利用高速控制和数据总线提高其灵活性和可靠性。随着技术进步与业务增长，可以通过更新部分模块实现电台的升级。

（五）认知无线电

1. 从软件无线电到认知无线电

通信中的基本矛盾：日益增长的用户需求和日见拥挤的频谱资源之间的矛盾越来越突出。

由于授权频段的独享性和非授权频段的饱和，频谱资源的紧张已经成为制约无线通信业务发展的瓶颈。

有专家预言：未来战争的获胜者必将是最善于控制、驾驭和运用电磁频谱的一方。频谱认知无线电（Cognitive Radio，CR）就是利用频谱空洞提高频谱利用率的软件无线电。是智能化的软件无线电。

（1）频谱重用。

在频谱重用技术的研究中有以下两个方向：

- 降低信号的功率谱密度来进行频谱复用。
- 采用灵活的频谱管理技术来提高频谱利用率。

当前存在的最主要问题不是没有频谱可用，而是现有的频谱利用率严重不足，这就是所谓频谱空洞问题。

频谱空洞是指分配给授权用户的一个频段在特定时间和特定区域时，这个频段未被授权用户使用。

认知无线电的思想是在授权用户不使用的情况下，未授权用户可以接入频谱空洞，以提高频谱的利用率。

认知无线电是一种非常新颖的无线通信理念，它在提高无线频谱利用率的基础上提出了全新的思路，必将引起未来通信技术的重大变革。

（2）认知概念。

所谓认知，是指介于输入激励和输出响应之间的智能状态和处理过程。也就是说，采用学习、理解和综合等方式探索事物的一般性原理。

为了能够根据新的环境做出调整，无线电系统必须能够学习。如图 4－15 所示为基本的机器学习体系结构。

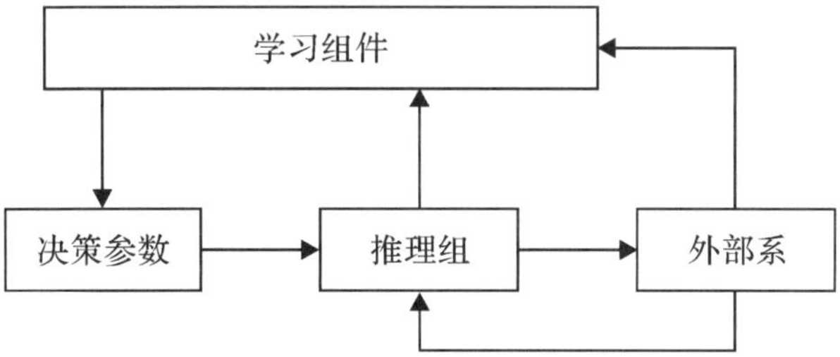

图 4－15　基本的机器学习体系结构

在这个基本的机器学习体系结构中，机器的学习过程如下：

- 机器学习系统通过传感器、外部参数输入等方式对环境进行感知。
- 从感知结果得出结论，并对这些行为结果进行预测。
- 预测行为对环境造成影响和变化。
- 学习组件接收这些变化，并与期望变化进行对比。
- 若实际变化与期望变化相同，则基于实际变化与期望变化的接近程度，系统就加强促成该结果的参数。
- 若实际变化与期望变化不符，则学习系统就会改变决策过程的参数，使其更符合实际结果。

（3）认知无线电的发展。

1999 年，Joseph Mitola Ⅲ 发表文章，首次提出了认知无线电的概念，并描述了如何通过无线知识描述语言（RKRL）来增强个人无线业务的灵活性。

2000 年 5 月，Joseph Mitola Ⅲ 给出了认知无线电的概念综述。

2002 年，美国联邦通信委员会发表了可能改变频谱政策的报告，筹备了认知无线电工作组。

2003 年 5 月，认知无线电工作组在华盛顿成立。

2003 年 2 月，美国联邦通信委员会公布了《FCC 规则第 15 章》修正案，明确只要具备认知无线电功能，即使是其用途未经许可的无线终端，也可以使用需要无线许可的现有无线频带。

2004 年 5 月，美国联邦委员会发布了法规制定提案通告（NPRM），允许未授权用户在不影响授权用户业务的前提下，通过基于认知无线电的技术使用电视广播频段中的空闲无线资源。

2004 年 10 月，美国电子和电气工程师协会（IEEE）正式成立 IEEE 802.22 工作组——无线区域网络工作组，计划 2007 年下半年完成标准化工作。其目的是研究基于认知无线电的物理层、媒体访问控制层和空中接口，以无干扰的方式使用已分配给电视广播的甚高频/超高频（VHf/UHF：54 ~ 862MHz）频带作为宽带接入频段。

美国国防高级研究计划局基于认知无线电技术开展了下一代无线通信项目的研发。研究和开发频谱捷变无线电，这些无线电台可以在使用法规的范围内动态自适应变化的无线环境，在不干扰其他正常工作无线电台的前提下，使接入频谱范围扩大 10 倍，频谱捷变无线电技术的应用可以使频谱利用率增加 10 倍。

2. 认知无线电的关键技术

认知无线电具有以下两个重要能力：

- 认知能力：感知环境信息的能力。
- 可重配置能力：自适应动态无线环境的能力。

（1）认知能力。

认知能力是认知无线电与软件无线电的区别所在。它是捕获与感知无线环境信息的能力。

认知能力是一项相当复杂的技术，它可以获得无线环境在空间以及时间域上的变化情况。认知能力具有以下作用：

- 确定特定的时间和空间频谱中未被使用的部分。
- 根据上述信息，选择最好的频段与合适的传输参数，以不干扰授权用户。

• 若这个频段有授权用户，则或者离开这个频段，或者改变发射功率、调制方式等参数，以保证不干扰授权用户。

（2）可重配置能力。

可重配置能力使得无线系统可以在不需要任何硬件变化的条件下，根据无线环境动态改变系统结构和参数。

可重配置能力使得无线系统可以方便地配置以下传输参数：

• 工作频率。
• 调制方式。
• 发射功率。
• 通信协议。

特别需要强调的是，这些传输参数的重配置不仅可以在传输开始时进行，而且可以在传输过程中进行。

认知无线电作为智能化的软件无线电，除了软件无线电的关键技术之外，为了能够智能利用频谱空洞，还需要一些技术，例如：

• 地理定位技术。
• 频谱感知技术。
• 人工智能技术。
• 网络技术。
• 电磁兼容技术。
• 认知技术。

3. 认知无线电的应用

例：基于认知无线电技术的无线区域网络。

解：无线区域网络是最早利用认知无线电技术的无线通信系统。

IEEE 802.22 工作组致力于设计世界上第一个基于认知无线电技术的无线区域网络（WLAN）。

它工作在电视频段，通过频谱检测、设备检测、干扰避免和频带管理等技术来实现高效的系统共存和频谱资源共享。

IEEE 802.22 系统需要保护的授权业务如下：

• 广播电视。
• 无线麦克风。
• 载波频率。

IEEE 802.22 系统的载波频率：

- 54 ~ 72MHz。
- 76 ~ 88MHz。
- 740 ~ 806MHz。

IEEE 802.22 系统的信道带宽：

- 6MHz。
- 7MHz。
- 8MHz。

IEEE 802.22 系统的共存问题是空中接口必须考虑的关键问题。系统在设计时需要考虑以下问题：

- 系统天线的配置。
- 对电视和麦克风的检测和保护。

第五章 通信技术

一、通信技术概述

（一）通信技术的概念

在信息时代，人们需要获得信息、处理信息和传输信息，这就是信息技术的三个主要分支：感测技术、计算技术和通信技术。

所谓通信，就是信息的传递。这里所说的“传递”可以认为是一种信息传输的过程或方式。在这里所讨论的是特指利用各种电信号和光信号作为通信信号的电通信与光通信。

（二）通信技术的发展历程及里程碑

通信是人类文明发展历史中一个永恒的话题。早在远古时期，人类就通过简单的语言、图符、钟鼓、烟火、竹简等手段传递信息，烽火狼烟、飞鸽传信、驿站邮递等都是通信的某种表现形式。在当代知识经济社会里，通信行业作为社会经济发展的基础性产业发挥着极其重要的先导性作用。了解通信的发展历史将有助于我们更深入地认识过去、把握现状并展望未来。

1. 国际通信发展历程

19 世纪中叶以后，由于电报、电话的发明以及电磁波的发现，人类的通信手段发生了根本性的变革，开创了电气通信新时代。随着科技水平的不断提高，相继出现了无线电、固定电话、移动电话、互联网等各种通信手段，真正让神话传说中的“千里眼”“顺风耳”变成了现实。先进的通信技术拉近了人与人之间的距离，深刻地改变了社会面貌和人类的生活方式。

回顾通信发展历程，每一次相关重大技术的进步都孕育着通信技术水平的进一步提高。通信发展史也是一部人类科技进步史。

1837 年，美国人莫尔斯展示了世界上第一台电磁式电报机。

1864 年，英国人麦克斯韦预言了电磁波的存在。

1875 年，苏格兰人亚历山大·贝尔发明了世界上第一部电话机。

1901 年，意大利人马可尼成功实现了跨大西洋两岸的无线电通信。

1906 年，美国人费森登研究出无线电广播发送机。

1925 年，美国无线电公司研制出第一部实用的传真机。

1937 年，英国人里夫斯首次提出用脉冲编码调制来进行数字语音通信的思想。

1940 年，美国的古马尔研制出机电式彩色电视系统。

1945 年，英国人克拉克提出静止人造卫星通信的设想。

1946 年，美国人埃克特和莫奇利发明了世界上第一台电子计算机。

1947 年，美国贝尔实验室提出了蜂窝网移动通信的概念。

1957 年，苏联成功地发射了人类第一颗人造卫星。

1959 年，美国人基尔比和诺伊斯发明了集成电路。

1965 年，第一部由计算机控制的程控电话交换机在美国问世。

1966 年，英籍华人高锟提出以玻璃纤维进行远距激光通信的设想。

1969 年，在美国投入运行的 ARPA 网形成了互联网的雏形。

1974 年，首次提出传输控制协议/互联网协议（TCP/IP），成为当代互联网的基础。

1977 年，美日科学家研制出超大规模集成电路。

1982 年，欧洲成立了移动通信特别组，制定了泛欧移动通信漫游标准。

1983 年，采用模拟蜂窝技术的先进移动电话系统（AMPS）在美国芝加哥开通。

1991 年，泛欧网数字移动通信系统投入商用。

1993 年，美国政府提出了建设国家“信息高速公路”的建设计划。

20 世纪 80 年代以后，个人计算机的普及以及网络技术的发展标志着互联网时代的到来。数字图像通信、多媒体通信技术的兴起，让通信系统具备了综合处理文字、声音、图像、影视等各种形式信息的能力。卫星通信、移动通信的发展，使得任何一个用户能够随时随地与其他用户实现通信，通信产业焕发出巨大的生机。

2. 国内通信发展历程

我国通信事业经历了从早期非常落后到后来跨越式发展的变化历程，目前已经处于世界先进国家行列。

早在新中国成立初期，我国即开通了首都北京至全国各主要城市的长途通信。1952 年开始在全国主要干线上开通 12 路载波电话，20 世纪 60 年代开始建设 60 路对称电缆载波通信系统。1975 年建成 600 路及 960 路微波接力通信。线路总长达 1.4×10^4km，通达全国 19 个省会和自治区首府，承担了电话、电报通信、报纸传真和电视、广播节目的传送任务。1976 年年初开通了由北京到上海、杭州之间的中同轴 1800 路载波系统。20 世纪 70 年代后期，开始研制光纤通信系统。

20 世纪 80 年代初，随着我国改革开放政策的实施，人们对通信业务的需求日益膨胀，为国内通信事业的快速成长提供了巨大的发展机会。通信业务以超常规、成倍数、跳跃式的发展速度和发展规模取得了令世人瞩目的成就。

1982 年，福州引进开通了第一套万门程控电话交换机。

1983 年，上海率先开通了第一个模拟寻呼系统。

1984 年，“东方红”二号同步通信卫星发射成功。

1984 年，中外合资上海贝尔电话设备有限公司成立。

1986 年，国家对通信技术设备进口实行 10 年关税减免政策。

1987 年，第一个 TACS 制式模拟蜂窝移动电话系统在广东建成并投入使用。

1988 年，第一个实用单模光纤通信系统（34Kbit/s）在扬州、高邮之间开通。

1990 年，第一条长途光缆——宁汉光缆干线工程建成投产。

1991 年，自主研发的 HJD－04 型程控交换机研制成功。此后，以大唐、中兴、华为公司，以及武汉邮电科学研究院等为代表的民族通信制造业实现了群体突破。

1993 年，第一个公用数据通信网——公用分组交换网（CHINAPAC）正式开通。此后陆续开通了公用数字数据网（CHINADDN）和中国公用计算机互联网（CHINANET）。

1993 年，第一条国际光缆——中日海底光缆投入使用。

1994 年，广东开通了 GSM 数字蜂窝移动电话网。

1995 年 7 月，联通 GSM 130 数字移动电话网在北京、天津、上海、广州建成开通。

1996 年，移动电话实现全国漫游，并开始提供国际漫游服务。

1998 年，正式向国际电联（International Telecommunication Union，ITU）提交第三代移动通信标准（简称 3G）——TD－SCDMA，该标准成为第一个具有自主知识产权并被国际上广泛接受和认可的无线通信国际标准。

1999 年，第一条传输速率为 8×2.5 Gbit/s 的密集波分复用（DWDM）系统开通。

2002 年，中国移动通信 GPRS 业务正式投入商用，中国移动迈入 2.5 G 时代。

2006 年，TD－SCDMA 被宣布为我国的国家通信行业标准。

2009 年年初，3G 牌照正式发放，标志着我国进入第三代移动通信的普及阶段，WCDMA、CDMA2000 和 TD－SCDMA 三大主流无线移动通信标准竞争并存的时代来临。

目前来看，我国通信行业已经形成了中国移动、中国联通、中国电信三大电信运营商互相竞争、互相合作的格局，促进了我国通信行业的健康发展和良性循环。

自 1987 年中国电信开办移动电话业务以来，每年用户增长速度均在 200% 以上。中国移动通信用户总数已经跃居为世界第一位。固定电话和手机普及率已超过八成，用户总数合计接近 10 亿。互联网用户总数超过 2 亿，已经成为世界上名副其实的通信大国。

回顾国内外通信发展史，不难看出未来通信产业发展的一些显著特征：伴随着一系列新技术的不断涌现，通信技术和手段会进一步得到提升。以光电信号作为信息的载体，以微电子学和光电技术为基础，结合计算机技术、网络信息处理技术，预示着高速、宽带、无缝连接的数字化信息时代即将到来。

3. 通信技术发展里程碑

自 19 世纪初电通信技术问世以来，短短的 100 多年时间里，通信技术的发展可谓日新月异，出现了许多人们过去想都不曾想过的新技术。

根据各种通信技术在通信发展史上的地位、作用以及对人类社会的影响，对过去的 100 多年通信技术的发展历史进行了概括性的总结，其中有 10 项重大通信技术很值得人们纪念。

（1）莫尔斯发明有线电报。有线电报开创了人类信息交流的新纪元。

（2）马克尼发明无线电报。无线电报为人类通信技术开辟了一个崭新的领域。

（3）载波通信。载波通信的出现改变了一条线路只能传送一路电话的局面，使一个物理介质上传送多路音频电话信号成为可能。

（4）电视。电视极大地改变了人们的生活，使传输和交流信息从单一的声音发展到实时图像。

（5）电子计算机。计算机被公认为 20 世纪最伟大的发明，它加快了各类科学技术的发展进程。

（6）集成电路。集成电路为各种电子设备提供了高速、微小、功能强大的“心”，使人类的信息传输能力和信息处理能力达到了一个新的高度。

（7）光纤通信。光导纤维的发明使人们寻求到一种真正能够承担起构筑未来信息化基础设施传输平台重任的通信介质。

（8）卫星通信。卫星通信将人类带入了太空通信时代。

（9）蜂窝移动通信。蜂窝移动通信为人们提供了一种前所未有、方便快捷的通信手段。

（10）因特网。因特网的出现意味着信息时代的到来，使地球变成了一个没有距离的整体。

二、主要技术介绍

（一）通信系统

1. 通信系统概述

通信是从一地向另一地传递和交换信息。实现信息传递所需的一切技术设备和传输媒质的总和称为通信系统。

通信系统通常是指由通信收、发双方和信道组成的器件与设备的全体。通信系统是研究通信问题的基本概念。

2. 通信系统的模型

通信的目的是传送消息。消息可以表现为语音、图像、文字等多种形式，例如：电视台通过卫星可以把电视画面传送到千家万户；电话用户通过交换机可以实现拨号通话；网络用户通过互联网可以进行即时聊天等。一个通信系统应该具备一些最基本的功能特征来实现消息的传送，我们把这些最基本的功能特征总结抽象出来就可以得到通信系统的一般模型。

在任何通信系统中，发送消息的一端称为信源，接收消息的一端称为信宿。信源和信宿之间的传输路径称为信道。信源发出的消息先要经发送设备变换成适合于信道传输的信号形式，再经信道传输后由接收设备做出反变换恢复出信源消息，最后被信宿接收。而消息在传送过程中的任何一点都有可能受到噪声的干扰。据此，我们可以得到如图 5－1 所示通信系统的一般模型。由于多数通信系统都具有双向通信的功能，即通信一方既是信源又是信宿，所以图中展示的是一个双向通信系统模型。

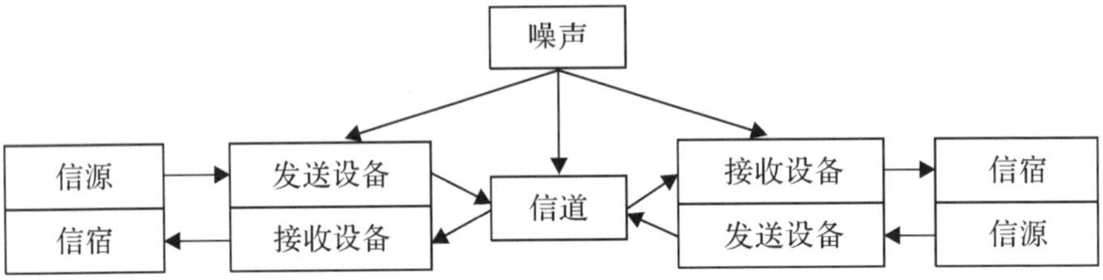

图 5－1　通信系统的一般模型

信源和信宿通常是能够对应把消息解读出来的设备或人。例如，电视机、接听电话的人或计算机终端等都可以作为信源或信宿。消息的形式可以是图像、语音，也可以是文字、符号等。

发送设备主要用于对信源消息进行物理格式变换。这样的物埋格式变换可以是码型调整变换或者是频率调整变换，以适应信道对所传输信号格式的要求。接收端则利用接收设备做出反变换。

狭义的信道是指具有不同物理性质的各种传输媒介，如电缆、光缆、无线大气空间等。广义的信道则包括信源和信宿之间的任何传输设备。信号在信道传输过程中会随着距离的增加而产生衰减。为了保证长距离传输，在适当的距离上必须对信号进行能量放大，称为中继再生，叠加了噪声的模拟信号衰减后再放大，其中的噪声分量也会随之放大，引起信号畸变。而数字信号经过中继再生后可以彻底去除噪声干扰，得到完全恢复，具有可靠性高、不失真的优点，因而获得了广泛应用。

噪声干扰是任何通信系统都难以避免的。噪声干扰等因素导致信号失真，引起传输错误，因此，通信系统一般都要考虑差错控制问题。

3．通信系统的分类

（1）按传输媒介分类。

按传输媒介的不同，可把通信系统分为有线通信系统和无线通信系统。

固定电话、有线电视、因特网等利用有形传输线进行信号传输的系统都是有线通信系统。而无线广播、微波通信、移动通信、卫星通信等利用大气空间作为传输媒介的通信系统都属于无线通信。

有线通信系统又分为以电信号经金属线传输和以光信号经光纤传输的情况。特别是在干线通信中，低损耗、高容量、低色散的单模光纤占绝对主导地位。其特点是：中继距离长（几十到上百千米）、标准化的数字信号传输（同步数字系列标准 SDH）、采用密集波分（DWDM）技术使光纤的容量有成百倍的增加。目前来看，以长途光缆、高等级 SDH、高速 ATM 交换机、线速交换路由器为主构成的超级有线骨干网，已经成为承担综合通信业务的主要基础设施。

无线通信正在成为越来越热门的通信手段，在各种接入网中获得广泛应用。无线通信按照波段划分可分为短波、微波、卫星和红外线 4 种情况。按照接入技术划分最常见的是基于蜂窝概念的公用移动通信网。目前第一代模拟蜂窝 AMPS 已经退出，第二代数字蜂窝 GSM 以及二代半 GPRS 正在使用，第三代移动通信技术已经成熟并逐渐替代第二代系统；另一类逐渐获得推广使用的是基于局域网的接入技术，如根据 IEEE802. 11 协议的无线局域网（WLAN）、蓝牙技术（Bluetooth）以及家庭网络中使用的 Home－RF 技术。

二者比较来看，有线通信系统的特点是：利用传导体对信号进行导同性传输，具有较强的封闭性和安全性，信号传输质量会更好一些，同时容量可以无限制地增大。但是有线通信系统的敷设、维护成本较高，特别是在地形复杂环境恶劣的情况下较为困难。而无线通信系统的特点是：利用非导向性传输媒体在自由空间传播信号，具有优良的可移动性和低廉的扩张成本。但无线通信系统容易受到外界的干扰，频率资源有限，传输速率也受限。随着传输速率、容量和带宽等问题的解决，无线通信正在成为解决短距离接入的主要手段。

如今，由于通信技术的不断融合，已经很难严格区分一个通信系统是有线还是无线系统。例如，有线长途电话传输过程中经常使用微波接力作为中继，而公用蜂窝移动电话系统虽然在基站和终端用户（手机）之间通过无线信号实现连接，但网络内部的基站之间以及基站到固定电话之间大多是利用有线实现连接。

（2）按传输信号的特性分类。

按照信道上传送的是模拟信号还是数字信号，可把通信系统分为模拟通信系统和数字通信系统。

早期的通信系统以模拟通信为主，其最大的优点是简单直观，特别是发送和接收设备简单、易实现。直到现在广播电台的广播仍然使用模拟调幅或调频技术。但是，模拟通信系统致命的缺陷是抗干扰能力弱，当受到系统内、外部噪声干扰后很难把噪声和信号分开，导致通信质量下降。传输线路越长，噪声的积累也就越多，因而逐渐被数字通信系统所取代。

与模拟通信系统相比，数字通信系统有如下一些特点：

① 抗干扰能力强。

数字通信系统中传输的是二电平数字信号，表现为电信号的高或低，光信号的强或弱。利用门限阈值去判决接收信号，只有达到或超过门限阈值时才会输出数字信号“1”，否则输出数字信号“0”。这样对于能量较小的噪声干扰由于它低于阈值而多数被过滤掉，不会造成任何影响。此外，如果确实由于噪声干扰较大导致数字信号的“1”变成“0”或者“0”变成“1”产生误码，则在系统中还可增设检错和纠错功能加以补救。这样，接收到的数字信号能够做到与原始数字信号完全相同，继续传送也不会产生噪声累积现象。

② 数字信息的保密性好。

数字信号数据易于通过各种加密措施进行加密处理，确保通信的保密性。

③ 便于集成化、智能化。

数字信号数据的处理具有“软性逻辑”的特点，即用硬件可以实现的功能采用数字信号仿真也可以实现，这就为降低设备体积和功耗提供了必要条件。数字通信设备大多可以采用大规模集成电路设计，实现小型化、集成化、低功耗的需要。此外，数字通信系统采用二进制数字传输，便于计算机存储、处理和数字交换。可以说当代通信系统与计算机已经合二为一，成为名副其实的智能化综合业务通信系统。

④ 数字通信占用的频带较宽。

在同样信息量的情况下，数字通信占用较宽的信道频带。以电话通信为例，一路模拟语音信号带宽为 4kHz，在数字通信系统中就需要占用带宽 64kHz，后者是前者的 16 倍。

⑤ 数字通信系统技术较复杂。

在数字通信系统中，接收方要能够正确地把每个数字码元区分开来，并且找到每个信息码组的开始和结束位置，这就需要收、发双方严格同步。因此，实现起来技术上较为复杂。但是，随着同步数字体系（SDH）的推广应用，数字通信系统的同步问题已经获得根本解决。

（3）按业务功能分类。

按业务功能划分，通信系统可分为电话通信、电报通信、传真通信、数据通信、图像通信、多媒体通信、卫星通信、微波通信、移动通信等这些系统可以是专用的，但大多数情况下是兼容并存的。

公用电话通信业务发展最早，因而其他业务常依托电话通信系统来实现。例如，非语音业务主要包括数据传输、因特网、传真、可视图文及会议电视等。借助于电话通信系统可以实现拨号上网、数字传真、数字电报、电话会议等。

4. 通信系统的应用

（1）微波中继通信系统。

微波中继通信是指用微波频率作载波携带信息进行通信的方式。

微波的传播特性类似于光的传播，沿直线传播，绕射能力很弱，一般可以进行视距内的传播。所谓视距传播是指发射天线和接收天线处于相互能看见的视线距离内的传播方式。地面通信、卫星通信和雷达等都可以采用这种传播方式。

（2）卫星通信系统。

① 低轨道卫星通信系统。

低轨道卫星通信系统是地球上的微波通信站（地球站）利用人造地球卫星作为中继站而进行的通信。

② 同步卫星通信系统。

利用互成120°角的三个定点同步卫星，卫星相对于地面是静止的，可以实现全球性的电视转播和通信联络。

卫星通信同现在常用的电缆通信、微波通信等相比有较多的优点，基本可以概括为几个字：远、多、好、活、省。

（3）散射通信系统。

散射通信系统是利用散射波进行通信的。

电波在低空对流层中遇到不均匀的“介质团”时就会发生散射，散射波的一部分到达接收天线处，这种传播方式称为不均匀媒质的散射传播。

① 对流层散射通信。

对流层散射主要用于 100MHz 以上频段。对流层是大气的最底层，通常是指从地面算起至高达 13 ±5km 的区域。

这种传播方式的优点是容量大、可靠性高、保密性好、单跳跨距达 300 ~ 800km。一般用于无法建立微波中继站的地区，如用于海岛之间或跨越湖泊、沙漠、雪山等地区。

② 流星余迹通信。

流星余迹通信系统也是一种散射通信系统。它利用流星余迹形成的不均匀媒质的散射传播实现通信。

由于流星余迹具有随机性，流星余迹通信具有很强的保密性。西安电子科技大学在 20 世纪 70 年代开始研究流星余迹通信，取得了许多成果，在国防科技中得到了重要应用。

（4）无线寻呼系统。

无线寻呼系统是一种单向无线通信系统。无线寻呼系统的用户设备是袖珍式接收机，称作“袖珍铃”，俗称“BB 机”。图 5 －2 所示为无线寻呼系统的组成。

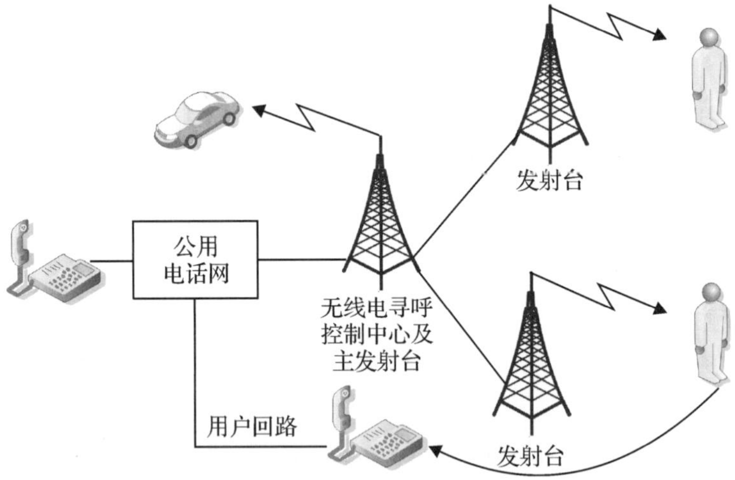

图 5 －2　无线电寻呼系统示意图

（5）无绳电话系统。

无绳电话系统是一种双向无线通信系统。它把普通的电话单机分成座机和手机两部分，座机与有线电话网连接，手机与座机之间用无线电连接，这样允许携带手机的用户可以在一定范围内自由活动时进行通话，如图 5－3 所示。

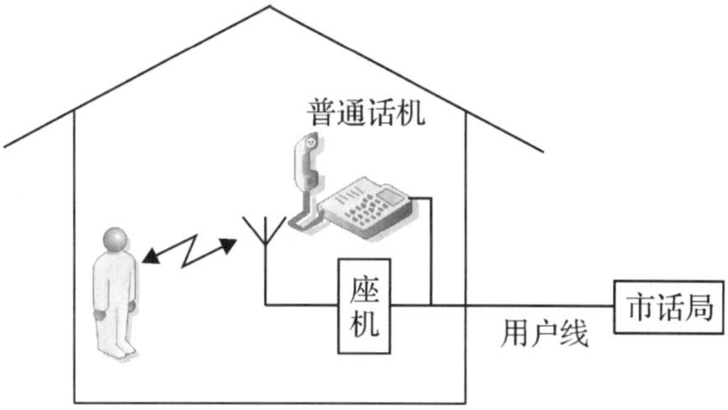

图 5－3 无绳电话系统示意图

（6）蜂窝移动通信系统。

蜂窝移动通信网络把整个服务区域划分成若干个较小的区域（小区），用小功率基站发射机覆盖小区，许多小区组成蜂窝一样的网络，可以完整覆盖任意形状的服务区域。

把若干相邻的小区按一定的数目划组成区群，并把可供使用的无线频道分成等于区群中的小区数的频率组，区群内各小区均使用不同的频率组。

（二）卫星通信

1. 卫星通信概述

卫星通信是指设置在地球上（包括地面、水面和低层大气中）的无线电通信站之间利用人造地球卫星做中继站转发或反射无线电波，在两个或多个地球站之间进行的通信。卫星通信是在地面微波中继通信和空间电子技术的基础上发展起来的一种通信方式，它是宇宙无线通信的主要形式之一，也是微波通信发展的一种特殊形式。卫星通信自诞生之日起便得到了迅猛发展，成为当今通信领域最为重要的一种通信方式。

2. 卫星通信的发展

（1）卫星通信的发展历史。

早在 1946 年，人们就想利用某种天体的电话交换来转播无线电信号。当时美国科学家提出用月球来充当电话交换器。十年之后，一个领先的美国电子工业公司，开始研究利用人造卫星进行越洋通信的可能性。

经过十多年努力，苏联于 1957 年 10 月 4 日把第一颗人造地球卫星“斯普特尼克-1号”送入了轨道。苏联卫星的上天受到了世界的注目，在美国引起巨大的震动，举国上下震惊。在民众的强烈指责声中，美国政府决定马上全力发展空间技术，力争赶上苏联。在发射了几颗科学探测卫星后，美国于1960年8月12日发射了第一颗通信卫星“回声-1号”，这是一种非常简单的无源通信卫星。它是一个直径30 m的镀铝塑料薄膜气球，可以把地面发射的电波反射回地面，卫星上没有天线，卫星对信号没有放大作用。这个气球主要用于英美部分地区的反射通信。由于陨石的打击，“回声-1号”运行不久就结束了它的使命。1962年7月10日，美国又发射了具有转发和放大信号功能的民用通信卫星“电星-1号”。这是一颗低轨道运行卫星，绕地球一周需157.8分钟。卫星上有1064个晶体管、1464个二极管，电源来自3600块太阳能电池。这颗卫星把从美国接收到的电话和电视信号向欧洲转播，也把从欧洲接收到的电话和电视信号向美国转播。卫星把来自地面站的信号放大，然后借助于太阳能电池提供的动力，将放大的信号发送回地面。

“电星-1号”和其他几颗人造卫星，是在绕南北半球的轨道上运行，比起月球的轨道来，它们的轨道是“起落”型的：它们每天只有数小时处在其地面发射站和接收站的通信空域内。1965年发射的第一颗第二代通信卫星“晨鸟号”，开创了同步卫星的新时代。它高悬于大西洋中部上空，高度为2.23万英里，位于发射站和接收站之间，与地球的运转保持同步，一天24小时都能转播地面站发出的信号。这些高频信号像光一样直线传播，很少偏移，偏移的角度为控制天线方向的计算机所校正。

在以后的若干年，这些国际通信卫星担负着大陆与大陆之间的一半电话和许多电视节目的转播工作。直到越洋光缆的诞生，才缓和了对卫星越洋通信的压力。

（2）国际卫星通信系统。

① INTELSAT系统：INTELSAT（简称IS）是全球性的商业卫星通信组织，正式成立于1965年11月，总部设在美国的华盛顿。该组织负责全球的商用卫星通信系统空间部分的设计、研究、建造和维护使用。

自1965年4月发射第一代国际通信卫星“IS-I”以来，已历经8代更新（IS-I~IS-VIII），共发射了40多颗卫星，构成了庞大的国际商业卫星通信系统，承担了大部分国际通信业务和全球性电视广播业务。

②国际海事卫星电话（International Maritime Satellite Telephone Service，INMARSAT）：海事卫星电话通过国际公用电话网和海事卫星网连通实现。海事卫

星网路由海事卫星、海事卫星地球站、船站以及终端设备组成。国际海事卫星电话原为国际移动卫星组织，是为企业和政府用户提供全球移动卫星通信解决方案的供应商。INMARSAT 成立于 1979 年。INMARSAT 通过分布在 86 个国家的 260 个合作伙伴组成的全球性业务网络，提供语音和数据服务，适用于多个应用领域，包括海事、能源、媒体、救援、政府和安全、采矿、建筑以及航空等领域。INMARSAT 网络由 10 颗位于赤道上方的同步卫星组成。采用备份和冗余机制，INMARSAT 网络可提供超过 99.99% 的网络可用性。这一性能由国际海事组织（IMO）监测，保证其满足全球海上遇险和安全系统的要求。通过位于伦敦市中心的 INMARSAT 卫星和网络控制中心管理的 30 多个地面站，INMARSAT 网络连接到因特网和全球地面卫星网络。INMARSAT 网络覆盖了几乎整个地球，其中包括全球 98% 以上的陆地（除极区）。海事卫星覆盖太平洋、印度洋、大西洋东区和西区。每个洋区有一个由 3 位数字组成的编码：太平洋地区为“872"，印度洋地区为“873"，大西洋东区为“871”、西区为“874"。船只的电话号码一般按编号办法规定由 7 位数字组成。

（3）我国通信卫星发展概况。

① 发展历程。

我国的通信卫星研制始于 20 世纪 70 年代。经过 30 多年的不懈努力，已形成了自己的通信卫星系列，其技术已接近国际先进水平。在轨应用的国产通信卫星为我国人民的生活、经济和政治活动提供服务，推进了我国的改革开放和经济建设。1970 年 4 月 24 日，我国成功地发射了第一颗自行研制的“东方红”一号人造地球实验卫星。1972 年年初，在上海虹桥建立了第一个卫星通信地球站，天线直径为 10m。1973 年后，在北京、上海等地建立了 3 个 30 m 天线的标准地球站，并开展了国际卫星通信业务。1975 年，建成我国自行设计制造的卫星通信地球站。

我国先后自行研制和发射了 3 种类型的通信卫星：“东方红”二号、“东方红”二号甲和“东方红”三号，它们均为地球静止轨道通信卫星。“东方红”二号（简称“东二”）卫星是我国第一代通信卫星，在轨一共两颗。第一颗于 1984 年 4 月 8 日发射，定点于东经 125°；另一颗于 1986 年 2 月 1 日发射，定点于东经 103°。卫星本体外形为直径约 2.1m，高度约 1.6 m 的圆柱体，采用双自旋稳定姿控方案，起飞重量约 920 kg，卫星工作寿命 3 年。每颗星上有 2 路转发器，每路功率放大器输出功率为 8W，工作于 C 波段，通信天线安装在消旋组件上，卫星工作时一直对准地球。第一颗卫星的通信天线为圆锥喇叭，具有约14°的角覆盖范围。它具有很宽的服务区域，不但可以完成国内陆地地球站的卫星通信，还可供远离国土的海上移动站进行通信试验，但通信容量较小，影响了卫星的经济效益。第二颗卫星在这方面进行了改进，采用国内波束抛物面天线，具有5°×8°的椭圆波束，天线增益比第一颗星的喇叭天线增益增加6～9 dB，明显提高了通信容量，也降低了对地球站发射功率的要求。我国在发射和应用“东方红”二号卫星的同时，已经开始了“东方红”二号甲（简称“东二甲”）通信卫星的研制，以提高卫星的性能。后者实际上是在前者基础上的改进，卫星转发器数增为4路，每路功率放大器输出功率增为10 W，通信天线仍采用国内波束抛物面天线。虽然从外形上看，“东方红”二号甲卫星和“东方红”二号卫星第二颗差别不大，但功能已有明显的提高，卫星设计寿命4年，起飞重量约1040 kg，一共有3颗在轨工作。1988年3月7日发射的第一颗卫星定点于东经87.5°，1988年12月22日发射的第二颗卫星定点于东经98°，1990年2月4日发射的第三颗卫星定点于东经115°。这几颗卫星实际工作寿命均超过了设计指标，达到5年以上。

随着时间的推移，上述两种卫星的一些弱点逐渐显现出来，已不能满足我国卫星通信事业迅速发展的需要。我国从1986年开始正式启动了新一代通信卫星——“东方红”三号（简称“东三”）的研制工作。1994年完成第一颗卫星的研制工作。该卫星于同年11月发射进入准同步轨道，但由于推进剂泄漏，最终未能定点使用。经故障分析和局部改进后，第二颗卫星于1997年5月12日发射，5月20日定点于东经125°，主要用于电话、数据传输、传真、VSAT网和电视等项业务。“东方红”三号卫星的研制成功和投入使用，标志着我国在通信卫星领域跨上了一个新的台阶。2000年1月，采用“东方红”三号卫星平台的另一颗通信卫星——中星22号发射成功，定点于东经98°，已投入正常使用。同年10月和12月，采用同一平台的两颗北斗导航试验卫星也顺利升空。

近年来，我国通信卫星的技术有了长足的进步，2008年10月30日，我国在西昌卫星发射中心发射了“委内瑞拉”一号通信卫星，这是我国首次向拉丁美洲用户提供整星出口和在轨交付服务。“委内瑞拉”一号通信卫星，采用中国航天科技集团公司所属中国空间技术研究院研制的东方红四号卫星平台，起飞质量5100 kg，星上装有14路C波段、12路Ku波段、2路Ka波段转发器；载有4副通信天线，输出功率7.75 kW，设计寿命15年。卫星已成功定点于西经78°，覆盖大部分南美地区及部分加勒比海地区。

② 卫星通信的应用。

在20世纪80年代中期，4颗“东二甲”同步通信卫星的发射成功与交付使用，以及引进国外卫星通信先进技术建立的单路单载波、国际海事卫星A型站、VSAT（Very Small Aperture Terminal）数据站的生产线，为我国建立了公用卫星通信网和专用网，初步解决了一些特殊专用通信问题，并初步解决了北京与西藏、新疆和内蒙古等边远地区的通信问题。特别经过改革开放十多年的努力，我国卫星通信事业得到迅速的发展，新技术、新的地球站大量涌现，我国的国际卫星通信线路由初期的几十条发展到了上万条双向话路，约占我国国际和港澳线路的1/3。在公用通信网方面，到1998年为止，已建立了37座大中型卫星通信地球站，开通7万条双向电话线路；在专用卫星通信网方面，近年来人民银行、煤炭、电力、石油、《人民日报》、海关、民航、新华社、证券交易公司及许多部门和专用公司，建立了约80个低成本VSAT专用卫星通信网，终端1万多个。

在卫星通信技术体制上，我国已研制生产了多种卫星通信体制的设备，并用于各种不同的卫星通信系统中。目前，公用卫星通信网中大量应用数字化的中速数据率（IDR）和TDMA通信体制。专用通信网和移动通信网正由原有的单一体制向多种混合体制发展。网络控制、管理、信道按需分配，互通互连正向高层次发展。卫星通信的公用单元、元器件、终端，如20 W固态功放（微波集成功放）、低速话音编码器、ASIC的编译码器和数字调制解调器正大量用于系统中。我国在卫星通信产业化发展上，由于种种原因，目前尚存在一定困难，特别是VSAT小型地球站设备，在固态微波组件方面的国产化率较低。

3. 卫星通信的关键技术

卫星通信的关键技术包括：

（1）微波技术。

（2）天线技术。

（3）卫星技术。

（4）多址技术。

（5）轨道技术。

（6）地球站技术。

4. 卫星通信系统

目前世界上已建有许多卫星通信系统，可从不同的角度，对卫星通信系统进行分类。

（1）按卫星运动轨道分：高轨道同步卫星通信系统和低轨道移动卫星通信系统。

（2）按通信覆盖区分：国际卫星通信系统、国内卫星通信系统和区域卫星通信系统。

（3）按用户性质分：公用卫星通信系统和专用卫星通信系统（气象、军用等）。

（4）按通信业务分：固定业务卫星通信系统、移动业务卫星通信系统、广播业务卫星通信系统。

（5）系统和科学试验卫星通信系统。

（6）按多址方式分：频分多址卫星通信系统、时分多址卫星通信系统、空分多址卫星通信系统。

（7）统、码分多址卫星通信系统和混合多址卫星通信系统。

（8）按基带信号分：模拟卫星通信系统和数字卫星通信系统。

（三）移动通信

1. 移动通信概述

移动通信在追求最大容量的同时，还要追求最大的覆盖，也就是无论移动用户移动到什么地方，移动通信系统都应覆盖到。当然在现今的移动通信系统中还无法做到上述所提到的最大覆盖，但是系统应能够在其覆盖的区域内提供良好的语音和数据通信。要实现系统在其覆盖区内良好的通信，就必须有一个通信网支撑。这个通信网就是移动通信网。

一般来说，移动通信网络由两部分组成：一部分为空中网络；另一部分为地面网络部分。

空中网络是移动通信网的主要部分，主要包括：

（1）多址接入：在给定的频率资源下，如何提高系统的容量是蜂窝移动通信系统的重要问题。由于采用何种多址接入方式直接影响到系统的容量，所以一直是人们研究的热点。

（2）频率复用和蜂窝小区：蜂窝小区和频率复用是一种新的概念和想法。它主要是解决频率资源限制的问题，并大大增加系统的容量。蜂窝小区和频率复用实际上是一种蜂窝组网的概念，是由美国贝尔实验室最早提出的。

蜂窝式组网理论的内容如下：

① 无线蜂窝式小区覆盖和小功率发射：蜂窝式组网放弃了点对点传输和广播覆盖模式，将一个移动通信服务区划分成许多以正六边形为基本几何图形的覆盖区域，称为蜂窝小区。一个较低功率的发射机服务一个蜂窝小区，在较小的区域内设置相当数量的用户。

②频率复用：蜂窝系统的基站工作频率，由于传播损耗提供足够的隔离度，在相隔一定距离的另一个基站可以重复使用同一组工作频率，称为频率复用。例如，用户超过一百万的大城市，若每个用户都有自己的频道频率，则需要极大的频谱资源，且在话务繁忙时也许还可能饱和。采用频率复用大大地缓解了频谱资源紧缺的矛盾，增加了用户数目或系统容量。频率复用能够从有限的原始频率分配中产生几乎无限的可用频率，这是使系统容量趋于无限的极好方法。频率复用所带来的问题是同频干扰，同频干扰的影响并不是与蜂窝之间的绝对距离有关，而是和蜂窝间距离与小区半径比值有关。

③多信道共用和越区切换：由若干无线信道组成的移动通信系统，为大量的用户共同使用并且仍能满足服务质量的信道利用技术，称为多信道共用技术。多信道共用技术利用信道占用的间断性，使许多用户能够任意地、合理地选择信道，以提高信道的使用效率，这与市话用户共同享有中继线相类似。事实上，不是所有的呼叫都能在一个蜂窝小区内完成全部接续业务，为了保证通话的连续性，当正在通话的移动台进入相邻无线小区时，移动通信系统必须具备业务信道自动切换到相邻小区基站的越区切换功能，即切换到新的信道上，从而不中断通信过程。

（3）切换和位置更新：采用蜂窝式组网后，切换技术就是一个重要的问题。不同的多址接入切换技术也有所不同。位置更新是移动通信所特有的，由于移动用户要在移动网络中任意移动，网络需要在任何时刻联系到用户，以有效地管理移动用户。完成这种功能的技术称为“移动性管理”。

地面网络部分主要包括：

① 服务区内各个基站的相互连接。

② 基站与固定网络（PSTN、ISDN、数据网等）的相互连接。

2. 移动通信的发展概况

移动通信可以说从无线电通信发明之日起就产生了。1897 年，M. G. 马可尼所完成的无线通信试验就是在固定站与一艘拖船之间进行的，距离为 18nmile。之后大约经历了 5 个发展阶段。

(1) 世界移动通信技术发展的5个发展阶段。

① 早期发展阶段：从20世纪20年代至40年代。在这期间，首先在短波几个频段上开发出专用移动通信系统，其代表是美国底特律市警察使用的车载无线电台。该系统工作频率为2 MHz，到40年代提高到30～40 MHz。可以认为这一时期是现代移动通信的起步阶段，其特点是：专用系统，工作频率较低，数量少。

② 初级发展阶段：从20世纪40年代中期至60年代初期。在此期间，公用移动通信业务开始问世。1946年，根据美国联邦通信委员会（FCC）的计划，在圣路易斯城建立了世界上第一个公用汽车电话网，称为“城市系统”。当时使用3个频道，间隔为120 kHz，通信方式为单工；随后，前西德（1950年）、法国（1966年）、英国（1969年）等国相继研制了公用移动电话系统。美国贝尔实验室解决了人工交换系统的接续问题。这一阶段的特点是：开始向公用移动通信网过渡，人工接续，网络容量较小。

③ 改进完善阶段：从20世纪60年代中期至70年代中期。在此期间，美国推出了改进型移动电话系统（IMTS），使用150 MHz和450 MHz频段，采用大区制、中小容量，实现了无线频道的自动选择，并能够自动接续到公用电话网。德国也推出了具有相同技术水平的B网。可以说，这一阶段是移动通信系统改进与完善的阶段，其特点是：大区制，中小容量，使用450 MHz频段，实现了自动选频与自动接续。

④ 模拟蜂窝移动通信阶段：从20世纪70年代中期至80年代中期，这是移动通信的蓬勃发展时期。1978年年底，美国贝尔试验室成功研制模拟移动电话系统（AMPS），建成了蜂窝状移动通信网，大大提高了系统容量。1983年，首次在芝加哥投入商用，同年12月，在华盛顿也开始启用，之后，服务区域在美国逐渐扩大，到1985年3月已扩展到47个地区，约10万移动用户。其他工业化国家也相继开发出蜂窝式公用移动通信网。日本于1979年推出800 MHz汽车电话系统（HAMTS），在东京、大阪、神户等地投入商用。前西德于1984年完成C网，频段为450 MHz。英国在1985年开发出全地址通信系统（TACS），首先在伦敦投入使用，以后覆盖了全国，频段为900 MHz。法国开发出450系统。加拿大推出450 MHz移动电话系统MTS。瑞典等北欧四国于1980年开发出NMT－450移动通信网，并投入使用，频段为450 MHz。

这一阶段的特点是蜂窝状移动通信网已使用，并在世界各地迅速发展。移动通信大发展在此时到来有如下几方面的技术原因。一是微电子技术在这一时期得到长足进步，使得通信设备的小型化、微型化有了可能。二是提出并形成了蜂窝移动通信的新体制。这是因为随着用户数量增加，大区制所能提供的容量很快饱和，美国贝尔实验室在 20 世纪 70 年代提出的蜂窝网的概念成功地解决了这一问题，形成了蜂窝网、小区制的蜂窝概念的新体制，实现了频率再利用，有效地解决了公用移动通信系统要求大容量与频率资源有限的矛盾，大大提高了系统容量。三是通信理论和信号处理技术的发展，包括调制理论、编码理论和 DSP 数字信号处理技术等，使得语音信号的数据速率可以大大降低。四是随着大规模集成电路的发展而出现的微处理器技术日趋成熟以及计算机技术的发展，为大型通信网的管理与控制提供了技术手段。

⑤ 数字蜂窝移动通信阶段：这一阶段从 20 世纪 80 年代中期开始，是数字移动通信系统发展和成熟时期。以 AMPS 和 TACS 为代表的第一代蜂窝移动通信网是模拟系统。模拟蜂窝网虽然取得了很大成功，但也暴露了无法克服的体制缺陷。例如，频谱利用率低，移动设备复杂，造价较贵，业务种类受限制以及通话易被窃听等；最主要的问题是其容量已不能满足日益增长的移动用户数量需求。解决这些问题的方法是开发新一代数字蜂窝移动通信系统。数字无线传输的频谱利用率高，可大大提高系统容量。另外，数字网能提供语音、数据多种业务，并与 ISDN 兼容。到 80 年代中期，欧洲首先推出了泛欧数字移动通信网（GSM）的体制。随后，美国和日本也制定了各自的数字移动通信体制。泛欧网 GSM 于 1991 年 7 月开始投入商用，1995 年覆盖欧洲主要城市、机场和公路。之后数字蜂窝移动通信的发展浪潮席卷全球，用户数逐渐超过了固定电话，成为通信的主要方式。

（2）未来移动通信技术的发展。

① 光明前景。

与其他现代技术的发展一样，移动通信技术的发展也呈现加快趋势，当数字蜂窝网刚刚进入使用阶段，关于未来移动通信的讨论已如火如荼地展开。近年各种方案纷纷出台，其中最热门的是所谓“个人移动通信网”。关于这种系统的概念和结构，各家解释并未一致。但有一点是肯定的，即未来移动通信系统将提供全球性优质服务，真正实现在任何时间、任何地点、向任何人提供通信服务这一移动通信的最高目标。未来几代移动通信系统最明显的趋势是要求高数据速率、高机动性和无缝隙漫游。实现这些要求在技术上将面临更大的挑战。此外，系统性能（如蜂窝规模和传输速率）在很大程度上将取决于频率的高低。考虑到这些技术问题，有的系统将侧重提供高数据速率，有的系统将侧重增强机动性或扩大覆盖范围。然而，技术成熟并不等于市场成熟，未来移动通信技术发展和应用密切相关，只有经过市场选择的技术才会有生命力。

② 预期与市场。

自第二代数字移动通信 GSM、CDMA 普及商用之后，在整个移动通信业，运营商和设备制造商对 3G 的预期与市场本身之间存在差距，电信设备企业以及运营商所预期火热的 3G 市场没有到来。2006 年，设备商们已经不再说 3G 了，HSDPA（高速下行分组接入）成了新宠。设备商们开始引入 HSDPA。作为 WCDMA 的一项演进技术，HSDPA 被称作“超 3G”，其传输速率有明显提高。2005 年，爱立信公司首次演示了基于 HSDPA 的商用电信设备和商用 PC 卡的文件下载速度，一部《神话》电影仅用了不到一分钟的时间就下载完毕，下行的最高速率达到 14Mbit/s。在爱立信公司的现场演示车中，移动的终端也达到同样的下载速度，而原来 WCDMA 的带宽只有 384kbit/s（大规模应用的情况还有待验证）。据展示，就是用大屏幕实时播放的基于 HSDPA 技术传输的视频节目，也画面流畅、图像清晰。

和 HSDPA 下行相对应的是 HSUPA 的上行通道。爱立信公司展示：上传速率达到 1.8Mbit/s。HSDPA 技术为无线 VoIP 提供了实现的可能。在 3G 网络上实现 VoIP 无疑将对产业链各个环节带来变数，包括网络建设、话务模型、容量建设、业务集成、终端定制和资费策略等。

③ 技术融合与网络融合。

应用决定产业，市场选择技术，运营商向全 IP 过渡，固网和移动网络融合一直都是热点，IMS（IP Multimedia Subsystem）则是推进实现融合的平台。IMS 的特点是核心网络与其他网络公用，只有接入部分不同，网络的很多资源都是公用的。引入 IMS 后能帮助运营商快速推出新业务。例如，爱立信公司的 We－Share 业务。We－Share 里边有白板功能，可以在打电话的时候，将手写的信息同时传给对方，这些在以前的电路交换网络当中很难提供。在现场的演示中可以看到，如果你要给对方指路，在通话的同时可以把地图在双方手机屏幕上共享，一方在手机上标出路线，另一方屏幕上同时显现。另外，通话中不方便说的话，如密码等可以写在手机屏幕上传送。而西门子的应用 Push2Talk，通过配备数码相机的手机，通话双方可以随时将周边的图像传给对方。可以实现移动会议、视频电话等功能。

总之，移动通信技术、产业和市场已走过了辉煌的过去。以 GSM、CDMA 体制为代表的第二代蜂窝数字移动通信已改变了过去的通信格局，手机几乎成了人人都随身携带的通信工具。新的技术还在快速发展。技术的融合和网络的融合是今后发展的必然趋势，然而最终是市场选择技术。

3．系统移动通信的关键技术

系统移动通信涉及的关键技术包括：

- 无线信道抗衰落技术。
- 抗干扰技术。
- 调制解调技术。
- 语音编码技术。
- 纠错编码技术。
- 组网技术。
- 智能天线技术。
- 多输入多输出技术。
- 多用户检测技术。
- 软件无线电技术。
- 认知无线电技术。
- 电磁兼容技术。

4．移动通信系统的分类及应用

（1）移动通信系统的分类。

① 按使用对象分类：

- 民用设备。
- 军用设备。

② 按使用环境分类：

- 陆地通信。
- 海上通信。
- 空中通信。

③ 按多址方式分类：

- 频分多址（FDMA）。
- 时分多址（TDMA）。
- 码分多址（CDMA）等。

④ 按覆盖范围分类：

- 广域网。

- 城域网。
- 局域网。

⑤ 按业务类型分类：

- 电话网。
- 数据网。
- 多媒体网。

⑥ 按工作方式分类：

- 同频单工。
- 异频单工。
- 异频双工。
- 半双工。

⑦ 按服务范围分类：

- 专用网。
- 公用网。

⑧ 按信号形式分类：

- 模拟网。
- 数字网。

（2）常用移动通信系统。

① 微波中继通信系统。

微波通信是指用微波频率作载波携带信息进行通信的方式。对于长距离通信可采用接力的方式，即为微波中继通信，或称为微波接力通信。也可利用对流层传播进行通信，称为“对流层散射通信”。或利用人造卫星进行转发，即卫星通信。

微波通信由于其频带宽、容量大，可以用于各种电信业务的传送，如电话、电报、数据、传真以及彩色电视等均可通过微波电路传输。微波通信具有良好的抗灾性能，对于水灾、风灾以及地震等自然灾害，微波通信一般都不受影响。

② 移动卫星通信系统。

移动卫星通信系统是地球上的微波通信站（地球站）利用人造地球卫星作为中继站而进行的通信。

移动卫星通信系统一般为低轨道卫星。

③ 无线寻呼系统。

无线寻呼系统是一种单向无线通信系统。无线寻呼系统的用户设备是袖珍式接收机，称作“袖珍铃”，俗称“BB 机”，这是由于它的振铃声近似于“B……B……”声音之故。

④ 无绳电话系统。

无绳电话系统是一种双向无线通信系统。它把普通的电话单机分成座机和手机两部分，座机与有线电话网连接，手机与座机之间用无线电连接，这样允许携带手机的用户可以在一定范围内自由活动时进行通话。

⑤ 小灵通系统。

小灵通系（PAS）是一种灵活而功能强大的无线市话系统。PAS 系统主要由局端设备（RT）、基站控制器（RPC）、基站（RP）和机构漫游服务的空中话务控制器（ATC）组成。

小灵通手机与移动电话的主要区别如下：

• 通信系统不同，控制系统的核心及技术规范也不相同。

• 使用的微波频率不同，GSM 手机使用双频或全频段，而小灵通使用单频段。

• 发射的功率不同，小灵通手机发射功率仅有 10mW，辐射极小，只有移动电话的百分之一，因此有“绿色通信”之称。

• 小灵通一般不用“SIM 卡”和“UIM 卡”，而是将鉴权密码和用户号码通过专用设备写入手机的 EEPROM 中。

⑥ 蜂窝移动通信系统。

蜂窝移动通信网络把整个服务区域划分成若干个较小的区域（小区），用小功率基站发射机覆盖小区，许多小区组成蜂窝一样的网络，可以完整覆盖任意形状的服务区域。

⑦ 集群移动通信系统。

集群移动通信系统采用的基本技术是频率共用技术。其主要做法是：

把一些由各部门分散建立的专用通信网集中起来，统一建网和管理，并动态地利用分配给它们的有限个频道，以容纳数目更多的用户。

改进频道共用的方式，即移动用户在通信的过程中不是固定地占用某一个频道，而是在按下其“按键开关（PTT）”时才能占用一个频道，一旦松开 PTT，频道将被释放，变成空闲频道，并允许其他用户占用该频道。

（四）光纤通信

1. 光纤通信概述

光通信系统可分为光纤通信、自由空间光通信和水下光通信。其中自由空间光通信又称无线光通信。光纤通信是利用光纤来传输光波信号的一种通信方式，在电磁波谱中，紫外线、可见光和红外线均属于光波，光纤通信系统工作在近红外区域，波长为 800～1800 nm 的范围。光纤通信与传统的电通信相比具有传输频带宽、通信容量大、传输损耗小、抗电磁干扰能力强、光纤资源丰富等优点，从 20 世纪 80 年代开始，光纤通信系统得到了飞速的发展，并引起了通信领域的一场变革，成为现代通信系统中的最主要的通信方式，传输了通信网络中 80% 以上的数据量。例如，2008 年 10 月投入运营的连接亚洲（上海）和美洲大陆的兆兆级（Tbit/s）海底光缆通信系统能容纳 1920 万人同时通电话，或者相当于同时传递 16 万路高清数字电视节目。如利用其他通信方式要实现如此大的通信容量是无法想象的。

2. 光纤通信的关键技术

光纤传输系统的主要组成部分：

（1）发送机。

（2）光接收机。

（3）缆传输线路。

（4）中继器。

（5）各种无源光器件。

光纤通信的关键技术包括：

（1）信号源技术。

（2）传输技术。

（3）纤技术。

（4）电测量技术。

（5）光电转换技术。

3. 光纤通信的应用

光纤通信与以往的电气通信相比，主要区别在于：

（1）传输频带宽，通信容量大。

（2）传输损耗低，中继距离长。

（3）线径细、重量轻，原料为石英，节省金属材料，有利于资源合理使用，绝缘，抗电磁干扰性能强。

（4）具有抗腐蚀能力强、抗辐射能力强、可绕性好、无电火花、泄漏小、保密性强等优点。

光纤通信的应用领域是很广泛的，主要用于：

（1）特殊环境。

（2）军事通信。

（3）市话中继线。

（4）长途干线通信。

（5）全球通信网、各国的公共电信网（如我国的国家一级干线、各省二级干线和县以下的支线）。

（6）高质量彩色的电视传输、工业生产现场监视和调度、交通监视控制指挥、城镇有线电视网、共用天线（CATV）系统。

（7）光纤局域网和其他如在飞机内、飞船内、舰艇内、矿井下、电力部门、军事及有腐蚀和有辐射区域等。

4. 光纤通信系统

光纤通信系统是以光为载波，以光导纤维为传输媒介来传输消息的通信系统。光纤通信系统主要由电端机、光端机、光中继器和光缆组成。图 5－4 示出了光纤通信系统的组成框图。

在发送端，电发送端机把信源消息转换成电数字信号，光发送端机使用该电数字信号来调制光源，产生光脉冲信号并直接送入光缆传输，到达远端的光接收端机后，用光检测器把光脉冲信号还原成电数字信号，再由电接收端机恢复成原始消息，送达信宿。中继器起到放大信号、增大传输距离的作用。

各部分的功能描述如下：

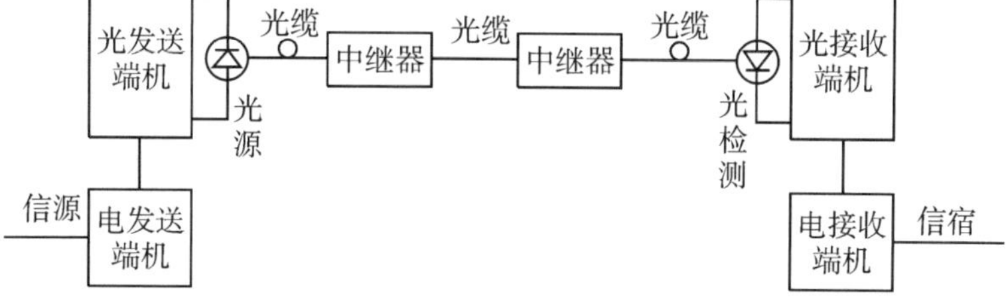

图 5－4　光纤通信系统组成框图

（1）电发送端机。

如果信源是数字信号，电发送端机即成为信源；如果信源是模拟信号，电发送端机把其转换为电数字信号。

（2）光发送端机。

光发送端机主要由光源、驱动电路和控制电路组成。电发送端机给出的电数字脉冲信号经过线路编码形成适合于光纤传输的码型（通常是 SB6B 码）。驱动电路用该码型对光源发出的光波进行调制，并将调制后的光信号耦合到光纤纤芯上去传输，完成电/光转换。控制电路通过反馈调节系统调节光功率强度和温度变化的影响。

光源的调制有直接调制或外调制两种方式。直接调制又称为光强度调制—直接检测方式，简称“强—直方式”，是目前使用较多的一种调制方式。它利用电信号调制光波的幅度，驱动电路输出 0、1 脉冲信号直接控制光源的发光强度。1 脉冲信号对应发强光；0 脉冲信号对应发弱光或不发光，适用于光源是较为低速的半导体发光二极管（LED）的情况，如图 5－5（a）所示。外调制又称为外腔调制或相干光调制，它把激光器的激光送入外腔调制器，然后用电数字信号控制调制器，适用于高速激光器（LD）调制，如图 5－5（b）所示。外调制可选择调制光波的频率或相位。

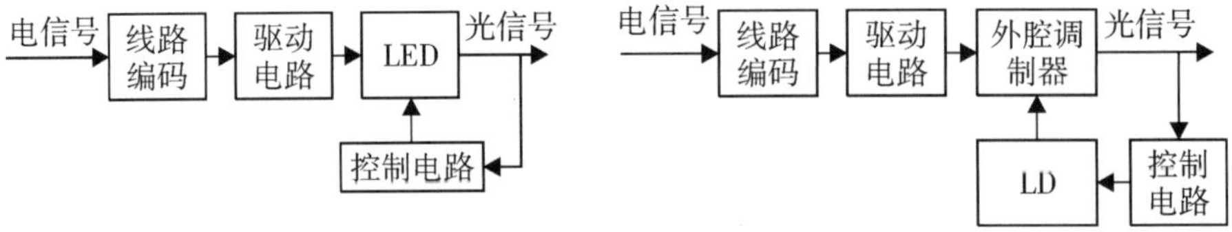

（a）直接调制　　（b）外腔调制

图 5－5　数字光发送机框图

图 5－6（a）示出了一种直接调制的共发射极驱动电路。随着 U_i 输入数字信号 0、1 的变化，三极管导通（“1”）或截止（“0”）对应着集电极支路有无电路流过，导致 LED 表现为发光或不发光，从而实现调制。图 5－6（b）示出了 LED 数字直接调制效果图，图中表现了输出光脉冲信号随输入电脉冲信号变化的调制过程。

（3）中继器。

中继器起到放大信号功率、延长通信距离的作用。早期中继器多数采用把光信号转换为电信号，经放大、均衡、再生判决后恢复原始电信号，再转换成

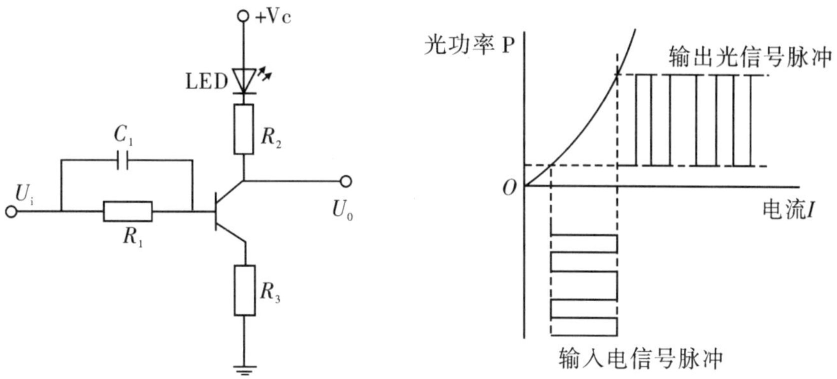

图 5－6　数字直接调制驱动电路和调制效果图

光信号发送出去的光—电—光中继方式。但是随着技术的进步，直接对光信号进行放大的光放大器已经获得越来越广泛的应用。例如，掺饵光纤放大器（Erbium－Doped Fiber Amplifier，EDFA）可以放大 1.55 μm 波长附近的光信号，适用于长途越洋光通信系统。

（4）光接收端机。

光接收端机主要由光检测器、前置放大器、主放大器、均衡器、时钟提取电路、取样判决器以及自动增益控制（AGC）电路组成。其功能是将光纤传输过来的微弱光信号，经光检测器转变为电信号，然后再经放大电路放大到足够的电平，送到电接收端机。图 5－7 是强—直方式光接收端机框图。

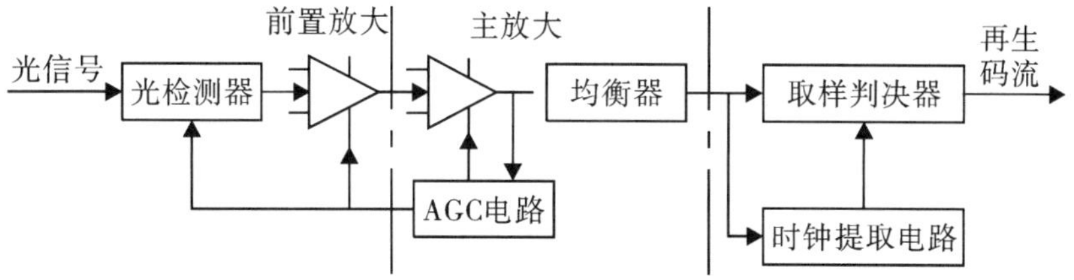

图 5－7　强—直方式光接收端机框图

光检测器是光接收机实现光/电转换的关键器件，对光检测器的要求类似于对光源的要求。此外，还要求其响应度高，即在一定的接收光功率下能产生最大的光电流；噪声要尽可能低，以便能接收极微弱的光信号。适合于光纤通信系统的光检测器有光电二极管 PIN 和雪崩光电二极管 APD 等。

放大器应是低噪声多级放大，以使接收机获得较高的灵敏度，并提供足够的增益。

自动增益控制电路（AGC）允许输入光信号在一定范围内变化时，输出电信号保持稳定。

均衡器对经光纤传输、光/电转换并经放大后已产生畸变的电信号进行补偿，使输出信号的波形适合于判决，以消除码间干扰，减小误码率。

再生电路包括判决电路和时钟提取电路，用以恢复原始电数字信号。

（5）点接收端机。

电接收端机接收判决器输出的再生码元数据流，并还原为信宿可接收的形式。

（五）量子通信

1. 量子通信概念

量子力学的诞生深刻地改变了人类社会。20 世纪推动社会发展的核能、激光、半导体等高技术都是以量子力学为基础。

量子特性在提高运算速度、确保信息安全、增大信息容量、提高检测精度等方面将突破经典信息系统的极限。

（1）量子通信的含义。

经典通信：电信号参数传送信息。

量子通信：由量子态携带信息。量子密码通信提供了一种不可窃听、不可破译的绝对安全的密码技术。

量子密钥体系采用量子态为信息载体，量子力学原理保证其绝对安全。

量子不可分割性：不能分流信号窃听。

量子力学不可克隆性：不能复制信号窃听。

量子力学非定域性：量子隐形传态——先传量子态，后传信息。

单个粒子的量子态——偏振或相位等，可以用来编码、储存和传输信息，如果有一个窃密者想要窃取这些信息，就会在截获粒子的一瞬间改变其量子态，使信息失真，达不到窃密的目的，同时使储存、传输信息的人立即发觉被窃密。

纠缠粒子（EPR）对：在空间分开后，粒子 A 在地球，粒子 B 在月球。若单独测 A 或 B 的自旋，则等概率的向上或向下。若地球上已测得 A 的自旋向上，则 B 不管测量与否，必定自旋向下。

（2）量子通信的发展。

1984 年，C. H. Bennett 和 G. Brassard 提出了第一个量子密钥分发协议，史称“BB84 协议”。

1992 年，C. H. Bennett 提出量子信道传送经典信息的可能性。

1993 年，C. H. Bennett 发表了量子测量、量子信息提取、量子信道、信道容量的开创性的研究成果。英国国防研究部在光纤中实现了 BB84 协议方案相位编码量子密钥分配实验。瑞士日内瓦大学进行了 BB84 协议偏振编码传输实验。

2003 年，Aspelmeyer 小组首次完成了自由空间的纠缠光子对分发实验，纠缠光子分发距离为 600m。为基于纠缠光子对的量子通信全球网络的建立提供了实验基础。

2007 年，中国科技大学在合肥建成了中国第一个量子通信局域网。

2. 量子通信的关键技术

量子通信的关键技术包括：

（1）单光子源技术。

（2）纠缠光子对技术。

（3）单光子检测技术。

（4）量子信道技术。

（5）量子编码技术。

（6）量子交换技术。

（7）量子中继技术。

（8）量子多用户检测技术等。

3. 量子通信的分类

量子通信可以分为：

（1）量子光纤通信系统。

（2）自由空间量子通信系统。

（3）量子卫星通信系统。

（4）平流层量子通信系统。

4. 量子通信的应用

量子通信的应用包括：

（1）保密通信。

（2）军事通信。

（3）金融通信网络。

（4）量子局域网。

（5）全球量子通信系统。

应用篇

第六章　电子商务

一、电子信息技术在商务领域的现状

“十一五”期间，中国行业电子商务平台数量和质量都有大幅度提高。传统行业参与电子商务的热情不断提高，一些重工业、制造业网上采购比例不断增加，网上金融业务不断扩张。中国电子商务在大型工业、金融、商贸、旅游等几个领域应用取得重大发展，以纺织服装、数码家电、钢铁机械领衔的商贸流通业成为“十二五”期间中国电子商务应用的重点，建材、化工等行业电子商务应用提速发展，电子商务也成为金融企业增强自身竞争力的有效手段。此外，在线旅游和在线教育成为中国电子商务应用的新的热点，作为电子商务的重要支撑体系，物流行业的信息化水平也将随电子商务水平的提高而快速提升。

总体而言，中国现阶段信息化技术在电子商务行业的应用主要包括以下三个方面。

（1）电子商务应用服务平台信息化电子商务应用服务平台信息化是整个产业链的核心，其实施手段主要是通过综合运用信息技术，以提高贸易伙伴间商业运作效率为目标，将商品交易全过程中的数据和资料用电子方式实现，在商业的整个运作过程中实现交易无纸化、直接化。通过此类应用可以使贸易环节中各个商家和厂家更紧密地联系，更快地满足需求。

（2）电子商务支撑体系信息化。电子商务支撑体系，信息化主要包括物流信息化和支付信息化。物流信息化是指电子商务应用物流信息的商品化、物流信息收集的数据库化和代码化、物流信息处理的电子化和计算机化、物流信息传递的标准化和实时化、物流信息存储的数字化等；支付信息化通过电子支付的方式实现，主要是指使用基于通信网络的电子设备，直接或通过支付服务机构间接向银行业金融机构发出交易指令，进行资金转移，实现货币支付目的的行为，主要包括网上支付、电话支付、移动支付以及其他电子终端支付（POS机等）。

（3）电子商务企业信息化企业电子商务活动的信息化建设包括从销售、市场到商业信息管理的全过程，整个过程需要企业生产、销售、管理等各个环节的信息资源共享，整合企业信息系统与各个商用服务资源的应用，实现企业各个系统的一体融合。

在电子商务信息化建设取得成效的同时，当前的应用也还存在着一定的问题，主要体现在以下三个方面。

- 电子商务应用信息维度较少。电子商务作为服务业的一种，其特有优势在于将传统线下交易的各个环节通过各类信息化手段移至线上，从而提高商务活动的效率和安全性。但从目前电子商务相关领域的发展状况看，主要的信息流仍然是以商品的简单属性、价格、物流传递点信息为主，动态信息，特别是物流的实时动态信息、移动终端的资金流信息从技术端到应用实现端的普及和成熟度都不够，线上与线下之间信息脱节的现象仍然存在。
- 电子商务企业信息化进程相对滞后。当前国内大多数电子商务企业对于自身业务的信息化应用的特点认知度不够，积极性不足，企业内部对于电子商务业务的支撑从信息系统的部署到业务流程的自动化程度看，与行业龙头企业相比均存在很大差距，而企业信息化普及率相对低下限制了国内电子商务的发展水平，在商品信息、供应链体系优化甚至发票打印等环节都制约了企业电子商务前端工作的快速、高效开展。
- 基础信息和公共服务平台发展缓慢。目前，我国物流基础信息和公共服务平台的建设与应用尚不尽如人意。据调查，GPS、GIS 技术服务在大型企业的应用比例和在大型物流企业的应用比例都在 25% 以下，在中小企业基本上是空白，基础研究技术服务应用比例过少，整个行业的整合就相对困难。

二、电子信息技术在商务领域的发展趋势

（一）新一代信息技术应用加强

三网融合、新型平板显示、高性能集成电路、以云计算为代表的高端软件等新一代信息技术的日益成熟，带来了电子商务行业信息化水平的提升。近几

年，随着移动互联网、物联网、云计算、移动近程通信技术（包括 NFC、RFID 等）的应用，手机上网用户规模的增加，以及各大电商企业的积极推动，中国用户的移动购物习惯正逐步养成，移动电子商务正逐步成为电子商务生态系统中的重要环节。未来几年，电子商务领域中以移动互联网为基础的移动电子商务将进入实操性阶段，以物联网为基础的产品信息管理应用将逐步普及，与 GIS 、GPS 等物流信息与管理技术深度融合的信息技术将呈现井喷式增长。

（二）政府扶持力度加强

2011 年以来，中国电子商务相关政策法规进一步完善，大型制造业电子商务应用已经成为国家发展电子商务的重要目标之一。同时相关主管部门也要求积极推进新技术、新成果、新模式的应用转化，推动建立电子商务云计算公共服务平台，解决电子商务服务平台企业的计算能力、存储空间和带宽资源等瓶颈问题。建设电子商务与物联网商务整合应用示范平台，推进物联网技术与电子商务模式的融合创新，加快吸收和集成应用新兴移动通信技术、远程控制、无线网络等新型数字技术，发展各类“数字商业”，支持商业企业信息化改造，推广应用企业资源计划、供应链管理、客户关系管理、无线射频识别技术、自动化采购、自动化仓库等先进的信息管理技术，加快支持一些有条件的地区和企业发展数据产业、导航定位系统和商品服务，追溯系统等电子商务的创新应用。一系列政策法规的颁布为中国电子商务发展明确了方向和任务，并健全了市场环境，充分展现出中国对电子商务发展的支持力度。

（三）信用体系信息化建设将成关键抓手

在政府的扶持与鼓励下，电子商务信用体系建设将日益完善，工商、海关、质检等机构将加快制定电子商务信用规范，指导建立电子商务纠纷投诉与调解机构，加强消费监督；未来 3 ~5 年内中国将建立覆盖电子商务经营主体的全国信用信息数据库，加快电子商务信用信息与其他领域信用信息共享；政府将支持和鼓励符合条件的第三方机构按照独立、公正、客观的原则，对电子商务交易平台和经营主体开展信用评价与认证服务；支持开展行业自律，电子签名、电子发票在电子商务中的应用范围将不断加大。

三、电子商务

（一）电子商务的结构

基于新一代信息技术的电子商务行业信息化总体架构主要由五个部分组成：基础设施层、信息集成层、技术服务层、应用层和终端层，如图 6 – 1 所示。

图 6 – 1　基于新一代信息技术的电子商务行业信息化总体架构

（二）终端层

当前电子商务信息化应用的终端层主要包括两大类：一类为感知终端，其作用是通过信息终端和具有感知功能的移动终端，对于线下商品的属性、状态等信息进行数字化读取，从而完成线下到线上的信息传递，从目前的感知终端看，主要的设备有智能手机、照相设备、扫描设备、探测与传感设备等，其中，智能手机终端对于二维码等线下信息凭证的扫描以及传感器对于商品属性状态信息的感知和传递是当前较为热门的应用方式。另一类为应用终端，主要是指用户通过信息化终端完成整个商品购买流程的载体，从传统的台式电脑、笔记本电脑，再到手机和平板电脑，能够通过网络进行信息交互的终端设备都具备了电子商务应用终端的基本功能，如图 6－2 所示。

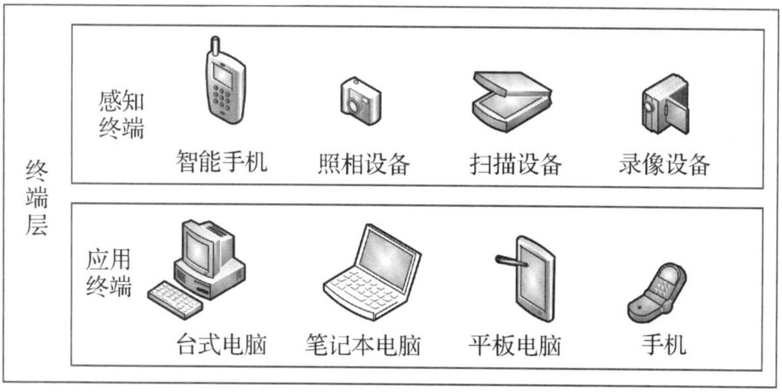

图 6－2　基于新一代信息技术的电子商务行业信息化终端层架构

从新一代信息技术在电子商务信息化终端层的应用情况看，感知终端的出现和普及实际上便是物联网技术和移动互联网技术的直接应用成果，通过物联网的 RFID 模块的推广普及，可以实现更大范围内的信息采集和交互。通过与各类智能移动终端的互动，可以实现更大范围、更多维度的商业模式应用，充分实现业务创新，并增强各类服务的整合能力。当前，通过物联网的应用手段已经可以采集物理世界中发生的大量物理事件和数据，包括各类物理量和标识、音频、视频数据。同时，通过传感器、RFID、多媒体信息采集、二维条码和 CPS 等技术，以及传感器网络组网和协同信息处理技术的应用，实现传感器、RFID 等数据采集技术所获取数据的短距离传输、自组织组网以及多个传感器对数据的协同信息处理过程。而移动互联网则为应用过程当中随时触发的信息提供了便捷、快速、高效的传输渠道，使得信息可以更快地被应用终端所接收并加以应用。

另外，在应用终端上，随着智能移动终端的广泛普及和基于其平台的多样化应用开发，当前应用终端的重点正在逐渐向移动终端转移，同时结合感知终端的信息获取方式，更多应用模式层出不穷，极大地丰富了电子商务产业的服务业态。

（三）终端层

基于新一代信息技术的电子商务信息化应用层主要由三个部分组成：第一部分是电子商务的应用体系部分，主要指的是电子商务的各类企业和消费市场应用，比较常见的包括消费购物、休闲娱乐、电子票务、电子凭证、公共事业和供应链管理等，其应用载体包括了实体商品和虚拟信息，同时也涵盖了企业日常应用。第二部分是电子商务的服务体系部分，当前知名的电子商务网站很多都属于这一范畴，其重要内容是基于海量的商品、商户和交易信息基础上的信息整合、发布与管理，同时协助应用企业进行客户关系管理、VIP 会员的各类增值服务，并基于服务平台的影响力开展资讯与广告服务以及培训服务等。第三部分是电子商务的支撑体系，主要包括物流、支付和信用三大部分，物流主要是指物流配送信息的发布、商品仓储管理、运力的整合和调度、商品配送以及相关地理信息的跟踪，支付当前主要的应用形式有网上银行、第三方支付和移动支付，信用体系部分当前主要的服务类型包括信用服务和安全认证等，如图 6－3 所示。

从新一代信息技术在电子商务信息化应用层的应用情况看，在近年来逐渐兴起的企业供应链优化应用当中，云计算技术正在扮演越来越重要的角色，主要体现在以下几个方面。

1. 企业供应链应用

基于电子商务的基本流程和内部企业供应链管理的基本理论，利用已有的云计算平台和服务，整合企业资源，改善企业流程，合理分配权限利用广泛的“供应链云”实现全程电子商务的最终目标。在企业外部，电子商务企业通过与政府、上游供应商、产业链合作企业和消费者统一的信息流、资金流传输协议，实现电子商务和 ERP 系统的集成应用、业务规则、商品管理、营销管理、在线销售、客户服务、订单管理以及商品信息发布、营销活动定义、多系统订

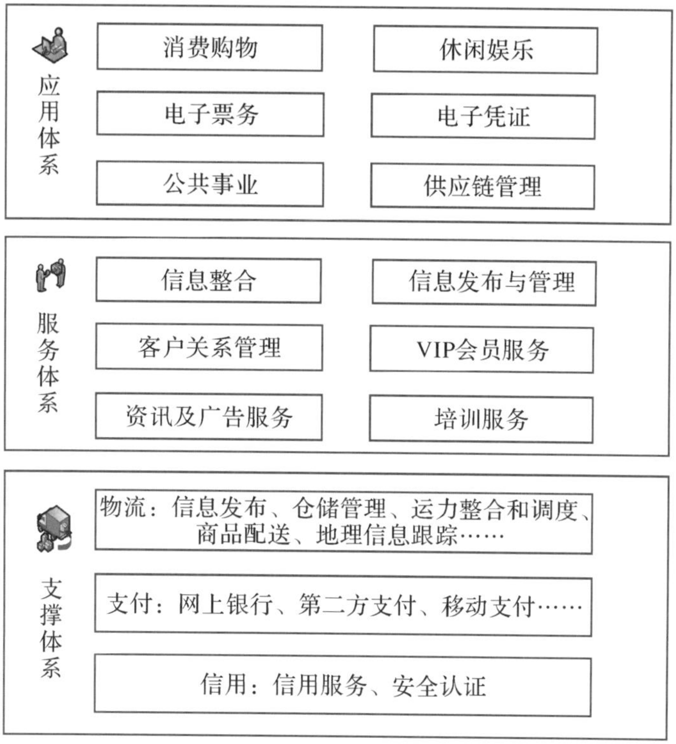

图6－3　基于新一代信息技术的电子商务行业信息化应用层架构

单捕获、订单配送、销售数据的收集和跟踪、客户行为分析等一系列管理和营销功能。可以从基础设备、平台和软件服务三个层次完成电子商务企业日常业务功能的需求。

2. 物流应用

在物流领域，物流行业企业正在运用云计算技术搭建自己的企业私有云数据中心，采用虚拟化技术，把物流行业现有的物理资源进行云端化。通过基础设施的整合，物理设备资源使用的规范化、流程化等管理手段，把物流行业分布在全国范围内的服务器、存储、网络重新划分区域、机架、网段，最后梳理企业的各种业务应用，分配不同的虚拟化资源，进行部署和配置。通过数据中心自动化管理工具帮助物流行业实现灵活的业务驱动，其中包括智能监控、自动化部署，把简单的软件堆叠，变为深层次的业务整合和流程整合，以达到高度自动化的IT资源供给服务，真正实现云计算的价值。通过此类应用，在未来的物流行业应用当中，信息化在企业运营中的角色和定位将会发生根本变化，从传统对业务的支撑和适应转向牵引和使用，促使物流行业的信息化进入一个新的境界，助力物流行业成为云端企业，最终成为高效的、创新的、绿色的云端企业，提高物流服务的效率，节约资源。

另外，当前物流部分的发展也越来越多地开始应用物联网的相关技术和应用，在当前网络营销过程中，遇到的客户投诉很多集中在物流配送服务的质量上，很大一部分原因是企业和消费者对物流过程不能实时监控所造成的。物联网通过对包裹进行统一的 EPC 编码，并在包裹中嵌入 EPC 标签，在物流途中通过 RFID 技术读取 EPC 编码信息，并传输到处理中心供企业和消费者查询，从而实现对物流过程的实时监控。这样，企业或消费者就能实现对包裹的实时跟踪，以便及时发现物流过程中出现的问题，有效提高物流服务的质量，切实增强消费者网络购物的满意程度。

移动互联网技术在应用层更多的是体现在应用体系当中，通过移动互联网络的信息传递和终端展示，用户可以通过浏览器、客户端、手持设备、短信等方式随时随地浏览商家移动电子商务平台，包括会员信息、商品信息、购物信息、支付确认、订单信息、商品送货信息等。同时，基于相关的系统和应用，用户能随时随地在网上安全地进行个人财务管理的进一步完善。

因特网银行体系。用户可以使用其移动终端核查其账户、支付账单、进行转账以及接收付款通知等。在电子票务和凭证领域，移动电子商务的应用使用户能在票价优惠或航班取消时立即得到通知，也可支付票费或在旅行途中临时更改航班或车次。另外，在企业的日常办公、供应链、仓储和财务流程当中有很多移动电子商务可以渗透的领域。从市场前景看，企业应用的稳定性强、消费力大，这些特点个人用户无法与之比拟。而移动电子商务的业务范畴中，有许多业务类型可以让企业用户在收入和提高工作效率上得到很大帮助。企业应用的快速发展，将会成为推动移动电子商务的最主要力量之一。此外，在支撑体系上，移动互联网最主要的应用是移动支付，用户可以通过转移和建立新的移动支付账户，通过具有安全支付功能的移动设备在各类商场进行购物，整个流程更为便捷、快速。同时，基于智能终端的各类远程支付类应用可以满足用户在促销、即时购物等方面的需求。传统的移动支付主要是以 WAP 等网络形式进行信息传输，通过新建支付账户完成资金传输。随着移动终端智能化的推进以及传统电子商务和支付类企业向移动端的转移，当前的移动支付已经实现了高速网络传输和已有金融账户的平滑移植，这也为移动电子商务的应用开展创造了更为有利的实施条件。

（四）技术服务层

基于新一代信息技术的电子商务技术服务层主要包括四个部分：一是数据分析部分，包括数据采集、数据统计、数据分析，数据挖掘和数据仓库的技术和手段；二是业务服务部分，主要包括 ERP、业务流程管理、业务对象管理、商业智能、工作流管理等内容；三是展示服务部分，主要包括门户服务、内容服务与管理以及搜索服务；四是安全服务部分，主要包括身份认证、单点登录、权限控制、数字加密和远程安全等。如图 6－4 所示。

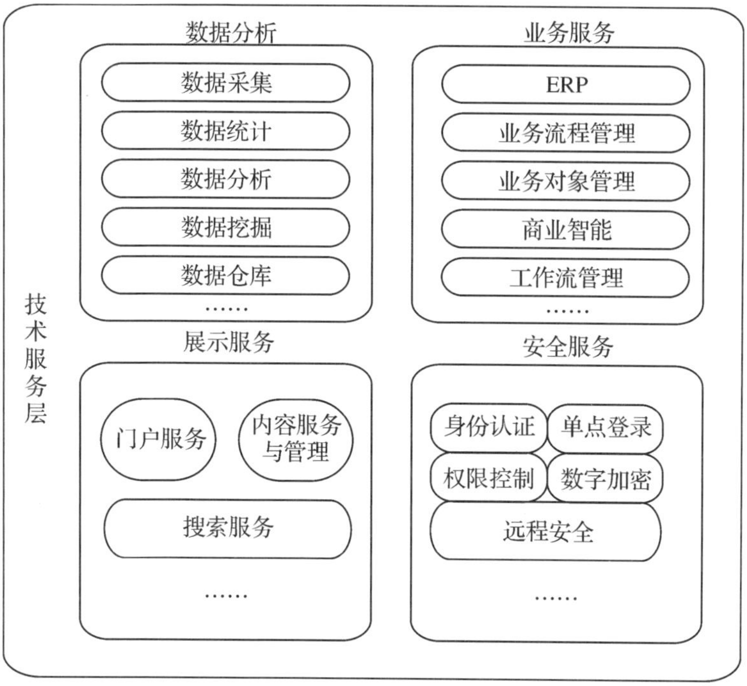

图 6－4　基于新一代信息技术的电子商务行业信息化技术服务层架构

从新一代信息技术在电子商务信息化技术服务层的应用情况看，云计算技术的推广普及极大地加强了电子商务信息化技术体系的服务能力。主要体现在以下几个方面。

1. 增强数据处理能力

云计算通过一定的调度策略可以对数万乃至百万的普通计算机之间进行联合来为用户提供超强的计算能力，使用户能够完成使用单台计算机难以完成的任务。在“云”中，当提交一个计算请求时，云计算模式将根据需要调用云中众多的计算资源来提供强大的计算能力。在云计算模式中，企业不再是从自己的计算机上，也不是从某个指定的服务器上，而是从互联网络上通过各种设备（如移动终端等）来获得所需的信息。因此速度得到了质的飞跃。另外，通过开放数据处理服务（Open Data Process Service，ODPS）的应用可以高效地完成海量数据的价值挖掘，用户通过简单的 SQL 语句便可以实现复杂的数据挖掘功能。

2. 提高商业智能的服务能力

云计算使得商业具有处理海量数据的能力，其系统的处理能力可以提高十几倍到几十倍，充分保障系统的智能性；云计算环境下，商业智能的信息共享效应将大幅提高，通过提供信息共享的平台，可以通过强有力的信息共享、数据共享、计算共享等手段实现实体共享服务中心的功能；云计算能够使得商业智能系统在更短的时间内获取并下载交易数据，能够执行更强的数据分析功能，运行更强大的业务活动检测工具，在业务发生的同时提供更好的信息反馈；云计算环境下系统处理的数据将具有更好的时效性，整个数据的挖掘过程将具有更好的开放性，从而满足企业对信息的时效性的要求。通过以上功能的实施，技术服务体系可以为电子商务企业提供更好的商业智能支撑，降低企业的工作量和业务维护成本，促进其更好地开展专业服务。

物联网技术在技术服务层应用的最主要体现是在安全认证领域，通过物联网技术可以实现完善产品质量监控的作用，在相关应用当中，从产品生产（甚至是原材料生产）开始，就在产品中嵌入 EPC 标签，记录产品生产、流通的整个过程。消费者在网上购物时，只要根据卖家所提供的产品 EPC 标签，就可以查询到产品从原材料到成品，再到销售的整个过程以及相关的信息，从而决定是否购买。

（五）信息处理

基于新一代信息技术的电子商务信息化信息集成层主要包括三个部分：第一部分是应用集成平台，主要包括消费应用商城平台和企业应用平台；第二部分是数据集成与分享，主要包括信息系统、分布式计算机系统、结构化数据和信息发布平台；第三部分是数据存储，主要包括的数据内容有用户基本信息数据、交易数据、账户数据、商品信息数据、时间序列数据和行业数据等，如图 6－5 所示。

从新一代信息技术在信息集成层的应用情况看，云计算的创新应用仍然较

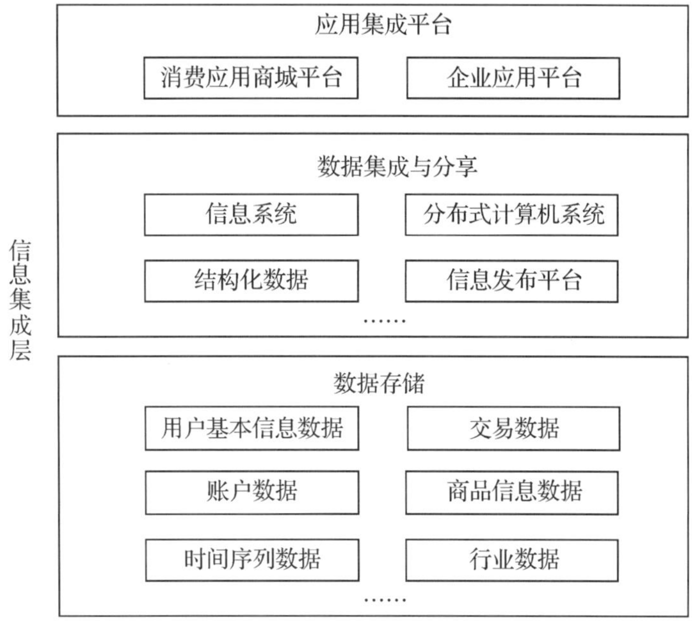

图 6－5 基于新一代信息技术的电子商务行业信息化信息集成层架构

为普遍，主要体现在以下几个方面。

1. 数据存储的安全性和处理效率提升

随着企业规模越来越大，企业将积累更多的信息资源。随着网络的快速发展，企业数据在得到有效存储的同时，也引来了很多病毒和黑客的攻击，进而使企业数据存储的安全性受到了严重的威胁，企业在信息安全领域的投入成本也越来越高。而通过云计算的应用，可以将数据存储在云端，由云计算的应用服务平台提供专业、高效和安全的数据存储，企业不必再担心由于各种安全问题导致数据丢失，从而为企业提供可靠和安全的数据存储中心。另外，开放存储服务（Open Storage Service，OSS）是互联网的云存储服务，当用户面对大量静态文件（如图片、视频等）的访问请求和数据存储时，使用 OSS 可以彻底解决存储的问题，并且极大地减轻原服务器的带宽负载而开放结构化数据服务（Open Table Service，OTS）适合存储海量的结构化数据，并且提供了高性能的访问速度，当数据量猛增时，通过该服务可以方便低成本地进行数据维护和管理。

2. 丰富应用平台

当前面向个人和企业的云应用平台结合了本地应用和互联网应用的优点，便于开发功能强大的移动应用，并且还能非常容易地使用各种云服务。通过简单的编程语言便可以开发出拥有良好用户体验的应用同时，一些云计算平台也提供了搜索、邮箱和地图等基础服务，降低了电子商务相关应用开发的成本。

3. 提高企业应用的灵活性和专业性

软件即服务（SaaS）是云计算的主要服务类型，基于云计算技术的电子外包就是企业应用电子商务服务的重要应用之一。企业在使用网络构架和应用程序时利用云计算技术可以高效、快捷地完成，同时对于电子商务系统进行开发和升级已经不再需要花费大量的资金和人力，不需要单独地投资建立内部的圈套软件和程序。作为客户端的企业可以更方便地使用云计算提供的各种服务，此时只需要安装网络浏览器即可，这样使得企业为维护和升级电子商务系统而投入的费用更加少。

4. 分布式系统应用

作为云计算主要支撑体系的分布式系统可以有效并广泛地支持各种互联网和移动互联网电子商务的应用服务，并且作为一个开放系统，为第三方开发者提供简易的操纵整个数据中心计算资源的能力，完成从 PC 服务器到“数据中心”超级计算机的质变。

（六）基础设施

基于新一代信息技术的电子商务信息化基础设施层主要包括四个部分：第一部分是 IT 基础设施，包括服务器、路由器、交换机和网络设备等；第二部分是通信网络部分，包括光纤网络、3G/4G 网络、WLAN、短距离通信网络、广电网络和卫星通信网络等；第三部分是软件系统部分，包括操作系统、中间件、地理信息系统和嵌入式软件等；第四部分是网络传输协议部分，包括 ADSL，WCDMA/TDS - CDMA，LTE、WiFi ，MPT1327、蓝牙/ZiGBee 等。如图 6 - 6 所示。

从新一代信息技术在基础设施层的应用看，移动互联网技术是当前通信网络和相关传输协议的最重要组成部分，所有通用型无线通信网络及协议都属于移动互联网技术的应用范畴，3G 的应用使得无线通信网络的传输能力可以支撑常见的移动信息传输应用，而 4G 的未来普及则可以大幅度地提高移动网络体验，拓宽应用领域，WLAN 等应用的推广提高了无线网络的应用范围，覆盖了更多的用户电子商务应用需求。另外，在软件端，当前通信移动设备的操作系统以 Android 和 IOS 为主；数据库包括 Oracle，SQL Server，DB2 ，Sybase ，

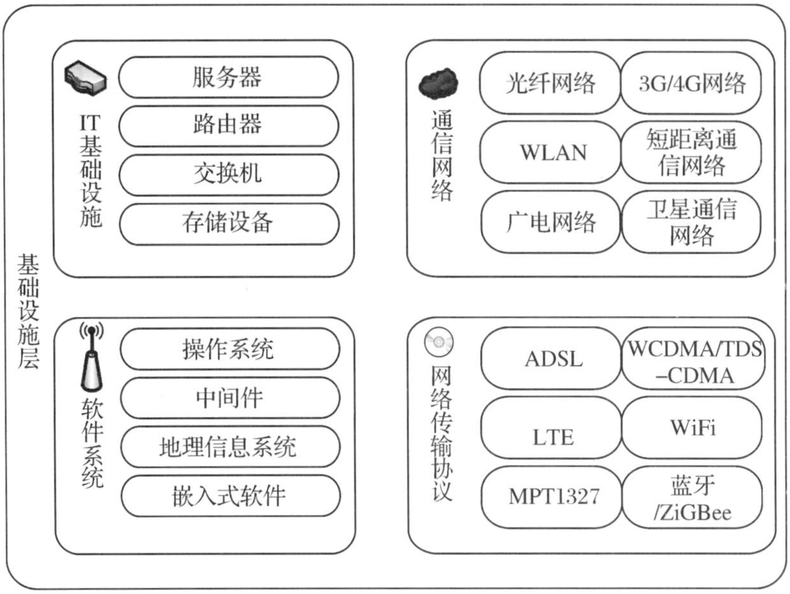

图6－6 基于新一代信息技术的电子商务信息化基础设施层架构

MySQL等；中间件保障资源在不同的技术之间有效共享。

物联网在基础设施层的基本应用首先是在短距离无线通信网络的搭建上，蓝牙/ZiGBee等协议可以为一般的近场电子商务应用提供安全、稳定且低成本的网络环境，而网络层通过传感网络与移动通信技术、互联网技术相融合，实现更加广泛的互联功能，能够将感知到的信息无障碍、高可靠性、高安全性地进行传送。

（七）支撑体系

当前电子商务行业政策法规及规范体系主要是以《电子商务“十二五”规划》作为行业发展的基本引导，通过《关于促进快递服务与网络零售协同发展的指导意见》《第二方电子商务交易平台服务规范》《关于加快流通领域电子商务发展的意见》《快递业服务标准》《非金融机构支付服务管理办法》等政策法规进行行业管理。未来，《关于网上交易的管理办法》《关于网上商业数据的保护办法》《关于电子商务信用建设的指导意见》《电子商务统计管理办法》等部门规章与政策指导文件，以及《电子合同标准》《电子商务企业标准》《电子商务统计指标》等行业标准将陆续推出，将从多个维度进一步完善电子商务的法制化、标准化和规范化管理，促进行业健康运行。

四、案例链接：旅游网站的竞争

国内旅游市场空间很大，在短短10年时间内，催生了许许多多旅游公司，其中在线旅游市场，提供旅游信息的中国网站超过5000个，有300多个是专门的旅游网站。大致看来，国内旅游网站主要或潜在竞争对手可以分为五类，如图6－7所示。

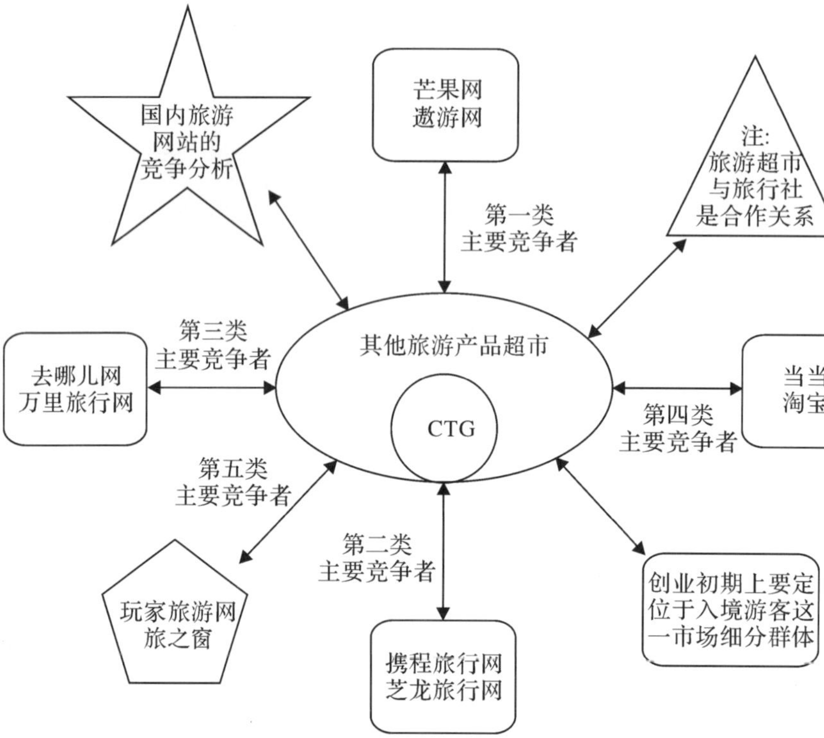

图6－7 国内旅游网站主要或潜在竞争对手

（一）第一类主要竞争者分析

第一类主要竞争者主要是依托传统的旅游企业而建立起来的旅游分销商，如遨游网、芒果网等。随着互联网的普及、金融支付体系的不断完善和人们的消费习惯的改变，国内一些规模较大的旅游分销商纷纷设立自己的分销网站，这类网站主要由从事团队旅游业务的传统旅行社投资组建，如中青旅投资的遨游网、港中旅投资的芒果网、广东新泰集团和国旅总社投资组建的华夏旅游网。也有些网站是由传统的酒店、机票分销商投资组建的，如黄金假日、金色世纪、商之行，该类网站的功能以发布其旅行社的团队旅行线路为主，或者提供我国内地和香港酒店的预订，或者机票的预订。该类网站具有以下显著特点：

- 管理团队更多是来自传统的旅行社业务，公司架构具有相应的独立性。
- 网站更多是对传统旅行社核心团队旅游产品的补充，并作为传统分销渠道的补充。
- 产品和市场具有较强的地域性，本地化特色显著。
- 产品和服务体系更多是基于传统业务平台，并不具备独立的服务平台。
- 网站功能相对单一，以产品发布功能为主。

第一类的传统旅游分销商在传统业务人才、供应商关系等方面具备一定的优势，但其在资金、品牌、服务网络方面的劣势也同样明显，向在线业务的转变过程困难比较大。

（二）第二类主要竞争者分析

第二类主要竞争者主要是一些新兴的旅游分销商，它们没有或者很少拥有线下资源，如携程旅行网、艺龙旅行网等。携程旅行网和艺龙旅行网较早涉足在线旅游行业，运用高明的资本运作手段，使得日趋竞争激烈的在线旅游上，显示新生代的朝气和力量。它们在资金方面的实力强大，在供应商（尤其是在酒店方面）、品牌、合作伙伴、分销渠道、客户资源等方面所树立了重重壁垒，这也给后来者一个警示：在在线旅游行业所提供的产品与服务日趋相似、竞争日趋加剧的今天，如何找到差异化的市场定位，提供差异化的服务，决定着后来者的命运。

这一类在线旅游企业相比第一类，传统业务人才、供应商关系处于劣势，且其产品和服务高度同质化，所以提供优质的服务及准确的信息是这类网站生存的关键。

（三）第三类主要竞争者分析

第三类主要竞争者主要是一些新崛起的旅游搜索引擎，如去哪儿网（www，qunar. com）和万里旅行网（www. go10000. com）等。这些网站在努力模仿欧美成功的旅游搜索引擎的赢利模式，即 CPC 模式（cost per click，按照每一点击收费），这类网站的前途不可限量，由调查显示网迷获得旅游预订信息的渠道中，旅游搜索引擎仅次于网络广告，如图 6 - 8 所示。

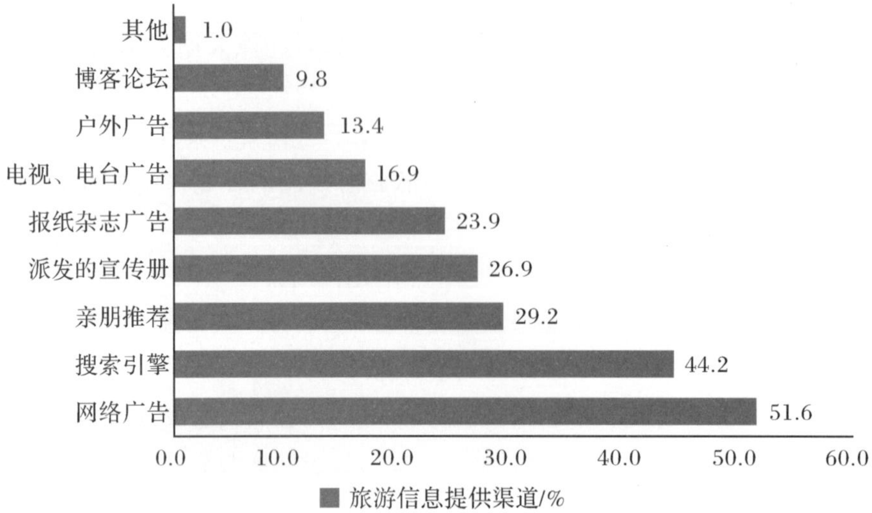

图 6－8 网迷获得旅游信息的渠道

然而，这类网站的前途似乎跟其本土化过程相联系，这类搜索引擎的商业模式在中国的开展似乎困难重重，原因有以下几点：

（1）机票方面：中国的国内机票预订引擎目前全部采用中航信的系统，其系统与国外 GDS 在运价管理与组合等方面确实有着不小的差距；中国航空公司在运价体系、航线网络、中转联程航班编排等方面还需要很大的提高和优化。以上诸多因素造成了各家在线旅游公司以中航信系统为基础开发的航班查询系统在国内运价和航班选择等方面的差异性几乎是微乎其微（虽然如携程等公司已经开发了自己的本地运价管理系统）。在国际运价管理方面，中航信和国内各家航空公司的功能相对比较薄弱，无法为用户提供更多差异化的选择，国外 GDS 目前尚未在中国获得合法的经营许可。以上因素造成了旅游搜索引擎在机票预订方面无法为用户提供多样化的航班选择和价格差异性。

（2）酒店方面：中国各大在线旅游公司目前大多采用酒店前台现付体系（commission model），而大多数酒店为了维持其价格的稳定性，基本对所有在线旅游公司提供一致的前台现付价格（其价格的差异性更多体现在对酒店预订公司后返的佣金奖励方面，大多以每月实际入住间数或者收入为基础）。以上因素造成了旅游搜索引擎在酒店预订方面无法为用户提供太多的价格差异性。

（3）由于对中国搜索引擎业目前存在的恶意点击的现象（即部分搜索引擎通过人为提高点击率而夸大搜索效果）和对搜索引擎效果的疑虑，部分在线旅游公司对与采取 CPC 模式的旅游搜索引擎的合作持有保留态度，双方之间的合作也大多采取 CPT 模式（cost per transaction，按照每一成功的交易收费），极大地降低了旅游搜索引擎的收入来源。

（4）旅游搜索引擎的商业模式注定了其必须首先通过强大的市场和广告攻势来扩大品牌和知名度，中国旅游搜索引擎品牌的成熟和发展还需要漫长的时间去积累。

（四）第四类主要竞争者分析

第四类主要竞争者主要是从事其他 B2C 或 C2C 业务的电子商务公司，它们同时涉猎在线旅游业务，如当当网、淘宝网。2006 年 3 月中国领先的在线购物公司当当网宣布将进军在线机票预订业，其管理团队希望凭借当当网多年所积累的丰富的客户资源和在线旅游预订经验挑战携程旅行网和艺龙旅行网的统治地位。可以预见，随着中国在线旅游市场的不断成熟和发展，将有更多的从事 B2C 业务的成功的电子商务公司进入这一巨大市场淘金。

这类公司在电子商务运营方面经验丰富，也具备一定资金实力，但是其管理层应该充分认识到：携程旅行网和艺龙旅行网的成功并不仅仅是靠资金 + 技术，其对传统服务体系（包括呼叫中心）、配送体系（包括配送流程的管理及资金安全监控）、供应商关系等方面的精心培育绝不是一日之功；吸取携程旅行网和艺龙旅行网成功的经验，耐心地构造服务体系应该成为当当网的重中之重。

（五）其他旅游产品超市主要竞争者

第五类主要竞争者主要是其他旅游产品超市公司，如旅之窗（http://www.tabimado.net.cn/）和玩家旅游网（http://www.gootrip.com/）等超市概念的旅游平台，其模式类似美国成功的在线旅游平台 Travelzoo（www.travelzoo.com）。该类网站集纳上百家旅行社的近千条线路产品并在网站上发布。其建立了全新网上即时订房模式，拥有面向大众提供互联网即时旅行预订服务的系统，集订房、观光信息、地图、社区等为一体，改变了传统的订房中心模式，不要电话，不用等待确认，即可实现网上即时订房服务及相关旅行信息的提供。赢利模式类似购物中心（shopping mall），靠收取客户的租金赢利，预订者必须与旅行社接洽完成交易。

这类和旅游搜索引擎本身不参与实质性的旅游产品的交易，避免了在服务网络和产品体系方面的巨大投资，但这对它们同样是个劣势：对服务流程和客户服务没有任何控制力，其服务商如果无法保证服务质量或者及时处理客户投诉，会给这类搜索引擎带来声誉和品牌上的不良影响。寻求与门户网站的合作甚至被其并购似乎是这两类网站发展的最佳途径，美国著名搜索引擎 Kayak，Sidestep 等相继被美国在线旅游平台及 Yahoo 收购就是最好的佐证。

表 6－1 列示了国内主要旅行网站的类型及特点。

表 6－1　国内主要旅行网站的类型及特点

类别	代表企业	优势	劣势
依托传统的旅游企业而建立起来的旅游分销商	遨游网、芒果网	传统业务人才、供应商关系	资金、品牌、服务网络
新兴的旅游分销商	携程旅行网、艺龙旅行网	资金、品牌、合作伙伴、分销渠道、客户资源	没有或者很少拥有线下资源、传统业务人才、供应商关系
新兴的旅游信息搜索公司	去哪儿网、万里旅行搜索网	欧美成功赢利模式，有发展前途	中国商业环境的制约
从事其他 B2C 或 C2C 业务的电子商务公司	当当网、淘宝网	客户资源、电子商务运营经验	服务体系
其他旅游产品超市公司	旅之窗、玩家旅游网	即时预定	服务质量

综合分析目前新一代的国内在线旅游公司，主要的竞争者或者潜在进入者，在旅游行业已经积累了一定的资源，占有了特定客户群体，具有了一定的营运经验。但可以发现它们与携程旅行网和艺龙旅行网在走着高度同质化的商业模式，采取了完全类似的市场推广手段（包括派发会员卡及与航空公司、银行、电信、移动等公司的合作方式），但携程旅行网和艺龙旅行网明显的先行者和资金优势将是新一代在线旅游公司难以攀越的一座大山，只有走出不同的发展模式，追求产品和目标市场定位的差异化，开发高效实用的技术平台，采取实效而独特的市场推广手段，高度重视客户服务和预订体验，才能够在这场激烈的竞争中生存和发展。

第七章 电子政务

一、电子信息技术在政务领域的现状

20世纪90年代以来伴随着信息技术，特别是网络技术的飞速发展，信息化成为各国普遍关注的一个焦点。在国家信息化体系建设中，政府信息化又成为整个信息化中的关键。建立电子网络政府，推动电子政务的发展，是一种世界性潮流，也是电子信息技术应用到政府管理的必然趋势。

发达国家推动电子政务的发展，普遍与政府改革紧密地结合。近20年来，发达国家在社会压力、财政压力以及经济全球化压力下，普遍进行了大规模的政府改革运动。为了巩固这些改革成果，发达国家普遍把推动政府信息化放在了十分重要的地位，并把巩固改革成果与推动政府信息化的过程中发达国家重视制定统一的规划和技术标准，以此来规范电子政务的发展。美国于1993年制定并颁布了《美国国家基础设施行动计划》，1994年又提出了《政府资讯科技服务远景》，从而确定了美国联邦政府推动电子政府发展目标。欧盟制定了“信息社会行动纲领”，对未来的政府信息化作出了周密的安排。英国在1996年颁布“绿皮书”，对电子政务的发展作出了系统规划，并提出了近期和远期目标。加拿大在1994年由工业部长提出了一份有关发展信息高速公路的战略框架，其中有关政府信息化的问题被作为主要内容。日本在1993年制定了《行政资讯推进共同事项行动计划》，提出了政府信息化的三个层次：第一个层次是1994年由内阁通过的《行政资讯推进基本计划》，第二个层次是1995年由行政资讯跨省厅委员会通过的《行政资讯推进共同事项行动计划》，第三个层次是各厅省提出的本部门推动行政资讯计划的具体行动计划和方案。

电子政务的核心价值之一，就是要从根本上改善政府的公共服务。为此发达国家在推动电子政务的发展中，把改善传统的公共服务放在了十分重要的地位。比如美国把发展整合性的电子化取用信息服务作为重点，并提出，要按照民众的方便来组织政府信息的提供，以帮助公民“一站式”访问现有的政府信息和服务。并提出要建立全国性的电子福利支付系统，发展整合性的电子化取用信息服务以及跨政府部门的申请与纳税处理系统和电子邮递系统等。英国提出在增进政府机制的效率和有效性的同时，建立起政府的信息服务中心，提供单一窗口式服务，发展数字签章、认证、数码电视等。法国提出要开放政府信息，通过网络为社会提供各种窗口式服务。加拿大人把电子化政府的核心信息基本框架定位在：一是共同性电子商务信息基本框架及服务；二是单一窗口创新措施的支持服务，即“一站到底”服务中心的支持服务，共同信息服务站支持服务；三是网络合理化和管理服务，如各种通信服务网络管理主控中心服务以及骨干网络服务等；四是资料处理设施管理服务等。

通过以上对当代发达国家电子化政府发展趋势特征的分析，我们可以清楚地看出，在经济全球化和信息技术飞速发展的历史条件下，发达国家不仅高度重视政府治理的变革，运用信息技术改造传统的政府管理方式，建立政府与公民社会的互动，提供更加快捷、方便的公共服务，实现“一线式”不受时空限制的服务，体现行政民主以及实现政府机关内部的办公自动化和资源共享，提供办事效率和透明度等。运用电子政务这种手段改造传统的政府治理模式不仅可以大大提高政府管理的效率，满足民众对政府提供公共服务的各种新的要求，而且在适应知识经济时代的到来，提升本国的竞争力方面，也已显不出强大的威力。

根据联合国经济和社会事务部 2010 年 4 月发布的《2010 年度全球电子政务调查报告》，在电子政务准备度方面，韩国、美国和加拿大包揽前 3 名，中国排名第 72 位；在电子化参与度方面，韩国、澳大利亚和西班牙包揽前 3 名，中国排名第 32 位。这是联合国自 2002 年以来开展的第 5 次全球电子政务调查评估，评估的主题是“金融危机时期电子政务的利用”。报告从电子政务发展状况和电子化参与两个方面对 183 个国家和地区进行调查和评估。从地区看，全球五大洲电子政务发展水平不一。就整体发展水平而言，欧洲居世界首位，其电子政务发达程度明显优于世界其他地区，以下依次为美洲、亚洲、大洋洲和非洲，其中亚洲稍高于世界平均水平，大洋洲略低于世界平均水平，而非洲依旧是远低于世界平均水平的地区（图 7 -1）。

调查报告结果显示，中国的电子政务建设无论是在整体准备度，还是在分项的网站准备度、人力资本准备度、基础设施准备度，及电子化参与度等方

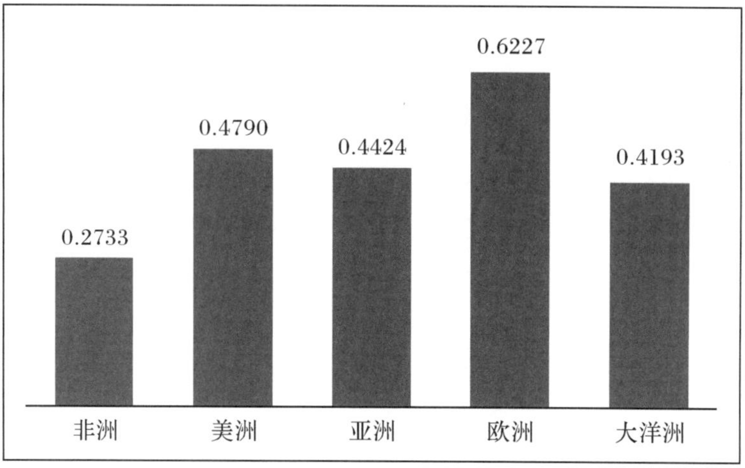

图 7－1　五大洲电子政务准备度指数比较

面，都与发达国家存在着较大的差距（图 7－2）。

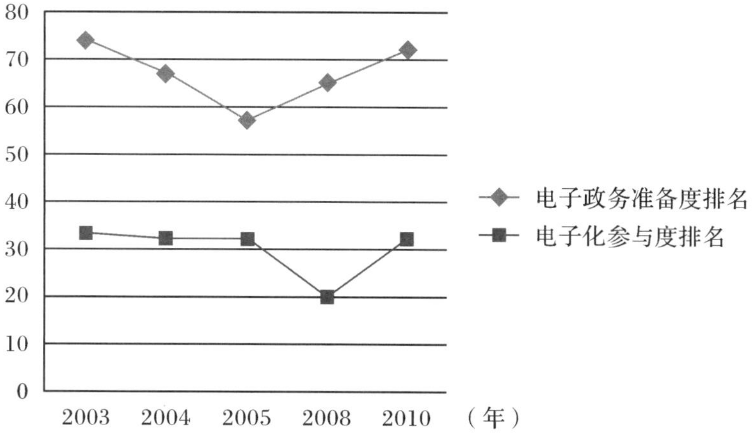

图 7－2　中国电子政务准备度与电子化参与度排名

图 7－2 显示，2010 年中国电子政务准备度指数位列全球第 72 名，电子化参与度指数位列全球第 32 名，在东亚地区也排在韩国和日本之后。而且综合 5 次调查结果来看，中国电子政务准备度和电子化参与度排名都经历了“先前进、再后退”的情况。即电子政务准备度在 2003—2005 年曾连年持续提升，但 2005—2010 年则连续后退；电子化参与度基本维持在大致水平上，而 2008 年与其前后相比，出现了较大进步。学习、借鉴、整合国外发达国家电子政务建设的经验用于我国，是推动我国电子政务跨越式发展的现实之举。

二、电子信息技术在政务领域的发展趋势

（一）电子政务发展的一般规律

电子政务的发展有规律可循，它是一个由政府内部到外部、由政府到社会、由低级向高级逐步发展推进的过程。一般来说，电子政务发展要经历以下四个阶段。

第一个阶段，即办公自动化和信息发布（posting of information online）阶段。这一阶段是电子政务的起步阶段，即政府实现办公自动化并通过网络发布与政府有关的公共服务的静态信息，如政策法规、办事指南、机构设置、职能介绍、成员名单、联络方式等。

第二个阶段，即单向沟通（one-way interaction）阶段。即政府除了在网上公布公共服务的信息，还向用户提供某种形式的服务，如用户可以从政府网站上下载表格、保税单等。

第三个阶段，即双向互动（two-way interaction）阶段。这个阶段的政府和用户可以在网上实现双向互动。例如，用户可以从政府网上下载表格，也可以提交表格，反馈信息和意见等。

第四个阶段，即全方位网上事务处理（full online transaction）阶段。即政府与公众、社会、企业实现全面的互动，完成事件的处理。进入这一阶段，政府的运作方式必然发生改变，进行政府业务流程的再造，政府公共服务呈现全方位的电子化特征。电子政务的发展阶段如表 7－1 所示。

表 7－1 电子政务的发展阶段

发展阶段	主要模式	目标导向	服务对象	主要硬件	网络	功能举例
第一阶段	OA	提高办公效率	公务员	电脑、打印机等	没有网络或有简单局域网	文字处理、网络打印等
第二阶段	G2G	组织机构变革	公务员	网络及多媒体设备	内部政务网络平台	视频会议、文件会签等
第三阶段	G2B	服务于企业	企业与部分公众	多种接入设备	对外业务网络平台	网上采购、网上办税等
第四阶段	G2C	服务于整个社会	全体公众	全面的网络设备	整合同意的门户网站	网上申领政府基金、网上搬家、网上申报专利等

（二）电子政务发展的最新理论

随着电子政务建设的不断发展，电子政务的理论研究越来越深入。当前，电子政务在发展中运用的理论主要有以下几种。

1. 客户关系管理理论

客户关系管理理论（customer relationship management，CRM）最早由美国企业在20世纪90年代后期提出，是一种以“客户关系一对一理论”为基础，旨在改善企业与客户之间关系的新型管理理论。这个理论也适用于一个组织机构判断、选择、争取、发展和保持客户所要实施的全部商业过程。“客户关系一对一理论”认为，每个客户的需求是不同的，只有尽可能地满足每个客户的特殊需求，进行“一对一”个性化服务，企业才能提高竞争力。通常客户关系管理包括销售管理、市场营销管理、客户服务系统以及呼叫中心等方面。

客户关系管理被认为是电子商务发展的主要推动力量之一，并领导着电子商务的革命进程。但随着电子政务作为国家战略在全球各国政府深入推广和发展的过程中，客户关系管理毫无疑问成为政府在社会推进电子政务相关服务的最佳策略选择。传统电子政务的发展理论将其归类为G2G、G2C、G2B三种重要类型，现在不少国家如新加坡和韩国，直接将“to”改为“for”，也就是G4G、G4C、G4B。这表明政府作为服务提供者的重要角色的转变，体现以用户为中心，按照用户的意向，来设计政府的电子政务系统，帮助政府更好地为有特殊需要的“客户”服务，从而建立全新的、更好的政府与企业、政府与公民的关系。

2. 信息资源共享理论

随着因特网的发展和电子政务应用的日益普遍，政务信息共享成为当代社会的紧迫性研究课题之一。与其他信息（如商务信息）相比，政务信息因其与政府的特殊相伴关系而显示出独特性质，并在信息共享方面提出特别的需求。政府不仅是其他各类信息共享活动的积极推进者和管理者，而且其本身也是信息共享活动的亲身实践者和受益者。

美国政府就曾在2009年宣布了联邦政府的云计算发展计划，据悉该计划分为三个要点：其一，开通联邦apps. gov官方网站（2009年9月15日已经开通），整合商业、社交媒体、生产力应用于云端IT服务；其二，建立联邦云计算示范工程（2010—2011年）；其三，联邦政府大规模采购云计算服务（2012

年至今)。该计划的主要目的在于将政府内部云连接到由共享数据、应用程序和 IT 资源组成的超级云上，并通过各政府机构在其中各自的云或节点，实现政府资源的全面共享。

3. 电子政务绩效评估理论

随着电子政务的全球化推进，电子政务绩效评估研究也引起了各国的高度重视，许多研究机构、咨询公司和学者对其展开了深入的研究和实践。电子政务绩效评估的根本目的就是及时发现问题、解决问题，为电子政务的发展提供信息源泉和导向。与一般的建设项目相比，电子政务具有高投资、高收益、高风险、运营周期长以及投资不完全可逆的特点，这更加突显了对其进行绩效评估的必要性和重要意义。科学、客观、合理的电子政务绩效评估是未来电子政务发展中的重要内容。为了对电子政务进行科学的评估，必须做到：制定科学的评估准则；选择适当的评估方法；构建合理的指标体系。

目前国际上比较有影响力的全球电子政府评估包括：D. M. West 的全球政府网站评估、早稻田大学的国家电子政府排名、Jersey - Newark 州立大学和 Sungkyunkwan 大学联合进行的全球数字化市政治理评估、联合国经济和社会事务部（UNDESA）的电子政府准备度调查、埃森哲的全球电子政府报告、经济学人智库（Economist Intelligence Unit）的电子准备度排名、世界经济论坛（World Economic Forum）的网络准备度排名，以及泰勒—尼尔森—索福瑞（Taylor Nelson Sofres）的全球电子政府评估等。

4. 绿色电子政务发展理论

所谓绿色电子政务发展理论，是指为确保电子政务建设和活动能够在节能、环保、安全、和谐等状态下可持续发展，而遵循的一系列理念、方法及指标体系；而在遵循此理念的基础上建设和开展的电子政务即为绿色电子政务。绿色电子政务与电子政务实践的不断发展是分不开的，一般而言在电子政务建设的初期，由于相关经验和积累还不够，并不能得到这样的认识，只有对经验和教训有一个充分和正确的认识与研究，才能将该理论运用到后一阶段的实践当中去。

韩国政府就已经在现有的集成网络和坚实的通信基础之上，将绿色 IT 纳入政府议程，以促进信息科技的绿色增长。2009 年 1 月，韩国行政安全部推出了《新绿色 ICT 行动计划 2012》（New Green ICT Action Plan 2012），旨在通过绿色信息化实现低碳绿色成长，实现到 2012 年降低 10% 以上的排碳量目标；并推动绿色化信息资源、实现绿化政府、促进绿色社会转型、构建绿色信息化基础等四大策略 12 项重点项目建设等。

（三）电子政务发展的技术趋势

电子政务技术是电子政务系统建设的基础，它决定了电子政务建设的水平。从目前的趋势来看，以下电子政务技术将应用得越来越多。

1. 政府 2.0（Government 2.0）

Web 2.0 技术的核心是分享，更注重用户的交互作用。它的兴起和发展，为建设新一代政府政务提供了基础。例如，它可以为网民参政议政提供渠道，可以为政府了解社情民意，进行政策咨询提供平台。美国奥巴马总统参选时，就曾利用 Web 2.0 技术建立个人网站，并通过 Facebook、Myspace、Youtube、Twitter 等基于 Web 2.0 技术的网站与选民进行互动。因其交互性和能够实现即时的关注，社交媒体已经成为政府部门与公众交流增长最快的渠道。政府的下一项前沿研究课题在于思考如何在 Web 2.0 的基础上推进 Web 3.0。Web 3.0 下的政府 3.0 是以公众为中心的创新，也是商业应用与社会媒体平台的衔接，还包括自我知识和技术学习的语义网以及个性化的服务。

2. 绿色技术（green technology）

绿色技术又被称作“环境友好技术”（environmental sound technology，EST）或“生态技术”（ecological technology）。它发端于 20 世纪 60—70 年代西方工业化国家的社会生态运动，是对减少环境污染，减少原材料、自然环境和能源使用的技术、工艺或产品的总称。这一概念源自于对现代技术破坏生态、环境威胁人类生存的状况的反思，可以认为是生态哲学、生态文化乃至生态文明产生的标志之一。从绿色技术研究的总体状况来看，在进入 21 世纪之后，绿色技术的理念已经被人们广泛接受，相关的研究者和研究成果也越来越多，涉及哲学、自然科学技术、经济学、管理学等众多领域。随着电子政务继续发展，电子政务能否实现可持续发展（electronic government for sustainable development，EGov4SD）也日益成为世界关注的焦点，一些国家已经开始将 ICT 作为解决环境问题的重要工具，并关注如何更环保和友好地利用 ICT 本身。

3. 云计算（cloud - computing）

云计算是分布式处理（distributed computing）、并行计算（parallel computing）和网格（grid computing）的发展，是透过网络将庞大的计算处理程序自动分拆成无数个较小的子程序，再交给多部服务器所组成的庞大系统，经其计算分析之后将处理结果回传给用户。通过云计算技术，网络服务提供者可以在数秒之内，处理数以千万计甚至亿计的信息，提供与“超级计算机”同样强大的网路服务。云计算是降低信息化建设成本、提高政府效率、推动跨部门信息共享和满足客户需求的重要保障。日本政府表示已经进入了通过互联网提供各种信息和业务的“云计算”时代，计划在2015年之前将政府的所有IT系统整合到单一的云计算基础设施上。韩国有关政府部门也在2009年3月表示，从2010年开始在政府综合计算机中心内引入供多个部门同时使用的云计算系统。

4. 移动政务技术

移动政务技术简单来说，就是将以前只能由固定网络提供的服务扩展到移动终端设备，主要的终端设备包括手机、PDA、Wifi等。移动技术的发展和推广使得公共服务可以通过移动的方式予以提供，移动电子政务就是通过这些移动通信设备与互联网有机结合进行的政府管理活动。因其灵活、简单、方便，并且能够实现任何人（anyone）在任何时候（anytime）、任何地点（anywhere）通过任何方式（anyhow），得到任何服务（any service）等优势，移动电子政务已经成为电子政务发展的新方向，成为政府管理创新的革命性力量。目前不少国家已经开始大力推动移动技术与无处不在的技术发展，通过移动渠道扩展互动空间，扩大电子政府的受众范围，为公众提供优质方便的信息与服务。例如，新加坡的移动政府（M－Government）项目即通过移动电话向公众提供不适宜通过因特网和固态提供的公共服务，其中的One SMS计划通过移动平台提供各种提醒和通知服务。此外，韩国和日本也相继推出过u－Korea，u－city和u－Japan计划等移动政务计划。

5. 物联网（Internet of things）

物联网的概念最早由EPCglobal组织于1999年提出，意指通过互联网与传感技术的融合，对所有带有电子标签的物品进行全程监控和追踪。当前比较认可的物联网是指通过RFID（射频识别）、红外感应器、全球定位系统、激光扫描器等信息传感设备，按约定的协议，把任何物品与互联网连接起来，进行信息交换和通信，以实现智能化识别、定位、追踪、监控和管理的一种网络。“物联网”被称为继计算机、互联网之后，世界信息产业的第三次浪潮。业内认为，物联网可以提高经济效益，大大节约成本，可以为全球经济的复苏提供技术动力。目前，美国、欧盟、中国等都在投入巨资深入研究物联网。随着物联网技术的推广，城市的发展又被注入了新的活力，智慧城市（smart city）成为新的发展方向。无疑，这些都给电子政务的发展带来了全新的机遇和挑战。

（四）电子政务发展的人才趋势

既掌握信息技术又具备政务管理能力的人才是复合型人才，发展复合型人才是电子政务建设的人才发展趋势。

根据知识构成和应用特点，当前的电子政务人才可分为三种类型：

第一类是电子政务技术型人才，即在政府机构中负责电子政务系统建设、运行和维护的技术人员。其特点是精通电子政务技术，主要是计算机及网络技术、通信技术、软件技术和信息获取与处理技术，能够用最有效的技术手段来实施电子政务管理。

第二类是电子政务实用型、操作型人才，即在政府机构中所有使用电子政务信息系统的各级工作人员及政府服务对象的相关人员。他们的特点是不需要拥有很深的计算机系统理论知识，但需要了解电子政务的知识和概念、计算机的知识和使用、办公软件的使用、各种电子政务应用软件的使用等。实质上这类人员属于政务活动的执行者和受用者。

第三类是电子政务管理型人才，即在政府机构中负责电子政务信息系统建设的决策人员和高级管理人员。他们除了具备足够的应用电子政务技术的知识和能力外，还要精通现代政务管理活动，能善于寻求信息时代的行政规律，利用信息共享及整合优化决策和管理流程。

国际上最新的电子政府相关研究报告，早已明确将政府首席信息官的培养作为评价国家电子政务整体发展水平的重要因素之一，同时强化对于首席信息官的信息能力培养也被列为电子政务未来发展方向。相关研究表明首席信息官能够将管理战略与信息投资充分结合起来，以维持企业战略、组织变革和管理革新的平衡。不管是公共部门还是私人部门，首席信息官都扮演着创造互动性合作机会的角色和信息系统服务提供的重要桥梁角色。而电子政府的一项重要目标便是为电子民主（e－democracy）创造更加透明公开的环境，通过 ICT 的使用不断提高公民生活质量。在不久的将来，由于电子政务项目复杂程度的增加以及来自于整合电子政务以满足日益增长的市民与企业需求的压力，绝大多数中央和地方政府所有层级的公共部门将有望在首席信息官们的管理下实现电子政务相关项目的合作。同时，这也将不可避免地推动相应的培训机构和项目的产生，从而为系统培养政府首席信息官创造有利条件。这样具体的实践已经在不少发达国家得到印证，国际首席信息官学院（International Academy of CIO，IAC）也已经在2004年应运而生。

三、电子政务

（一）电子政务的结构

根据原国务院信息化工作办公室正式公布的《国家电子政务总体框架》，电子政务总体框架由五个部分组成，这五个部分分别是服务与应用系统、信息资源、基础设施、法律法规与标准化体系、管理体制。构成电子政务总体框架的五个部分是一个统一的整体，如图7－3所示。这五个部分中，服务是宗旨，应用是关键，信息资源开发利用是主线，基础设施是支撑，法律法规、标准化体系、管理体制是保障。

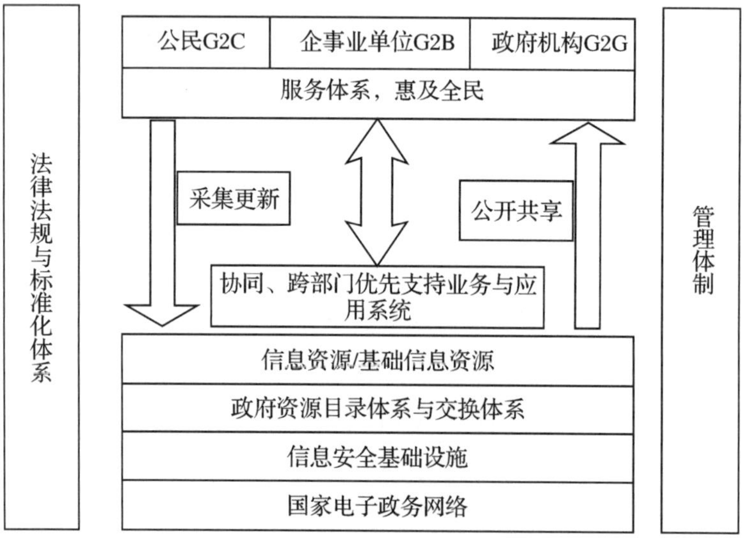

图7－3 国家电子政务总体框架示意图

电子政务的总体框架具有相对的稳定性。其在一定时期内相对稳定，具体内涵将随着经济社会发展而动态变化。政府各部门、各地区政府，在国家电子政务总体框架指导下，结合本部门、本地区实际，突出重点，分工协作，共同推进电子政务建设。

（二）服务与应用系统

电子政务是21世纪政府服务于社会的一种新型服务方式，所以电子政务的总体框架是以服务为宗旨的，电子政务的应用系统都要紧紧围绕服务对象的需求，选择优先支持的政府业务，统筹规划应用系统建设，提高各级政府的综合服务能力。

1. 服务体系

电子政务强调服务是宗旨，“服务”是电子政务的出发点和落脚点。电子政务的服务对象包括政府、企事业单位、社会公众，特别强调要惠及全民。作为对服务宗旨的实现，应用系统G2C、G2B和G2G就构成了电子政务的服务体系。在这个体系中，服务的对象是公众、企事业单位和政府的职能机构及各个部门。以服务为宗旨，就意味着电子政务要以人为本，惠及全民。故应用系统要通过整合和共享信息资源，满足经济社会发展的需要。即为满足政府服务公众和企事业单位的需求，在人口登记和管理、法人登记和管理、产品登记和管理、市场准入和从业资格许可等方面实现信息共享；为满足政府经济管理和社会管理的需要，提供市场与经济运行、农业与农村、资源与环境等方面的信息监测与分析服务；为满足各级领导科学决策的需要，提供信息汇总、信息分析等服务；为满足政府提高管理效能的需要，提供人力资源管理、财政事务管理、物资管理等信息服务。

总之，电子政务的服务体系是以服务对象为中心，以服务的实现程度、服务的效率、服务的质量为衡量依据的网络体系。

2. 应用系统

应用系统也称“应用平台”，是电子政务总体框架的主要内容。G2C和G2B的核心部分，是公众、企事业单位和政府最需要的部分，这些社会公众关注度高、经济社会效益明显、业务流程相对稳定、信息密集、实时性强的政府业务，也是电子政务优先支持的业务。G2G的核心部分，则是能够提高工作效率、提高监管能力和公共服务水平，降低行政成本的办公、财政管理、税收管理、金融监管等业务。这些也是电子政务优先支持的业务。

在我国，应用系统的建设必须强化应用，推动互通共享和支持部门间的协同。对在建和拟建系统，要有利于深化政府机构改革和优化组织结构，避免简单地在原有体制和业务流程基础上建设应用系统。电子政务是为政府机构改革服务的，其目的不是在原有管理体制上建立面向本部门的应用系统，而是要整合业务、优化流程和重组机构。所以我国要围绕优先支持的业务，以政务信息资源开发利用为主线，以政务信息资源目录体系与交换体系为支撑，兼顾中央和地方的信息需求，统筹规划应用系统建设。

（三）基础设施

基础设施是电子政务应用系统及信息资源开发利用的支撑环境，它主要包括国家电子政务网络、政务信息资源目录体系与交换体系、信息安全基础设施等几个部分。基础设施建设的要点是统筹规划，统一标准规范，避免重复投资和盲目建设，以提高整体使用效益。

1. 国家电子政务网络

国家电子政务网络由基于国家电子政务传输网的政务内网和政务外网组成。

政务内网由党委、人大、政府、政协、法院、检察院的业务网络互联互通形成，主要满足各级政务部门内部办公、管理、协调、监督以及决策需要，同时满足副省级以上政务部门特殊办公需要。

政务外网主要满足各级政务部门进行社会管理、公共服务等面向社会服务需要。要充分利用国家公共通信资源，形成连接中央和地方的统一的国家电子政务传输骨干网。

2. 政务信息资源目录体系与交换体系

将政务信息资源目录体系与交换体系纳入基础设施，清楚地表明信息资源共享的范围是由管理的范围制约和决定的。这反过来也说明，各自为政搞政务信息资源目录体系与交换体系，是不可能真正实现信息资源广泛、有序共享的。

作为电子政务基础设施的组成部分，政务信息资源目录体系，是按照统一的标准和规范建立的，它为各级政府提供信息查询和共享服务；同时，跨部门的政务信息资源交换体系，围绕部门内信息的纵向汇聚和传递、部门间在线实时信息的横向交换等需求，为各级政府的社会管理、公共服务和辅助决策等提供信息交换和共享服务。政务信息资源目录体系与交换体系依托统一的国家电子政务网络，以优先支持的业务为切入点，统筹规划、分级建设、覆盖全国，发挥支持信息的交换与共享的作用。

3. 信息安全基础设施

信息安全基础设施包括有效的身份认证、授权管理和责任认定机制及信息安全监测系统，以便提高电子政务系统对网络攻击、病毒入侵的防范能力和网络失泄密的检查发现能力。信息安全基础设施还要包括电子政务应急响应与灾难备份能力，包括密钥管理基础设施，也就是充分利用密码、访问控制等技术保护电子政务安全，促进应用系统的互联互通和信息共享。

（四）信息处理

信息资源是政府在履行职能过程中产生或使用的信息，电子政务中的信息资源不是静态的数据，而是能够为政务公开、业务协同、辅助决策、公共服务等电子政务功能等提供信息支持的要素。信息资源由信息采集和更新、信息公开和共享，以及基础信息资源三部分组成。开发利用信息资源是推进电子政务建设的主线，是深化电子政务应用取得实效的关键。

1. 信息采集和更新

信息的采集和更新都是来自社会和公众，所以需要明确界定各政府部门的信息采集和更新权责，保证信息的准确性和时效性。但是不能因为信息采集和更新，增加社会公众和企业负担。

2. 信息公开和共享

信息的公开共享是通过应用系统的服务提供给社会公众的。各级政府要围绕社会公众和企事业单位最关心、最直接、最现实的利益问题，以公开为原则，以不公开为例外，编制政府信息公开目录，及时、准确地向社会公开行政决策的程序和结果，提高政府的透明度和办事效率，拓宽群众参政议政的渠道，保证人民群众依法行使选举权、知情权、参与权、监督权。

在实现信息公开和共享方面，各级政府还要统筹兼顾中央和地方需求，依托政务信息资源目录体系与交换体系，实现跨地区、跨部门信息资源共享。

3. 基础信息资源

基础信息资源是指辖区人口、法人单位、自然资源和地理空间等基础性信息。这些信息来源于相关部门的业务信息，具有基础性、基准性、标识性、稳定性等特征。基础信息的采集原则是“一数一源”，即每一个数据都要有专门的来源，不能重复采集。基础信息需要保证其准确、完整、及时更新和共享。

一般基础信息库都是分级建设、运行、管理的，而且基础信息库都是边建设边发挥作用的。

（五）管理体制

电子政务的管理体制是电子政务总体框架的重要组成部分，电子政务的管理体制直接关系电子政务功能的充分发挥，所以它的地位与法律法规及标准化体系一样，是电子政务的又一基本保障。传统的行政管理体制是条块分割的管理体制，而这样的管理体制成为制约电子政务建设与发展的弊端，即条块分割的管理体制使得电子政务建设中出现在宏观层面上，没有统一权威的领导机构、在微观层面上没有法律责任人的现象。这样的现象显然是不能适应电子政务的发展需要的，所以电子政务的发展将对传统金字塔式的国家管理体制提出挑战。

电子政务的特性要求，电子政务建设要与加快推进创新政府管理结合起来，形成电子政务发展与神话行政管理体制改革相互促进、共同发展的机制。

四、案例链接：新加坡电子政府的建设

新加坡是一个面积仅 647km^2，人口 448 万人的岛国。为保持较强的国际竞争力，新加坡政府特别重视信息化和电子政务的建设，甚至连美国宾夕法尼亚州和加拿大的部分省都以新加坡为样板来发展本地区的电子政务。日本早稻田大学自 2005 年以来，每年都为提供及使用电子政务的全球经济体进行排名，最初 4 年美国政府曾经连续高居榜首，但是从去年，也就是 2009 年开始，这个纪录被新加坡打破，从而取代了美国成为排行榜的第一名，截至 2010 年仍继续蝉联榜首。

（一）新加坡政府对电子政务的界定

新加坡电子政府主要是由中央信息技术组来负责推动的。他们认为信息时代的新加坡电子政府应该体现公民和企业导向以及以生活周期为基础的整合、服务提供者和服务获取方式的可选择性和政府各部门和地方政府之间的服务整合等特点。通过其门户网站，公民能够无障碍地浏览政府网站，从而获取电子服务。

（二）新加坡电子政务发展轨迹与现状

新加坡的电子政务起步于20世纪80年代初。经过20多年的发展，新加坡的电子政务取得了很大的成就。总的来说，新加坡电子政务建设历程可分为起步、融合和定制3个阶段：第一阶段是起步阶段（1992—1999年），以“IT2000计划”为标志，明确提出将新加坡建设成为“智慧岛”的目标，并建设了新加坡的首个宽带网络，政府部门开始提供基于互联网的服务。民众通过Internet能够在各级政府网站上提取政府机构的信息。第二阶段是融合阶段（2000—2006年），通过实施“信息通信21世纪蓝图”（2000—2003年）和“联系新加坡”（2004—2006年）等计划，全面开放了通信市场，把信息通信的发展作为推动经济发展、提升国民素质的主要动力，政府所有部门全部完成业务系统的建设。政府机构在网上开展纳税、办理执照等业务。第三阶段是定制阶段，目前正在实施“智慧国2015蓝图”（2007—2015年），提出“3I策略”（创新、整合与国际化），推出“多个部门、一个政府”口号，努力提高政府办事事项的信息化服务水平。

从上述发展轨迹可以看出，新加坡的电子政务已经步入政治、经济、法律、技术等领域全面发展。目前，新加坡的电子政府网站建设已经相当完善和成熟。新加坡的各级政府机构基本上都已上网，几乎各市区都建有自己的站点。公众参与程度：“电子公民中心”的门户网站是新加坡政府众多在线服务的第一站，为公民提供在线政府服务。新加坡的电子政务系统完全是由国家控制。据统计，新加坡电子政务每年可为政府节省办公经费约2300万美元；不仅节省了大量的人力、财力、物力，而且提高了政务透明度。

（三）新加坡电子政务的特色

新加坡作为建设电子政务的佼佼者，成绩斐然。新加坡政府网站的功能极为强大，包含的内容也极为广泛，曾被美国大众服务管理部评为世界上最先进的综合服务网站。政府网站最具代表性也最具特色的为“电子公民中心（eCitizen)”，这一虚拟型的网络服务中心主要是向公民提供方便、快捷的网上服务。“电子公民”的用户界面采取了一种模拟的方法来描绘一位新加坡公民从小到大在人生不同阶段所要走过的道路，他可以在不同的“城堡”中停留。每一个“城堡”里都有一组相互关联的服务包。例如，在“就业城堡”里，你可以找到如下服务包：“雇佣员工”（专为雇主设计）、“寻找工作”（专为求职者设计)、“退休”、“提高技能”和“在新加坡工作”(专为外国人提供)等。目前“电子公民”网站里共有9个“城堡”，涵盖商业贸易、国防、教育、就业、家庭、医疗健康、住房、法律法规和交通运输等方面。

1. 以需求为导向，建立开放的电子政务信息平台

依托Internet强大的功能和良好的基础条件，新加坡在开展电子政务的过程中注重政府网站的建设。针对不同的服务对象——企业、公民和外国人三大客户群体，开辟了3个主要入口，开展以需求为导向的用户服务。

2. 成立专门机构，统一规划领导

作为政府主导型的电子政府发展模式，新加坡政府专门设立了“资讯通信发展管理局”，负责电子政府的全面协调发展。新加坡政府专门组织成立了由各大委、局等机构共同参与的、跨部门的委员会——“国家电子商务行动委员会”，统一负责协调和推动实现电子经济、电子政府和电子社会的目标。

3. 提倡政务公开，注重对外服务

依托和服务于“政务公开”的政策，新加坡各级政府广泛利用不同层级、功能强大的政府网站向社会公开大量政务信息，如国家领导人的重要活动、演讲，政府工作的最新动态，民众办理注册、登记等事项的手续与相关信息等，具有了“单一窗口”“一站式”“全天候”等特点。

4. 提高民众素质

新加坡政府重视公民素质教育，政府投入大量人力、财力进行人才教育和培训，努力提高民众的信息化水平和技能。政府要求各级官员、公务员都具备一定的信息化知识和操作技能。这就为推行电子政务奠定了良好的群众基础和人才基础。

5. 注重法律保障，推陈出新

新加坡政府于1998年修订了1993年出台的《滥用计算机法》，增加了“干预或阻碍合法使用的行为”“在授权和未经授权的情况下，进入计算机系统犯案”以及“将进入网络的密码透露，非法获利和使别人受损失”3项新罪名。与此同时，政府还制定了与此相配套的《信息安全指南》和《电子认证安全指南》，更好地为电子政府和电子商务等发展保驾护航。

(资料来源：http://www.lunwenxlx.com/Article/gsgl/20101026224720.html.)

第八章 新媒体

一、电子信息技术在传媒领域的现状

“数字媒体技术”是随着电子信息技术，特别是互联网技术的发展和普及而产生的。以往“媒体”一词通常是指电视、报纸、杂志、广播等信息的传播载体，互联网开始并不是作为媒体而建立起来的。然而今天的互联网和数字信息技术相结合已成为主要的传播载体，它具有如电视、报纸、杂志、广播等所有传播媒体的功能，并且还能把文字、视频、声音存储下来，供用户在自己方便的时间浏览。因而它已成为全新的媒体传播形态，并具有传统媒体的特点，但又不同于传统媒体，它超越了传统媒体，对原有传播媒体造成了巨大的冲击。

数字媒体技术与电子信息技术有着密切的联系，其中的一些工作是电子信息技术人员可以承担，或者稍加学习就可承担的，而且目前已有不少电子信息技术。工程师正在从事数字媒体技术方面的工作。随着计算机技术、网络技术和数字通信技术的飞速发展，数据信息的数量猛增，传统的广播、电视、电影技术正快速地向数字化方向发展，数字音频、数字视频、数字电影与日益普及的计算机动画、虚拟现实等构成了新一代的数字传播媒体形态。

我国数字媒体概念的提出来源于国家“863 计划”，比较科学地反映了相应的技术及产业内涵。数字媒体是数字化的内容作品以现代网络为主要传播载体，通过完善的服务体系，分发到终端和用户进行消费的全过程。这一定义强调了网络为数字媒体的传播方式，而光盘等媒介内容则被排除在数字媒体范畴之外；这一定义也明确了数字媒体技术和电子信息技术之间的联系和分工。没有电子信息技术、计算机网络技术，也就不可能有数字媒体技术；然而，电子信息技术、计算机网络技术又不可能代替数字媒体技术，它们相互联系，各有分工。

目前数字媒体产业在世界范围内已经成为极具活力、具有巨大发展潜力的产业，世界主要国家及地区在数字媒体内容产业方面做了详细规划部署，并取得了较大进展。欧盟早在1996年就提出了“信息2000计划”，以促进数字媒体内容和服务在教育、文化、信息等公共领域的发展，爱尔兰政府2002年制定“爱尔兰数字内容产业战略”，韩国文化观光部于2001年将内容产业作为国家策略发展的重点产业，目标是成为全球主要的数字内容生产国家。

在我国，数字媒体技术及产业得到了各方面的高度关注和支持，并成为目前市场投资和开发的热点方向。“十五”期间，国家“863计划”率先支持了网络游戏引擎、协同式动画制作、三维运动捕捉、人机交互等关键技术研发以及动漫、网游公共服务平台的建设。“十一五”期间在数字媒体产业方面已经取得了一系列成果，已确定将数字媒体产业作为我国产业结构调整的重点产业予以扶持发展，并已进行了一系列的部署和安排。

国家广电总局将2004年确定为“数字发展年”和“产业发展年”，明确指出数字化是广播影视发展的重要任务，数字电视整体转换工作也轰轰烈烈地展开起来。

2005年5月，科技部正式同意在北京、上海、成都、长沙组建“国家数字媒体技术产业化基地”。

2006年，国家先后公布了“十一五”经济社会发展规划、科学技术发展规划、文化发展规划纲要，在这3个重要的国家规划中，都将发展数字媒体列入科技创新的重点。例如，在《国家“十一五”时期文化发展纲要》中就明确地指出“大力发展以数字化内容、数字化生产和网络化传播为主要特征的新兴文化产业，加快发展民族动漫产业，大幅提高国产动漫产品的数量和质量，积极发展网络文化产业，鼓励扶持民族原创的健康向上的互联网文化产品的创作和研发，拓展民族网络文化发展的空间”。纲要还强调“大力推进以数字技术和互联网技术为核心的文化生产和传播的新兴行业，积极发展电子书、网络出版物等新业态，发展手机网站、手机报刊、AP电视、数字电视、网络广播、电视、电影等新兴的传播载体”。这些都表明国家已将数字媒体列为“十一五”期间的攻坚战，从这几个重要的文件，可以看出数字媒体在我们国家的发展地位。目前，数字媒体的发展和传播技术问题，已经引起国家的高度重视，被列入国家重点规划。

数字媒体确实以超乎寻常的速度在发展。伴随着三网融合的步伐，IPTV、移动电视、手机电视等数字媒体和新业务正在国内迅速兴起。尽管我国 IPTV 的用户规模有限，但其增长势头明显。2004 年，中国 IPTV 用户仅有 4. 6 万用户，2007 年第三季度上升到 101. 2 万户。而截至 2008 年第三季度，这个数字猛增至 220 万户，这表明运营商对于 IPTV 试点的地区范围在逐渐增大，消费者也逐渐认同这种新技术。在电信业务转型的大趋势下，无论是固网运营商还是移动运营商都在积极地寻找增值业务，以谋求进一步的发展。与此同时，手机无线广告业务、播客、博客、视频、户外电视等数字媒体增长也形势可观。

二、电子信息技术在传媒领域的发展趋势

数字媒体的出现，是基于电子信息技术的发展和创新的成果，因此数字媒体将引发数字家庭、通信、传统媒体等多种产业的变革和融合。数字媒体的发展，丰富了思想文化的传播形态，扩展了媒体的表现形式，满足了日趋多样化和个性化的需求，促进了产业结构调整和经济的发展。纵观国内外情况，对数字媒体产业技术的发展趋势可作如下的一些预测。

（一）网络电视

网络电视又称 IPTV（Interactive Personality TV），它将电视机、个人计算机及手持设备作为显示终端，通过机顶盒或计算机接入宽带网络，实现数字电视、时移电视、互动电视等服务。网络电视的出现给人们带来了一种全新的电视观看方法，它改变了以往被动的电视观看模式，实现了电视按需观看、随看随停。IPTV 既不同于传统的模拟有线电视，也不同于正在兴起的数字有线电视。IPTV 利用宽带有线数据网，集互联网、多媒体、通信等多种技术于一体，通过互联网协议向家庭用户提供包括数字电视在内的多种交互式数字媒体服务。IPTV 还可以非常容易地将互联网浏览、电子邮件收发以及在线信息咨询、娱乐、教育及商务功能结合在一起，在未来的竞争中处于优势地位。

（二）数字电影

数字电影影视制作，由于其涉及的视频分辨率高达 2 ~ 4k，是普通标准清晰度电视的 6 ~ 12 倍，因而对演播室节目编辑与制作设备要求极高，相应的设备成本非常昂贵，成为我国发展数字高清晰度电视和数字电影内容产业的瓶颈之一。其关键技术和系统为少数几家国外公司所拥有。国外公司 Discreet、Avid、Apple 等公司在节目制作领域具有传统优势，比较有代表性的三维动画制作软件包括 Softimage、Maya、3D Max 等；后期合成软件包括 Inferno、Flame、Shake、Combustion 等；非线性编辑软件包括 HD - DS、Final Cut Pro 等。软件是数字媒体产品的生产工具，因而开发制作软件具有特别的重要性。

（三）网络游戏

国内外的研究集中在 3D 游戏引擎、游戏角色与场景的实时绘制、网络游戏的动态负载平衡、人工智能、网络协同与接口，并已经开发出很多较为成熟的游戏引擎，如 EPIC 公司出品的 Unrell II，ID 公司的 Quake III 引擎和 Monolith 公司的 Lith Tech 等。

我国已经涌现出一大批游戏、动画的创作和开发公司，它们从早期的外加工、代理经营转到了自主开发。但目前动画创作工具和游戏引擎严重依赖进口软件，制约了自主动画和游戏软件的创作和开发。

在游戏引擎技术方面，我国高校在 3D 建模、真实感绘制、角色动画、虚拟现实等方面已积累了丰富的研究经验，北京大学、浙江大学、上海交通大学等单位还开发了原型系统。国内有一些公司利用开放源代码组织或者采用引擎改造的方法开发了一些原型系统，但是目前这些原型系统尚停留在实验室阶段。

（四）网络出版

网络出版产业在国内外已经发展了 6 年多时间，到目前为止，基于数字版权保护技术（Digital Rights Management，DRM）的电子图书系统在国内外有了长足的发展。NetLibrary、Overdrive、Libwise 及 Microsoft 公司是国外最著名的电子图书技术和服务提供商。这几家厂商提供的电子图书，都不约而同地采用了按“本”销售数字版权保护的方式，按“本”销售是电子图书产业界的一个趋势。

（五）网络电话

网络电话（Voice over Internet Protocol，VoIP）是利用 Internet 技术或网络进行语音通信的新业务，是一项革命性的产品，它可以透过网际网络做实时的传输及双向的通话。你可以透过当地的网际网络服务提供商（Internet Service Provide，ISP）或电话公司以市内电话费用的成本打给世界各地的其他网络电话使用者。从通勤上班族至家庭使用者、学生、网际网络浏览者、游戏玩家及祖父母等人，网络电话提供了一个全新的、容易的、经济的方式来和世界各地的朋友及同事通话。

（六）数字动画

动画和漫画，二者在某种程度上有相同之处，都是用卡通化的形象来表达一定的想法。漫画一般是以书面或电子的形式发行的静态卡通作品，大多数是几幅连续的画面配上文字解说，如报纸上的讽刺漫画等。而动画是通过连续播放一系列画面，给视觉造成动态变化的图画，能够展现事物的发展过程和动态。对于现在的技术而言，“动画”并不仅仅只是传统意义上的带有剧情的影片和电视片（动画片），而且还包括在教育等领域上用来演示的非实物拍摄的屏幕作品。从产业上来说，动画和漫画是属于同一产业领域之中——动漫产业。动漫从概念上泛指漫画和动画，被称为音乐、美术等八大艺术之外的“第九艺术”。动漫最大的特点是寓教于乐，进而成为“读图时代”的典型代表和首选之作。

国内外对数字动画的研究集中在三维任务的行为模拟、三维场景的敏捷建模、各种动画特效和变形手法的模拟、快速的运动合成、艺术绘制技法的模拟等，并已经发行了很多较为成熟的二维和三维动画软件系统，包括 Maya、3D MAX、Animo、Softimage 等。目前，在计算机动画研究方面的主要发展方向除了继续研究计算机动画的关键技术和算法外，在软件系统上，二维动画和三维动画技术出现了一体化的无缝集成趋势，并力图支持计算机动画全过程。

我国在计算机动画系统方面的研究从整体上讲还比较薄弱，一些公司、高校和科研机构在卡通动画制作的某些环节上做了一些工作，较具代表性的软件如北京大学与中央电视台联合制作的点睛卡通动画制作系统、迪生公司开发的网络线拍系统。在三维计算机动画方面的研究工作包括动画特效模拟、人脸表情动画、计算机辅助动画自动生成、运动捕捉和运动合成等。

三、新媒体

（一）新媒体的概念

1. 新媒体含义

什么是新媒体？互联网、手机、户外媒体、移动电视、计算机游戏、CD -

ROM和DVD、虚拟现实，这些都是新媒体吗？那么数字形式或者在网络上播放的电视节目呢？使用3D和数字技术制作的电影呢？还有图像图片、格式、文字说明等。它们在计算机上制作然后印在纸上，这算新媒体吗？

目前，世界上对“新媒体”的定义还远未统一。美国的列维·曼诺维奇（Lev Manovich）认为，“新媒体将不再是任何一种特殊意义的媒体。而不过是一种与传统媒体形式没有相关的一组数字信息，但这些信息可以根据需要以相应的媒体形式展示出来”。清华大学新媒体研究中心主任熊澄宇教授认为“新媒体是个相对的概念。例如，相对于报纸，广播是新媒体；相对于广播，电视是新媒体；相对于电视，今天的网络又是新媒体”。当然，在一定的时间段内，新媒体的内涵有其相对的稳定性，如从印刷媒体、电子媒体到数字媒体。一般来说，新媒体是指20世纪后期在信息技术发生巨大进步的背景下，以数字技术、通信技术和网络技术为基础，以互联网为代表的具有跨越时空性、即时性、互动性、传授一体性等特点的新型媒体。就其外延而言，新媒体主要包括基于电缆宽带连接的互联网、基于无线传输的移动互联网、都市型双向传播数字电视网、电子计算机通信网、户外数字媒体、多媒体技术以及利用数字技术播放的广播网，等等。从上述例子可以看出，对于新媒体最通俗的理解是利用数字技术传播信息，利用计算机和网络来生产、分配和展示信息。因此，通过电脑和互联网进行文字信息传播可以被看作是新媒体，比如新闻网站和电子图书。相反，文字信息通过纸张进行传播就不是。同样的照片如果需要通过计算机来进行浏览被认为是新媒体，而放在图书中被传播就不是。

然而，新媒体的含义要比以上所提到的要复杂和深远得多。以计算机网络和数字技术为基础的媒介革命影响了信息传播的每一步，包括信息的获取、信息的控制、信息的储存和信息的发布。以什么方式使用数字技术和计算机进行信息采集、创造、保存和发布的状态使得媒体成为“新”媒体。

所谓新媒体主要包括以下两类：

（1）基于固定互联网的新兴媒体。

互联网是新媒体的开山鼻祖，是一切新媒体发展的起点。互联网区别于传统媒体的主要特征就是信息传播的数字化、互动性和跨越时空性，并且信息量无限扩大。基于互联网的新兴媒体包括门户网站、博客、网络视频搜索引擎等，这些新兴媒体都允许媒体使用者上传下载信息，具有很好的互动性。

（2）基于移动通信技术的新兴媒体。

随着移动通信技术与互联网络技术的融合，手机和iPad等成为最具想象力的新媒体。由于移动终端媒体功能的不断增强，不但原来基于固定互联网的新媒体可以更加方便地发挥作用，还引发了更多的适合移动传播特点的新媒体，比如微博、微信、手机游戏、手机出版等。这些都是典型的融合媒体形式，属于新媒体的范畴。自此，新媒体的自媒体性得到强化，个人化传播的信息可以及时便捷地实现社会化共享。微博、微信等社交媒体允许使用者通过手机将自己的最新动态或想法用短信、彩信或者视频等形式发到网络上。其中，微博和微信是移动通信技术与互联网络融合最出色的新兴媒体之一。

2. 新媒体特点

关于新媒体的特征，许多学者进行了探讨。曼诺维奇曾经从数字技术的层面提出了新媒体的五个特征，包括以数字的方式展示（Digital Representation）、模块化（Modularity）、自动化（Automation）、可变性（Variability）和转编码性（Transcoding）。对以上几点进行通俗意义上的解读，新媒体具有以下三个特点：

（1）信息数字化。新媒体是建立在传播技术数字化发展的基础之上，从信息的采集、编辑到发布都采用数字化技术的传播形态，包括互联网媒体、手机媒体、数字电视、机航媒体、户外液晶显示屏、移动电视、电子报刊等，并且更多新的形式不断涌现。

（2）自媒体性。新媒体突破了传统媒体的单向传播模式，实现了双向传播。新媒体平台上集中了很多信息，用户自己可以决定接受信息的内容与方式。同时用户有高度的个人参与，每一个用户在接受信息时还可以发布自己想发布的信息，很容易地实现信息反馈并可以参与媒体信息重组的过程。所以，新媒体为个体提供信息生产、积累、共享、传播内容兼具私密性和公开性的信息传播方式。

在自媒体时代，人们的观点都可以表达，并不存在一个有绝对掌控力的声音来号令四方。所谓的主流是相对的，并且主流可以演变为非主流，而非主流也可以变化为主流。每一个人都在从独立获得的资讯中，对事物做出判断，从而使新媒体传播带有强烈的个性化特征。

（3）开放共享性。新媒体以互联网为主要代表，互联网是跨越时间和空间界限的，是全球化媒体，遍布世界每个角落。几乎所有的信息资源都是公开的，任何个人和机构都可以很容易地通过网络发布与接收信息。现在，网络媒体已经成为人们传递知识、交流信息的重要中介。网络为信息的充分共享创造了便利的条件，人们在获得网络传播这种媒介的同时也获得了信息，从而能够摆脱封闭的传统媒体束缚，自由地表达每一个人的思想。

（二）新媒体的传播模式与传播特性

1. 新媒体的传播模式

新媒体的传播模式是对传统媒体传播模式的创新，这种创新模式也是适应社会文化和关系发展而产生的，使技术的进步成为可能。

首先，传统媒体的传播模式是“传者——内容、渠道——受众”的经典模式。在这个模式里，传者是清晰、居于控制者地位的，内容由传者生产；而受众是被动的，是基于统计学的、大量的、相对统一的、模糊的、难以辨认的群体。

在新的环境下，自由而便利的，公平而中立的，清晰而可识别的言论和信息传播是多数普通人发出的重大诉求。原有的那种自上而下的，传者很少而受众很多的传播模式越来越难以影响受众，信息价值降低，成为冗余的信息。与传统媒体的传者中心不同，新媒体传播模式下，传者逐渐隐去身份，成为一个平台。大量的组织、圈层形成一个个内容聚集地，在这个聚集地里，受众自己的生产内容。受众在一个个圈子内交往，可以不通过传者，直接传播信息。在这种情况下，传者要赢得受众，必须要成为受众生产内容的编辑者。新媒体不同于传统媒体的地方在于其受众是逐渐清晰可辨的；社会大众不是模糊的铁板一块，而是大量分割分圈层存在的，消费者自发组织松散的兴趣小组；与此同时，受众积极参与内容生产，自发形成渠道，创造舆论环境。

2. 新媒体的传播特性

从信息传播的角度，与传统媒体相比，新媒体的特征主要体现在传播模式、传播形态、传播范围、传播内容和传播时间五个方面。

（1）传播模式的交互性。

传播模式的交互性是新媒体最重要的特征，区别于传统媒体。首先，新媒体不再只是传播者对受众的单向传播，两者之间的信息交流是双向和互动的，传播者可以是受众，而受众也可以是传播者，即传、受一体性。其次，信息传播内容和形式不再是单方面的控制，每一个参与者都可以对信息传播发挥一定程度的控制，这样使得传播过程更加平等和公正。专业的信息采集和编辑技术变得可以让每一个人都能学会，人们可以利用这些技术制作出图片、文字、影像、动画等来传播信息，这些信息被传送到互联网的平台上，通过一定的渠道进行传播，这些传播并不需要太多的成本和资源。高共享度是新媒体的另一特点，集中体现在网络媒体方面。随着网络的扩张，大众传媒在塑造价值观念、强化公众意识、反映和引导社会舆论等诸多方面发挥着巨大的作用。

（2）传播范围的超时空性。

历史上，每一种“新媒体”的出现都扩大了人类信息传播的地理范围。而以互联网为基础的网络新媒体的出现不仅扩大了信息传播范围，而且实现了跨越时空的信息覆盖。也就是说，在任何时候，在任何地点，对于任何人来说，都可以获取别人能够获得的任何信息。这种信息的获取方式不会因为时间的变化或者地点的变更而发生改变。在过去的传播方式中，人们在信息的共享方面是受到时间、地理界限以及国家边界等限制，任何媒体传播的信息都只能在地球的一个部分进行传播，即使这些信息传播到地球的其他部分，信息的时效性也大大减弱。同时，由于政治制度、文化、语言等因素影响，信息的传播受到人为的限制，信息的自由传播成为政治或者利益争斗的一部分。然而，互联网信息传播的出现从技术上解决了信息无处不在的问题，同时人为的对信息传播的隔绝与限制从技术上来说很难再做到。

（3）传播内容的广泛性。

以互联网为信息传播载体的新媒体，其所能提供的海量信息，非报纸、电视、广播等传统媒体可比。由于互联网信息传播采取无限超链接技术，信息的载体再没有界限或者篇幅的限制。任何的信息，无论是新闻传播、知识传播、人际交流，还是商业信息传播，从理论上说都可以在互联网这个平台上无限传播下去。因此，无论从信息传播的广度和深度等任何角度来看，新媒体都远远胜过了传统媒体。

（4）传播形态的多媒体性。

在传统媒体时代，总有一种占主导地位的传播形态，比如图书报纸是文字，广播是声音，电视是图像，摄影是图片。媒介形态之间的界限是比较分明的。然而在新媒体时代，这种分明的界限不再清晰，无论动态、静态信息，还是文字、声音、图像信息，都可以在计算机网络上传播，实现了在一个传播载体上的多媒体传播。一个媒介作品可以是利用各种软件形成的文本、图片、声音、影视而组成，也可以制作出逼真的虚拟信息进行传播。新媒体同时创造了在同一平台上的多种传播方式。在计算机互联网平台上，各种信息不仅可以通过门户网站进行传播，还可以通过博客、社区、微博、即时通信、电子邮件等进行传播，传播渠道大大增加。

（5）传播的即时性。

新媒体缩短了信息传播从发送者到接受者的时间距离，甚至实现了信息的“零时间”传播。在信息的传播过程中，如果通过传统大众媒体进行传播，信息需要把关、审核，然后将信息转化为文字、图片、影像等制作成媒体内容。不同的媒体内容还需要通过不同的渠道进行发行，并且媒体内容一旦确定就很难改变。很多的环节导致了信息从采集到传播的过程变得十分漫长，信息的传播往往滞后，无法满足受众需求。在信息反馈方面，传统的反馈方式也是需要较多的时间进行处理，通过很多环节才能到达传播者。通过门户网站、QQ、微博等新媒体，信息传播实现了时间上的即时性，即在信息发送的同时就可以接收到信息，两者之间几乎没有差异。已发送的信息也可以即时地进行更新和扩展，所有反馈的信息也可以通过以互联网为基础的各种新媒体进行即时传播，从而形成了信息传播的即时互动。即时通信服务则完全消除了交流双方在时间上的间隔，使信息交互传播突破时间限制。

（三）新媒体应用

1. 社交网络

社交网络即社交网络服务，源自英文 SNS（Social Network Service）。社交网络服务（SNS）是通过为用户提供各种交互功能，通过将人们现实生活的社交圈复制到网络环境中，以便用户更大范围地建立社会关系，更大程度地拓展人际网络。广义地说，一切将“建立关系”功能视为互动核心的网络产品都可以归于 SNS 的大概念之下，典型的包括 Facebook、人人网、开心网等，国内知名的微博比如新浪微博，除了信息发布外也全面整合了各种社交功能，比如聊天、微群、分类汇聚的社区等，所以也属于 SNS 应用范畴。社交网络包含硬件、软件、服务及应用。

1967 年哈佛大学的心理学教授 Stanley Milgram 创立了“六度分割理论”，简单地说，你和任何一个陌生人之间所间隔的人不会超过 6 个。也就是说，最多通过 6 个人“你就能够认识任何一个陌生人”。按照六度分隔理论，每个个体的社交圈都不断被放大，最后成为一个大型网络。这是对社会性网络（Social Networking）的早期理解。后来有人根据这种理论创立了面向社会性网络的互联网服务。

SNS 网络结构主要由以下 4 个方面组成：用户、内容、社会网络、工具。这种结构通过建立低门槛的参与方式，使用户能够简单方便地贡献内容，又通过订阅机制帮助个人运营社会网络，建立“滚雪球”式的反馈模式，有效形成了诱发网络效应的机制。从社交网络服务的内涵来看，其本质是将现实中的社会圈子模拟移植到网络上，依据不同的属性和爱好建立和拓宽个人社交网。

信息传播是 SNS 网络的核心功能之一，订阅和分享是构建用户关系和进行信息传播最基本的两种行为，同时，用户的评论对信息传播也起着积极或者消极作用。在 SNS 网络中，用户依然是制造内容的主要来源甚至是唯一来源，但是内容的释放和接受都首先经过了关系的洗礼和筛选，这种过滤更具智慧，更加精确，更为人性。在 SNS 网络中，信息渠道被用户自行掌控，通过和自己认可的用户建立朋友关系后，联通并同步双方的信息渠道，在信任的基础上，接受“朋友”传播过来的一切信息，实现最有效率的过滤行为，图 8－1 表示了 SNS 社区中用户行为和信息传播的基本过程。

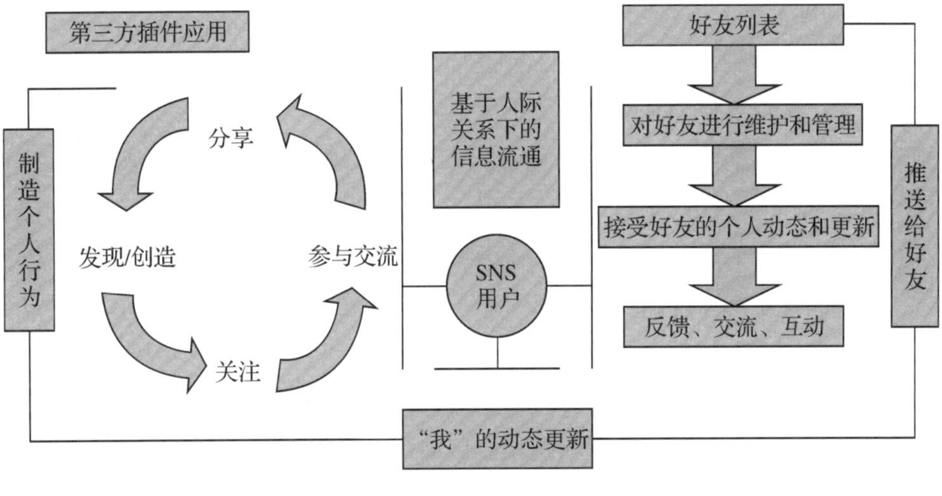

图 8－1　SNS 中用户行为和信息传播过程

相对于传统的网络社区，SNS 中的信息传播具有以下特点：

（1）多维度的信息传播方式。

在传播方式上，博客和论坛是“一对多”或“点对面”的传播模式，由一个传播者向不明规模与特征的受众发布信息，什么样的受众何时会看到这条信息，又会做出什么反应都是未知的，传受双方之间没有任何确定性联系。SNS 兼具“一对一”“一对多”的传播形态，可以向某一个好友进行单一的传播，也可以向整个熟人关系网络进行传播。传播者可以向追随者传播信息，而追随者可以选择转发或评论信息，或者改变跟随对象不接受信息，从而使一个“点”可与互联网上的无数个“点”相连接，最终形成“一对多”“一对一”“多对多”和“多对一”这几种传播的组合方式。

（2）多元化的信息传播途径。

SNS社区在传播中具有多元化的特征，具体表现为媒介方式的多元化、传播功能的多元化、语言表达方式的多元化，以及文化观念的多元化。SNS网站融合了多种媒介，是一种音视频及文本兼具的集大成式媒介，为网络人际传播提供了丰富、便捷的交流手段。它集以声音、表情、肢体语言为主体的人际传播与以文字、视觉图像为主体的大众传播于一体，运用多元化传播符号，使得信息达到了高度逼真的还原模拟恢复现实情景，有利于增加信任，促成判断。

SNS网站涵盖了从个人导向到群体导向，从简单通信到群体网络协作的多元化功能，可以满足多人一起工作和娱乐的需求，甚至让上百人聚集在一起召开会议、讨论问题、分享照片、欣赏音乐都成为可能。

（3）基于人际关系的传播行为。

博客和论坛主要在非熟人圈子中进行信息传递，对于信息将被谁获得、获得以后又会采取怎样的举动等一律不予控制。而SNS不但强调熟人或者建立信赖关系个体间的交流，在相互确认身份的前提下进行“点对点”或者“点对面”的双向沟通，用户也可以关注任何感兴趣的个人用户和企业用户，不管是李开复还是苹果电脑，只要在SNS上有账号。

不管是基于熟人关系还是非熟人关系，SNS这种关系模式更加强大，可以实现最大范围的关注和更广泛群体的交流。

（4）即时互动的交互传播特征。

传统的网络社区因为篇幅较长和信息发布渠道的限制，信息比较滞后，更新频率也比较低，同时由于读者的不固定，其互动性也不强。SNS通过绑定移动设备可以做到信息的生产和发布同步，其基于“一对多”的人际关系网络，可以快速进行同步交流，具有较强的互动性，即时性非常强，体现了人际间的微妙关系。

从上面的分析可以看出，SNS社区众多的信息发布渠道降低了应用门槛，信息快速聚合满足了用户对信息的即时需求，信息的异步呈现更加突出了用户的主体地位，信息的快速传播让广大的用户参与信息传播中来，在熟悉和非熟悉的人际关系圈里实现和他人即时的互动，满足了用户社交的需要。

2. 电视新形态

传统电视通常是观众在室内通过电视机观看。随着技术的发展，出现了许多电视新形态，使得电视观看方式变得多元，电视观看方式从室内延伸到户外，从固定变为移动，从单屏转到多屏。

（1）手机电视。

手机电视（Mobile TV），简而言之，就是在手机上看电视，但这里所说的“电视”不仅仅是电视台播出的电视节目，而是泛指视频内容。因此，手机电视是以手机等手持便携式终端为接收设备，传播视频内容的一项技术或应用。

目前，手机电视业务的实现方式主要有两种。

第一种是通信方式。这种方式利用移动通信技术，通过无线通信网（如3G，GPRS，CDMA 1X 等）向手机“点对点”提供多媒体服务，如美国的Sprint。我国的中国移动和中国联通公司都已经利用这种方式推出了手机电视业务，这种手机电视互动性强，属于“一对一”传播，手机是唯一的接收终端，传播过程要占用较多的频率资源。所以能承载的人数受限，并且资费高。

第二种是广播方式。这种方式采用的是数字广播电视技术，通过地面电视或卫星电视覆盖网，向手机、PDA、笔记本电脑以及在车船上安装的小型接收终端，提供“点对面”覆盖的广播电视节目，广播式手机电视的特点是“一对多”传播，传输带宽大、覆盖面广、图像质量高，并且经济性较高，一般为免费收看，接收终端广泛，手机只是诸多接收终端中的一种。

手机电视在我国的发展已经有十个年头，但发展状况并没有达到业内人士的预期。智能手机普及后，手机上各种丰富多彩的应用 APP 占据了手机用户的大部分闲暇时间。在手机上网更加方便后，人们用手机看视频时绝大多数是通过 WiFi 或无线互联网上网后，在各种视频网站的手机客户端观看视频。手机电视，特别是广播式的手机电视，面临着较大的挑战。

（2）铁路电视。

我国是铁路大国，是世界上铁路旅客最多的国家。列车车厢已经成为一个流动的社会，庞大的铁路客流人群带来的是巨大的信息和文化娱乐需求。发展铁路电视，可以拓宽政府的舆论宣传渠道，丰富亿万铁路乘客的旅途文化生活，是对现有广播电视公共服务体系的重要补充和完善。

铁路电视的实现方式，主要有以下两种。

第一种是本地播放方式。“本地播放”的铁路电视相当于装在列车上的闭路电视系统，是在列车上安装电视接收机和视音频播放设备。通过录像带、DVD 光盘、硬盘、CF 片等方式，播放事先制作好的电视节目。1984 年，我国铁路部门研制成功了我国第一列铁路客车的有线电视系统，这套系统在北京至上海的 T13/14 次特快列车上开通运行，后来在其他一些线路上也安装了这套系统，最多时有 30 条线路。

第二种是实时接收方式。这种方式是在列车上安装电视接收天线和接收设备，用于接收通过卫星或地面电视传输技术发射的电视信号，目前实时接收的铁路电视技术已经可以在高速行驶列车上实现电视实时接收。

数字技术应用到电视传输以后，电视的移动接收问题得到了有效解决。欧洲、美国都利用数字电视传输技术进行了铁路电视试验。2007 年，我国有关部门在上海至无锡段列车上，利用符合中国国家标准的地面数字电视传输技术开展了铁路电视试验，来自广电总局、信产部、铁道部、中央电视台和国内高校等单位的专家在列车上进行了现场测试，测试结果表明，我国地面数字电视传输技术应用与铁路电视的移动实时接收获得了成功。2007 年 11 月，欧广联的官员来中国实地考察了上海至无锡段列车上的铁路列车试验。认为在铁路电视领域的研究中国已经领先于欧洲同行。不过，由于技术推广和运营机制等多方面的原因，国内铁路电视的“实时接收”技术并没有投入实际运营中。

（3）楼宇电视。

楼宇电视，是指在楼宇的电梯等候厅或电梯灯箱内安装液晶显示器，循环播放商业广告片、娱乐服务信息和社会公益宣传片。液晶显示器通常选择安装在消费能力较高的白领高档写字楼、大型商场和高档住宅楼内。

2002 年年末，这种新型媒体模式进入中国，并在不到一年的时间里迅速在全国扩展开来。2002 年年底在上海成立的分众传媒公司（Focus Media）是中国最早运营楼宇电视的机构。2003 年 1 月，国际著名投资银行软银（SoftBank）和维众（UCI）向分众传媒注入巨资，并在上海成立楼宇电视广播联播网。2003 年 7 月，国内另一家从事楼宇广告的公司聚众传媒成立，“分众”“聚众”成为当时国内最大的两家商业楼宇电视广告运营商。

到 2005 年，液晶电视媒体已遍布中国近百个经济发达城市的数万栋楼宇。在以上海、北京、深圳和广州为主的一线城市，约 80% 的高档楼宇中都安装了液晶显示屏，日覆盖超过 3000 万的都市中高收入阶层。

目前楼宇电视主要采用的是“本地播放”方式，即用光盘、硬盘或闪存卡播出预存的视频内容。楼宇电视的出现有赖于电视技术和存储播放技术的发展。显像管电视机显然是不适合安装在电梯等候厅的狭小空间，轻薄的液晶显示屏出现后才使得楼宇电视在硬件上有了可能。而用硬盘、闪存卡存储节目内容，也便于播放和更新。从这个意义上，是技术革新促成了楼宇电视的形成。

3. 数字电影

数字电影（Digital Film）是电影的全面数字化。具体而言，数字电影从前期拍摄到后期合成、制作以及发行、放映环节都采用数字化技术，是以数字设备摄制、存储，用电脑软件制作合成，通过卫星、光纤、磁盘、光盘等物理载体传送，并且能够把数字信号还原成符合电影技术标准的声音与影像，然后在银幕上放映的电影作品。数字电影是从制作工艺、制作方式到发行及播映方式全面数字化的电影。

数字技术的迅猛发展，使全球数字电影进入高速发展的时期，数字电影已经全面取代胶片电影，成为电影产业的核心和主流。全球电影公司纷纷调整电影的制作、发行、放映及其管理模式，从电影的前期拍摄、后期制作到发行放映，都在向数字化转变和过渡。新建的影院基本都是数字影院，传统影院的数字化改造的速度也不断加快，数字电影在标准、技术、设备、运营、管理等方面已经成熟。

如今，索尼、松下、JVC 和佳能都有多种高清摄像机可供选择。在主要面向电影制作的高端市场，索尼、Arri、Red、Silicon Imaging、Panavision 等公司也有专门的摄像机产品，其清晰度和动态范围都超过了传统的面向电视需求的摄像机。

在数字摄影技术不断成熟的同时，数字放映技术也在快速发展之中。1987 年美国休斯公司发明了液晶光电子管，用来显示影像和高分辨率的图形。其后，1988 年美国德州仪器公司研制出了世界上第一个数字电影微镜设备（DMD），该设备的原理就是在根据数字信号“0”和“1”开关驱动多组镜片膜，使其高速联动并按一定的角度偏转，从而用于反射出影像光线逼真的色彩和细腻的层次，它实际上是一种电脑化的光开关系统。DMD 后来成为数字光处理 DLP（Digital Light Procession）的基础。1990 年年初，德国首先发布其关于开发激光数字放映机的可行性报告，并在 1992 年 2 月制造出了第一台稳定的激光影像放映机。1992 年年初，美国的休斯公司与日本的 JVC 合作，研制出了基于光放大成像（ILA）技术的放映机系统。

到 2000 年 12 月，北美拥有 15 块数字电影银幕，西欧有 11 块，亚洲 4 块，南美1块。2002年，包括迪斯尼、福克斯、米高梅、派拉蒙、索尼、环球和华纳兄弟在内的多家电影公司发起了名为“DCI”的项目，目的是开发专用于数字影院的系统。2004年，DCI选择JPEG 2000作为压缩标准。之后，数字影院在全球加速普及。国外研究机构iSuppli的数据显示，2010年年底全球数字银幕的数量已经达到33000块，其中美国为15744块，中国有4204块。根据Screendigest的研究，预计到2015年年底，全球的电影银幕都会转变为数字银幕。

电影放映的数字化背后是电影发行的数字化。随着存储技术的发展，电影的数字化发行手段也不断丰富和完善，硬盘、光盘是常用的存储电影的介质，此外也有通过互联网乃至卫星直接向影院传送电影数据文件的方式。

（1）数字电影的优点。

与传统的胶片电影制作相比，数字电影具有如下优点：

① 制作成本大幅降低，制作手段更加丰富。电影数字摄影使昂贵的电影胶片成为历史，导演无须因为费用问题担心片比，大幅降低了拍摄成本；电影数字摄影可以实时监看现场拍摄效果，有利于保证影片质量，提高拍摄效率；数字摄像机的普及，也降低了电影制作的门槛，让许多有才华的年轻人得以进入电影行业。计算机技术应用到电影制作后，许多传统电影制作无法实现的创意和镜头都可以在电脑上完成，丰富了导演的艺术表现手段。

② 发行成本降低。利用硬盘、网络等数字化方式发行数字电影，不再需要洗印大量的胶片，不像传统电影洗印对环境产生污染，既有利于环保，又避免了胶片的老化、褪色以及放映中的磨损，可以保证放映质量，硬盘的重复使用也节省了成本。拷贝洗印、存储和运输的费用得以节省。数字电影可以长时间确保影片画面如新，避免胶片因光源照射、片路运行等导致的胶片老化、褪色、划伤、磨损等现象发生。

③ 放映效果稳定。数字电影放映的画面清晰、稳定、无磨损，理论上可以无限次重复放映。而胶片随着时间会自然老化褪色。另外，胶片电影放映机是机械接触式的，每一次放映都会在不同程度上磨损电影胶片。因此，一部电影拷贝的放映场次是有限的。另外，电影放映机的机械快门的构造使得电影放映画面的平滑程度受到影响。而数字放映的特性，可以确保不会因为放映而造成画面抖动和闪烁。此外，随着数字摄像机和放映机技术的发展，数字电影的分辨率、色彩、亮度、动态范围性能也极大改善，已经不同程度地达到甚至超过了传统胶片的效果。

④ 电影版权保护更加有力。数字电影的放映，电影版权方可以在数据文件中设置密钥，防止电影被盗版。有些密钥甚至可以设置影片放映时间、场次和机器限制，也就是说限制影片只有在合同规定的放映日期和时间段才能放映，或者只能放映约定数量的场次，或者只能在特定型号的放映机上放映。这样可以保证电影版权方和发行方的利益，让电影市场的运转更加公平。

（2）数字电影发展趋势。

数字电影在全球的发展，有以下几个方面的发展趋势：

① 数字拍摄技术的发展趋势。胶片拍摄被数字拍摄取代，已经成为电影拍摄技术发展的必然趋势。电影行业从胶片拍摄全面过渡到数字拍摄，正由于数字摄影技术的完善和设备的普及而加速实现。而且，数字拍摄为后期制作提供了良好的基础，从根本上改变了电影的制作工艺。图像分辨率方面，数字电影摄影正由全高清 FULL 一 HD（1920×1080）向 2K（2048×1080）和 4K(4096×2160）发展，部分数字摄影机拍摄的图像质量已经接近 35mm 胶片电影质量，未来数字摄影全面赶上甚至超过胶片的画质是指日可待的事情。而且数字摄影机会越来越多地融入计算机技术，数字摄影的信号格式、输出接口、记录方式等方面更加注重与后期技术相结合。

② 数字后期制作技术的发展趋势。计算机技术正在逐渐占领电影后期制作的各个领域。随着计算机硬件的性能不断提高和价格不断下降，过去需要昂贵的工作站才能完成的一些后期制作，现在在个人电脑（PC）上也能实现，极大降低了后期制作成本和影视制作的门槛。此外，随着数字化、网络化的发展，电影数字后期制作出现了越来越多的国际分工与合作，并且更加精细化、专业化，有利于资源的整合和利用。随着处理能力、功能和效果等方面的不断提升，电影数字后期制作部分环节向前延伸，介入了电影前期拍摄部分环节，促进了立体电影、巨幕电影等电影的发展。

③ 数字放映技术的发展趋势。电影放映全面数字化是必然趋势，目前新建的影院或放映厅基本都是数字银幕，老的影院或放映厅也在加速进行数字化改造。DCI 在《数字影院系统规范》V1. 10 版中，提出在放映质量上，数字影院要达到甚至超出 35mm 胶片电影的放映质量。从数字摄影和数字投影的发展情况下，要实现这一目标是完全有可能的。随着市场发展和 2K/4K 放映系统价格下降，许多影院正将 1. 3K 系统升级为 2K/4K 系统。此外，数字 3D 放映技术已经成熟，数字 3D 放映机已经全面取代过去的 3D 放映机，立体电影已成为全球电影产业发展的一个热点。

④ 数字影院的发展趋势。未来数字影院的用途除了放电影外，还可以转播各种高清电视节目，特别是大型体育比赛和文艺演出。2010 年南非世界杯期间，就有电影院尝试转播了半决赛和决赛。数字影院可以在不同的时段，安排不同用途，从而增加总体收益。

4. 网络出版

数字出版是建立在计算机技术、网络技术、通信技术、存储技术、流媒体技术、显示技术等高新技术基础上发展起来的新兴出版产业，它融合并超越了传统出版内容，是人类文化的数字化传承。数字出版在我国虽然起步较晚，但是发展很快，目前已经形成了网络图书、网络期刊等新业态。

根据国家新闻出版总署的定义，数字出版是采用数字技术对内容进行编辑加工，并且通过网络传播数字内容产品的一种新型出版方式。数字出版的主要特征表现在三个数字化和一个网络化，即内容生产数字化、管理过程数字化、产品形态数字化和传播渠道网络化。有线互联网、无线通信网和卫星网络等是数字出版物的主要传播途径。

数字化出版在出版的整个过程中，将所有的信息都以统一的二进制代码的数字化形式存储于光盘、磁盘等介质中，信息的处理与接收则借助计算机或终端设备进行。它强调内容的数字化、生产模式和运作流程的数字化、传播载体的数字化和阅读消费、学习形态的数字化。

数字技术的使用，不仅可以在生产层面让传统的纸质出版物的编辑、印刷和发行流程数字化，也可以让出版企业的经营管理在数字平台上进行。对于出版传播的发展具有划时代的意义。然而，数字技术对于出版更具有决定意义的在于出版产品的数字化，即用数字出版物取代纸质出版物，出现真正意义上的数字出版形态，从而使人类出版完全迈入数字化时代。数字出版形态是随着数字技术的发展而逐步产生和发展的，先后出现了电子出版、网络出版等典型形态。近年来，则又出现了手机出版等更多的新型数字出版形态。

目前数字出版产品形态主要包括电子图书、数字报纸、数字期刊、数字音乐、网络原创文学、网络地图、网络动漫、网络游戏、数据库出版物，以及彩信、彩铃、手机报纸、手机期刊、手机小说、手机游戏等手机出版物。由于数字出版具有传输快速、成本低廉、互动性强、海量存储、搜索便捷、环保低碳等特点，数字出版已经是出版业发展的主要方向，成为新闻出版业的战略性新兴产业。

（1）电子出版。

电子出版的出现与计算机技术的发展密切相关。1975 年计算机排版系统诞生，并开始在世界范围内普及，桌面出版技术开始应用于纸质出版物的生产流程中。1977 年，英文文献中首次出现“Electronic Publishing“（电子出版）一词，主要指把电子计算机技术用于出版物的印前编辑出版工作，也即桌面出版技术。

20 世纪 80 年代以后，出现了新型的高容量存储媒介 CD - ROM；进入 90 年代，随着多媒体技术的进步与发展，计算机系统逐渐具备多媒体处理功能，能够将文字、图像、音频和视频等形式融为一体，表达图文声像并茂的内容；同时，PC 数据库技术的应用也逐渐普及，使得海量数据可以方便地进行存储、检索和维护。

将多媒体或数据库内容存贮于 CD - ROM，进而出版与发行，即产生了产业意义上的电子出版概念：以数字代码方式将图文声像等信息编辑加工后存储在磁、光、电介质上，通过计算机或者具有类似功能的设备的使用，以表达思想、普及知识和积累文化，并进行复制和发行。

光盘并不是电子出版唯一的产品介质。事实上，磁盘、磁带、IC 芯片也被用于电子出版，但其他载体介质的电子出版物鲜见于市场，CD - ROM 和陆续出现的交互式光盘（CID - I）、高密度只读光盘（DVD - ROM）等介质以存储密度高、容量大、使用方便、使用寿命长等优点被普遍采用，使得光盘出版物成为电子出版主要的产品形态。1994 年起，以光盘出版物为主要产品形态的电子出版业获得迅速发展，成为出版形态数字化变革的真正开端。同一时期，传统音像出版也实现了由模拟技术向数字技术的转换。20 世纪 80 年代初，随着光存储技术的应用，数字音乐光盘（即 CD）诞生，并立即在音像出版行业引起了一场数字革命，随之陆续出现了激光视盘（LD）、数字激光视盘（VCD）、高密度数字激光唱片（DVD - Audio）、高密度数字激光视盘（DVD - Video），一起成为音像出版的主流产品形态，模拟技术生产的唱盘、录音带、录像带出版物和相应播放设备逐渐退出流通市场。

20 世纪 90 年代，电子出版形成产业并迅速发展。1996 年《世界 CD - ROM 指南》报道，据 1996 年全世界电子出版物厂商已达 10000 家以上，全世界生产了约 1.3 万种光盘出版物，光盘读物已超过 80 亿张。90 年代末，美国以每年 1 亿片的产量向世界提供电子出版物，世界范围内电子出版业已形成相当规模。我国电子出版业始于 20 世纪 80 年代中期，到 90 年代初才掌握了开发电子出版物的关键技术，到1992年，第一批55家出版社取得制作电子出版物的资格。近年来，我国电子出版产业得到迅速发展，国内电子出版物总量超过2000种。但由于使用习惯、盗版以及网络的冲击等因素的影响，电子出版没有迎来更大规模的发展。至2000年，全球出版业中纸质出版物占了90%，仍是出版业的主流。

（2）网络出版。

20世纪末21世纪初，是互联网（Internet）飞速发展与深入影响人类社会的时期。随着网络的高速扩展，新的信息发布和传播形式逐渐浮出水面。网络出版是随着网络的普及而出现的一种新的出版传播形式，它给传统出版带来了前所未有的机遇和挑战，在出版传播领域引发了一场全新的革命。

网络出版（Internet Publishing）的雏形可以追溯到20世纪60年代的联机情报检索服务系统。然而，真正意义上的网络出版始于国际互联网（Internet）兴起之后。互联网是采用TCP/IP技术将世界范围内的各种计算机网络进行互联而形成的计算机网络群。

互联网可提供电子邮件、信息浏览和检索、在线聊天、文件传输以及虚拟社区等多种信息服务，给人类社会信息传播带来了巨大的变革，被称为“第四媒体”，也使得人类出版传播进入网络出版时代。20世纪90年代末，Web技术中一系列技术革新使互联网产业获得井喷式发展，商业网站大量涌现，互联网经济由理念成为现实，而网络图文、多媒体和数据库出版等网络出版类型陆续产生与发展。

互联网上的信息资源服务形式多种多样，可以满足不同用户的不同用途和需求，同样，网络出版也具有这一特点，形式多样，各具优势和特点。根据提供的内容资源类型的不同，网络出版主要可分为以下几类：

① 网络图文出版。

目前最为常见的网络出版形式是网络图文出版。出版者把图文内容发布在网站上，读者可付费或者免费在线阅读、检索，或者下载后离线阅读。网络图文出版的特点是阅读浏览方便，占用带宽少，易于检索，只要有一台能上网的电脑，就可以方便地在线或离线阅读网络出版物。网络图文出版的主要形式有电子图书、网络按需出版和数字图书馆等。

- 电子图书（E-Book）。

电子图书（E-Book），也称“电子书”，是网络出版的重要形式。电子书是在网络上出版和发行的、通过计算机或便携式阅读器进行阅读的数字图书，有时也指专用的电子图书阅读器本身。电子书通常具有版权，在相应的网站上销售。购买者使用信用卡或电子货币付款后，便可以下载图书，然后使用电子图书阅读器阅读，也可以使用专门的图书阅读软件在计算机或者智能手机、平板电脑上阅读，也可联网在线阅读。从全球来看，电子书最成功的是全球第一大网络书店亚马逊公司自己开发的 Kindle 阅读器，第一代 Kindle 于 2007 年 11 月发布。2013 年 6 月，Kindle 阅读器进入了中国市场。亚马逊的 Kindle 竞争力除了有亚马逊书店丰富的内容资源外，还具有网络支持功能，包含 WiFi 和 3G 两种网络方式。亚马逊提供了超过 9 万种的电子书供用户下载，用户还可以通过 Kindle 阅读器订阅报纸杂志，包括《纽约时报》《华尔街日报》《华盛顿邮报》和《时代周刊》《福布斯》等。中国本土的汉王科技等公司也有自己的电子书产品。

从目前的发展趋势看，电子图书将成为未来图书的主流形态。微软公司曾经这样预测 2020 年的图书出版，“未来的图书中 90% 是电子书。日常生活中人们提到的‘书’和字典里对‘书’的解释都只能是电子书，而传统的图书会被解释为‘纸质书’(P－Book)”。

- 网络按需出版。

按需出版即根据读者需要出版特定的图书。互联网出现后，按需出版业务实现了网络化，读者可以远程浏览书目，付费后便可通过数字印刷设备印刷装订成书。例如，美国“按需服务中心”连锁机构的所有分店都与数字化图书库连接，读者用书店的电脑查阅书的内容和书评，如果想要购买，付款后便可以打印装订出来。

- 数字图书馆。

数字图书馆（Digital Library）是用数字技术处理和存储各种图书文献，用户通过网络检索和阅读的图书馆。数字图书馆把位于不同地理位置、在不同载体上的信息资源用数字技术存贮，可以实现跨区域、面向对象的网络查询和传播，是基于网络环境下的可扩展的知识网络系统。通俗地说，数字图书馆就是虚拟的、没有围墙的图书馆。与传统图书馆相比，数字图书馆可以提供集中而易于访问的海量数字书刊资源，而互联网使得数字图书馆可以拥有遍及全世界的用户，极具发展潜力。目前，数字图书馆已渗入了部分专业出版商的业务领域。

② 网络数据库出版。

网络数据库出版（Online Database Publishing）是把内容资源集中存储在数据库，用户通过网络检索和阅读所需内容的网络出版形式。网络数据库具有高度组织化、结构化、低冗余度的特点，数据查询方便快捷，可以根据需要控制最终文献版本的不同格式，方便地实施版本控制，容量大、易更新，非常适合学术文献、指南、手册、目录、字典、辞典等内容多、条目繁杂的文献资源的出版。目前，网络数据库出版的内容大多为二次文献，也就是把已经纸质出版过的文献（主要是期刊、报纸和学术论文）进行数字化处理后，按照一定的分类规则组织起来，构建成网络文献数据库后再次以电子形式出版。国内主要的网络数据库有中国知网（CNKI）、万方数据知识服务平台等。

③ 网络互动多媒体出版。

网络互动多媒体出版的主要形式是网络游戏和网络视听出版，是网上娱乐的普遍方式。网络互动多媒体出版是随着网络技术、通信技术和多媒体技术的融合程度不断加深而产生和发展的，随着宽带网络的普及，此类网络出版形式发展非常迅速，并带来了巨大商机。目前，随着网络带宽的不断增加，网络视听出版功能越来越强大，在线实时流式传输的流媒体出版已非常普及，对传统音像出版构成很大冲击。

网络游戏就其出版内容而言，属于网络出版的范畴，它是目前网络出版领域发展最快的业务之一。计算机技术的应用一度使得电子游戏产业极为辉煌，电子游戏集高科技、娱乐性、交互性、竞技性、仿真性等诸多娱乐要素之大成，是极具娱乐性的娱乐方式。而网络游戏一改传统电子游戏通常由单人与电脑对战的模式，参与者可以成千上万，来自世界各地，共同在虚拟游戏世界中演绎自己。因此网络游戏问世后，发展极为迅猛。网络游戏出版为互联网出版乃至互联网产业同时带来了巨大的商业利润。

四、案例链接："起死回生"的《纽约时报》

《纽约时报》（以下简称为《时报》）是一份由纽约时报公司在美国纽约出版、全世界发行的日报，长期以来拥有良好的公信力和权威性。创始人是亨利·贾维斯·雷蒙德和乔治·琼斯。由于风格古典严肃，它有时也被戏称为"灰色女士"。它最初的名字叫《纽约每日时报》，1851 年 9 月 18 日创刊，售价 1 美分。在创刊号中，该报写道："我们今天出版第一份《纽约每日时报》，该报计划每早发行（周日除外），永不关闭。如果没有对困难的充分考虑以及所获得的鼓励，我们无法完成在这个城市创建一份新报纸的任务。我们非常清楚，想要获得成功需要充裕的资金、辛勤的努力和极大的耐心，即便如此，我们也不会失败。"1857 年 9 月 14 日改用现名，平日出 90 多版，星期日出 140 版。1983 年 11 月 13

日，《纽约时报》一期的星期日版竟然达1572版，重量大约4.5kg！

1978年8月10日至11月5日期间，《纽约时报》停印。1978年10月16日，市面上出现了《纽约时报》的山寨版——《非纽约时报》。这是一份惟妙惟肖的复制品，仅出版了一期。许多名笔，包括《华盛顿邮报》著名记者卡尔·伯恩斯坦、知名作家克里斯托夫·塞弗、喜剧作家托尼·亨德拉以及巴黎评论编辑乔治·普林顿都曾参与其中。由于正值美国报业罢工期间，真正的《纽约时报》并未出版，且当时互联网也没有诞生，因而人们开始阅读《非纽约时报》，这份报纸从第一页到最后一页都跟《纽约时报》极其相似。

2010年9月8日，《纽约时报》主席和发行人苏兹伯格在伦敦宣布："我们最终将在未来的某个时间停止《纽约时报》的印刷，日期待定。"这是《纽约时报》首次明确回应外界传闻。传闻称，该报将在2015年停止印刷。

对于许多美国人来说，这一消息无疑是晴天霹雳。每天早晨在上班前，从地铁站花2美元买一份《纽约时报》已经成为许多美国人生活中的一部分。大家很难想象，没有了《纽约时报》，生活将会怎样？

许多媒体以"传统报业谋求第二春，《纽约时报》酝酝弃纸从网"为由对此进行了报道。它标志着纸质媒体被网络媒体逼得走投无路，有点像一个母亲好不容易把孩子生下来，却反被孩子给掐死了。当然，也有人对此表示欢迎，对生态环境来说，想想每天因印刷报纸而用掉的那些纸和被砍伐掉的森林，《纽约时报》停止印刷或许是一件好事。如果读者用电脑或手机来阅读文章，就可以大大减少纸的用量。同时，《纽约时报》变成网络媒体后，时效性或许会强。通常，读者只有等到第二天，才能去报摊买报纸，阅读前一天的新闻。如果报纸变成网络版的活，读者可以在任何地方下载文章，新闻就在指边。

目前，《纽约时报》发行量居全美第三，仅次于《华尔街日报》和《今日美国》。该报曾赢得104次普利策奖，数量超过任何其他机构。2009年，《纽约时报》摘得普利策新闻奖14个奖项中的5顶桂冠，而这还不是它最辉煌的一刻——2002年，这个数字是"7"。

然而，正是这样一家报纸，从1991年起，它的利润就从80年代的15%～20%下降到了现在的5%，1992年的收入仅为0.447亿美元。在2009年美国报业倒闭潮中，《纽约时报》也不得不抵押其位于曼哈顿的总部大楼，以换取银行的贷款；它还裁减了占编辑部总人数8%的100名雇员。为了维持生计，它不得不告知其最大子报《波士顿环球邮报》的13个工会，如果不迅速采取裁员等措施，邮报将关门或被卖掉。根据2011年2月3日《纽约时报》集团发布的2010年第四季度财报，截至2010年年底，《纽约时报》净负债竟然高达5.97亿美元！

如今，这样一家辉煌的报社，却要“毁”在网络手中了。20世纪60年代末发轫于美国军方的互联网开始铺向全球，在这个过程中，一场由互联网引发的阅读革命正在发生。由于信息在互联网上传播速度远快于报纸，且互联网还提供了阅读之外更多的功能，因而它成为传统报业的最大竞争对手。零印刷成本和极低采编成本的门户网站就好像一个短跑运动员，一下子就赶超了猝不及防的报业长跑选手。

其实早在5年前，《纽约时报》就已经开始尝试从网络上赚钱。2005年9月19日，《纽约时报》启动了一项名为“TimesSelect”的订阅服务，在网上对许多以往免费的专栏进行收费。“TimesSelect”的价格一个月为7.95美元，或者一年为48.95美元，对于报纸订阅家庭以及大学的学生和教授则实行免费。

后来，《纽约时报》决定免费提供1851—1922年间的所有文章。这些文章都是以原始文件扫描图像的形式保存的。事实上，从1851—1980年的1100万篇文章都是PDF（便携式数据文件，Portable Data File）格式的图像。要生成PDF版本的文章，需要做大量的工作：每一篇文章都是由许多更小的TIFF（标签图像文件格式，Tagged Image File Format）图像组成的（美国一张报纸的文章往往跨几个版面），需要对这些图像缩放和拼凑，才能保证每篇文章的完整性和一致性。这样，读者就可以通过检索找到文章，直接下载PDF文件进行阅读。

这项工作如果用传统的方法来做，是可以完成的，但工作量太大，而且需要雇佣专门的公司，花一大笔钱。显而易见，要预先生成所有文章的PDF文档，并为用户提供服务是一种巨大的挑战。《纽约时报》高级软件架构师德瑞克·戈特弗瑞德决定，将这项任务外包给亚马逊公司，采用该公司提供的云计算服务。

一段时间以来，戈特弗瑞德一直在使用亚马逊S3服务，该服务给他留下了相当深刻的印象。2006年年底，戈特弗瑞德开始接触亚马逊EC2服务。因此，他确立的基本思路是：将4TB的源数据上传至S3，编写能够在诸多EC2实例上运行的代码，来读取源数据，生成PDF文档，并将结果存回到S3上。这样，S3就可以用来为公众提供PDF文档服务。所有这一切听起来非常简单，在戈特弗瑞德的耐心说服下，项目组成员同意该计划，并决定付费使用亚马逊S3/EC2服务。

用于生成 PDF 文档的代码相当简单，但让它同时运行在多台计算机上是一个公认的难题。作为一个喜欢阅读别人博客文章的极客，戈特弗瑞德碰巧看到了 Google 发表的论文《MapReduce：超大集群的简单数据处理》，这让他激动得热泪盈眶。同时，他对 MapReduce 的开源实现——Hadoop 也非常熟悉。掌握了所有情况后，戈特弗瑞德对如何完成这项工作有了大致的思路。

不久，戈特弗瑞德将 4TB 的源数据复制到 S3 上，然后开始编写代码，将组成每篇文章的各个部分从 S3 中提取出来，组合成一个完整的 PDF 文档，并将其存储回 S3 中。使用 S3 的开源 Java 工具包——JetS3，并通过 Java 高级图像处理接口来完成这项任务非常容易。

基本代码完成并运行后，戈特弗瑞德开始学习 Hadoop 的复杂配置方法。Hadoop 文档比较散乱，但能够提供足够的帮助。他在本地计算机上创建了一个 Hadoop 集群，并使用适当的 Hadoop 语义对代码进行打包。在经过一番程序调试和漏洞修复后，戈特弗瑞德开始在 EC2 计算机集群上开发 Hadoop 和编写运行代码。考虑到部署的需要，他为 EC2 创建了一个基于桌面计算机 Xen 镜像的定制 AMI（亚马逊机器镜像，Amazon Machine Image）。通过使用一些简单的 Python 脚本和 Boto 库，戈特弗瑞德运行了定制 AMI 的 4 个 EC2 实例。通过登录启动 Hadoop，他提交了一项能够生成 2000 篇论文的测试任务。结果出乎他的意料，任务圆满完成。

然后，戈特弗瑞德开始进行估算，他意识到如果仅使用 4 台虚拟机，要生成 1100 万篇 PDF 格式的文章需要花费相当长的时间。为了提高效率，他们决定增加虚拟机的数目，戈特弗瑞德使用了 100 个 EC2 实例，在短短 24 小时内，生成了 1100 万篇 PDF 格式的文章，并在 S3 中生成和存储了 1.5TB 的数据。整个项目的花费（不包括图像上载的传输费用）只有 240 美元！事实上，由于处理速度实在太快，他们还跑了两次。因为第一次文章生成后，他们发现 PDF 中存在着一些问题。

戈特弗瑞德在他的博客中写道：“坦率地说，我也曾一度对亚马逊云计算心存担忧。毕竟我是在使用一项全新的、尚未被证明是成熟的技术，来完成一项质量要求高、时限要求紧的任务。显而易见，我成功了！”

《纽约时报》使用亚马逊 EC2/S3 成功解决大流量新闻发布难题的经典案例，为亚马逊云计算做足了活广告，《纽约时报》俨然成为亚马逊公司的形象代言人。此后，亚马逊公司吸引了包括美国国务院、美国宇航局、纳斯达克证券交易所、甲骨文、西门子、IBM、Adobe 和 Autodesk 在内的大小企业进驻其平台。

第九章　数字油田

一、电子信息技术在石化领域的现状

“十一五”以来，中国石油石化行业信息化推进效果显著，信息化各层面的建设取得了长足进展。

（一）生产运行管理类系统广泛建成上线，促进生产管理变革

石油石化企业自动化控制系统建设起步较早，近年来通过开展信息化与自动化集成，逐步实现了生产现场生产数据自动采集、远程传输和生产运行监控，创新生产作业方式，压缩管理层级，优化员工布局，提高劳动生产率。例如，中石油集团公司勘探与生产技术数据管理系统能够提供勘探开发一体化数据服务与应用；油气水井生产数据管理系统能够实现井、站、库一体化生产数据管理；勘探与生产调度指挥系统能够有效支持远程监控和指挥调度。

（二）通过信息化手段，实现管控能力提升

石油石化企业规模庞大、点多、线长、面广。为了增强集团企业的管控能力，三大石油石化企业均开展 ERP 系统的建设和推广，并将其作为企业一项重要的战略性基础工作和管理提升的重要手段。ERP 系统将财务管理与采购、生产、销售、库存、设备等业务综合集成，促进了以业务流程为导向的跨部门协同工作和信息共享。中石油集团 ERP 系统作为核心的经营管理系统，采用统一的软件平台，按各专业领域集中部署，形成既具有业务特点，又紧密集成的适度集中式技术架构。每个专业领域的 ERP 系统使用统一的业务流程，集中在一套服务器上运行。该集团公司统一的公共数据编码平台保证了各专业领域之间

ERP 系统的集成和共享。中石化集团以 ERP 系统为基础的一体化数据仓库系统为总部快速掌握企业的经营情况、及时进行综合分析提供了手段，ERP 系统已经成为总部加强管控的有力工具。可以看出，ERP 系统的应用已由资源计划、经营管理逐渐向经营分析、决策支持纵深方向延伸。

（三）信息化保障体系力度不断加强

石油石化企业在推进信息化软、硬件建设过程中，也在不断加强保障体系建设，包括信息安全体系、IT 管理与服务体系以及信息化人才队伍建设。在信息安全方面，中石油根据《信息安全等级保护管理办法》建设完善信息安全管理策略，中海油总公司通过引入国际标准 ISO 27001 来使信息安全体系规范化。在 IT 管理与服务方面，石油石化企业形成了以人员组织与工作机制管理、项目管理控制、系统运维保障和软件知识产权管理与保护为主要内容的信息化管理调控体系，加强了日常信息化工作及重大重要信息化项目的管理保障力度。以中海油总公司为例，借鉴 COBIT 最佳实践建设企业 IT 内控体系，在 IT 服务领域通过了 ISO 20000 认证，以全面加强 IT 管理与服务体系建设。

（四）信息化人才队伍水平提升

通过信息化建设和实施，石油石化企业员工对信息化的认知程度不断提高，企业也逐渐培养了一批精通业务功能、技术功能以及应用技能的信息化人才队伍。

二、电子信息技术在石化领域的发展趋势

（一）加快推进应用系统集成，实现业务协同和决策支持

“十二五”期间，石油石化企业将继续推进系统深化应用，加强应用系统集成，尤其是以 ERP 为核心的系统集成，实现经营管控与专业业务管理之间的协同运作。基于企业信息集成，为领导综合决策、经营分析、生产信息综合展现、应急指挥等提供支持。

（二）以物联网技术为基础，实现生产管理精细化

物联网技术在石油石化行业有广泛的应用空间，主要可以应用于石油石化行业物流、产品及资产跟踪管理、石油钻井监控、抽油井及海上采油平台监

控、油田仪表无线抄表、石油管道输送监测及应急管理等方面。例如，以石油集输领域为例，利用物联网和全球卫星定位系统（GPS）、地理信息系统（GIS）以及CMDA/GPRS通信技术，建立石油行业钻井、输油管、油罐车信息监控平台，对石油行业野外钻探、油罐运输、输油管线实时监控，各监控仪表状态参数无线采集，从而实现对资源的集中、高效、统一管理。通过物联网技术的应用，实现对设备数据的自动采集和进一步综合利用，为提供精细化管理水平提供了支持。

（三）云计算技术将会在石油石化企业得到更广泛的应用

与物联网一样，云计算技术应用也是石油石化企业“十二五”期间重点关注的领域。从业务内容来看，在石油石化企业的勘探开发过程中，需要大量的数据信息存储和高性能计算应用；从业务模式来看，作为集团型巨型企业，ERP系统的大量应用同样需要极强的数据存储和分析能力。这两者都对服务器资源的利用和信息化部门的运维能力提出了更高的要求。云计算技术，特别是IaaS技术，可以应用于石油石化企业自身的IT开发环境，为开发人员提供快速可部署、可迁移、可恢复的开发系统。而充分利用服务器的资源也是云计算技术的主要功能之一。通过应用动态负载均衡，实现虚拟化分区间动态地调配资源，将多个应用特性互补的应用放在一起，既可以减少系统数量，也可以在单个时间段使某个应用充分利用系统的大部分资源。同时，出于降低总体拥有成本的考虑，采用云计算技术对服务器进行整合也是石油石化类企业使用其的主要目的之一。此外，通过虚拟化平台，还可以提高管理效率，实现资源的快速部署，有效监控IT设备的运行状况，实现IT管理的自动化，避免人为的失误，保证IT服务质量。

（四）信息化的广泛应用对信息安全提出了更高的要求

随着信息化应用的不断深入，石油石化企业对信息系统的安全性、稳定性和可靠性的要求也越来越高，信息系统运行严重故障或瘫痪将给企业经济发展带来难以估量的损失。目前，石油石化企业普遍通过安装防火墙和杀毒软件来提高信息系统的安全性。同时，通过设立安全组织、进行风险评估和运行监控等措施，加强信息系统的安全性。在未来几年里，石油石化企业将完善网络与信息安全预警、通报、监控和应急处置平台，形成有效的安全技术防护体系，保证网络安全、系统安全、数据安全。石油石化企业将通过制定完善的信息安全管理制度，健全包括安全评估、安全规划、运行管理等方面的信息安全管理手段。建立信息安全培训体系，对信息系统开发、维护、管理、应用人员进行信息安全培训，逐步实现持证上岗，从而建立有效的信息安全管理机制。

（五）石油石化企业将积极推动“绿色IT”建设

“绿色IT”是以环保为核心设计、制造、布置和处置IT产品以及其他有关方面，其表现在信息化建设的各个方面。对于基础设施需求的不断增加，导致企业每年在电力上的花费甚至会超过当年在硬件设备上的投资额。面对如此严峻的形势，打造绿色数据中心刻不容缓。

石油石化企业已经在设备采购过程中将绿色环保指标写进了标书。相比之下，以前考虑更多的是机器的配置、价格、单程运行的性能以及售后服务质量，而现在则加大了其他指标的执行力度，比如节能降耗方面的要求。石油石化企业的绿色IT将表现在机房建设、机房布局、服务器、终端设备等多个方面，例如，强调选用高效、低能耗的服务器，强调机柜的摆放、风道的规划、使用挡板进行冷热通道的区分，制定人流、物流制度规范以及进行应用划分等。不仅在硬件方面，石油石化企业在信息化建设过程中也对业务系统进行有效整合，也是绿色IT的重要体现。这种整合直接带来的硬件投入的减少和运维成本的降低，也提升了企业的信息反馈和制定决策的效率。

三、数字油田

（一）数字油田的架构

基于新一代信息技术的石油石化行业信息化总体架构可以分为“四横两纵”，“四横”自上而下分别是展示层、应用层、信息集成层、基础设施层，“两纵”分别是IT管控体系和信息安全体系，如图9-1所示。

（二）展示层

展示层采集专业应用系统信息，实现生产、分析信息、决策指挥信息一体化展示，提供生产指挥决策数据服务平台，扩大信息应用范围。生产调控、应急指挥等信息不仅可以在指挥大厅看到，领导和工作人员在办公室或者户外也可以实时掌握生产情况。通过界面集成企业各业务环节的相关生产信息，实现能源输送物流链的上下游一体化展现，为生产运行决策服务。展示层总体架构

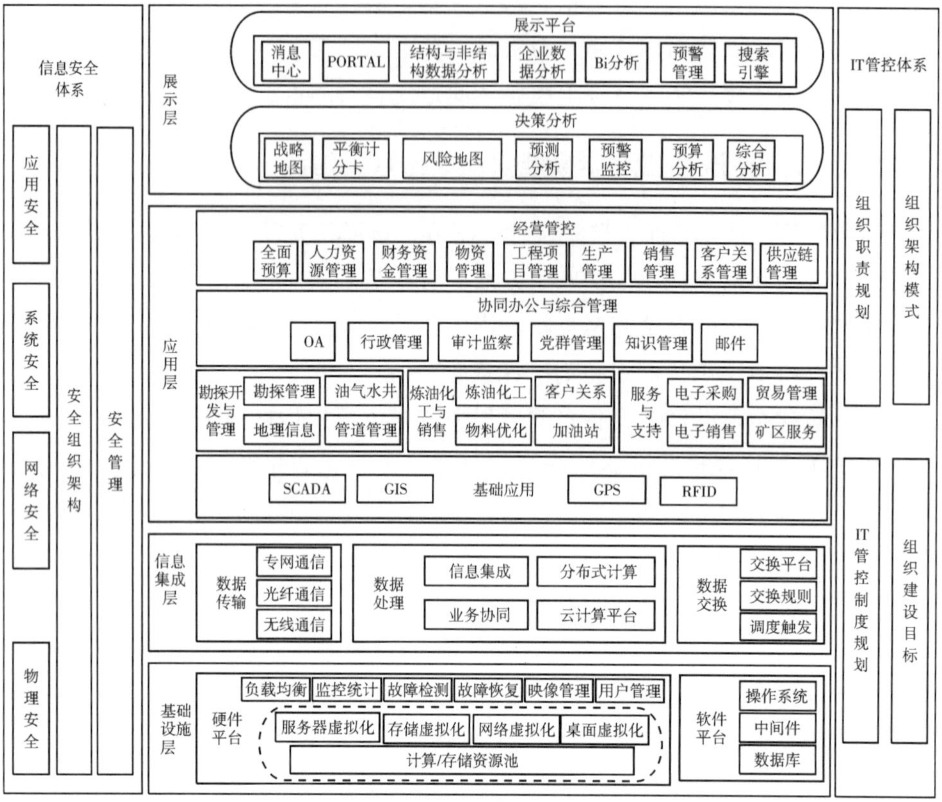

图 9－1　基于新一代信息技术的石油石化行业信息化总体架构

如图 9－2 所示。

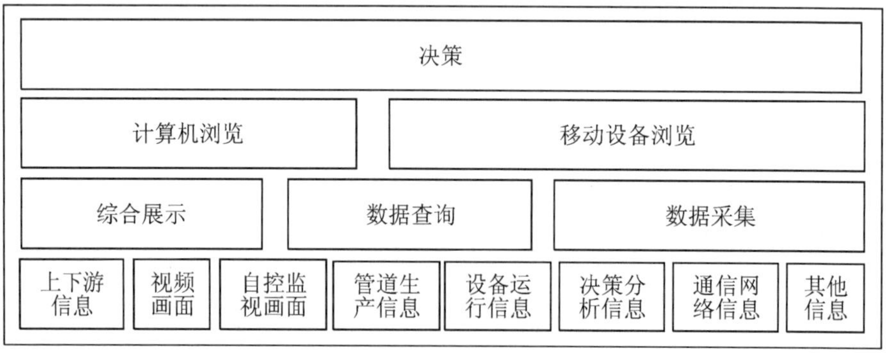

图 9－2　展示层总体架构

以可视化技术、移动互联网为代表的新一代信息技术在展示层的应用具有广阔的前景。可视化技术能够把企业运行的数据，包括生产获得的数值、图像或是计算中涉及、产生的数字信息变为直观的、以图形图像信息表示的、随时间和空间变化的物理现象或物理量呈现在决策者面前。移动互联网技术的发展使得使用移动设备远程登录企业信息展示平台成为可能，大大提高了管理效率。Web 2.0 技术框架以博客、即时通信、聚合信息、维基等应用为核心，依据“六度分隔”等新理论和技术将互联网推向全面互动。在业务应用方面，员工将不仅是企业门户各类信息的阅读者，也可成为内容的制造者；石油石化客户、合作伙伴等通过企业门户与公司双向互动，从而实现互动式客户服务新局面。在信息平台方面，它把企业内部系统的信息资源进行有效的整合与展现，重新定义了信息展现的交付方式，提高了信息部门对于业务快速发展的服务能力。

（三）应用层

石油石化企业信息化应用层覆盖了企业决策支持、经营管控、协同办公与综合管理以及各板块专业的应用。应用层的目标是面向企业各业务应用领域，全面实现整个企业的信息高效传递和智能响应。从而使企业的日常运行和管理效率大幅提高，形成智慧型、科技型、知识型石油石化企业。应用层总体架构如图 9 -3 所示。

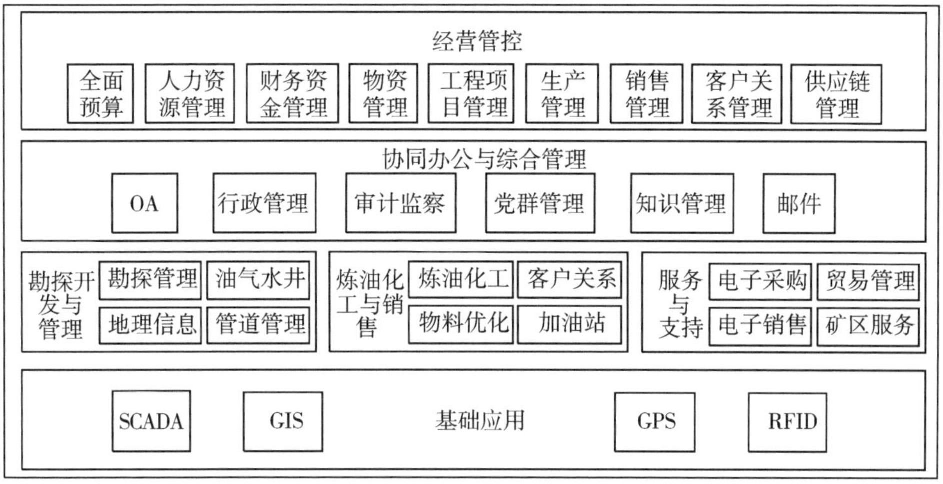

图 9 -3　应用层总体架构

经营管控应用主要是企业人、财、物、设备资产、工程项目、生产管理、销售管理、供应链管理、客户资源管理等企业经营管控业务信息化应用功能。

协同办公与综合管理应用主要是以协同办公平台为依托，提供公文管理、工作安排、行政管理、审计监察、党群管理、知识管理以及邮件等综合办公应用功能。

各板块专业应用包括勘探开发与管理板块、炼油化工与销售板块、服务与支持板块等，是为各专业业务管理提供应用支持。

基础应用是对上述应用的一个支撑，包括 SCADA 提供生产调度管理支持，GIS 提供与地理位置信息相关的业务信息综合展示，GPS 对于油气运输过程中的定位提供支持。

在应用层建设过程中，高级计量体系、移动作业等新兴技术手段对石油石化企业信息化应用层的深入起到了推动作用。高级计量体系是一种基于智能表计，能够提供实时双向通信的智能信息化基础设施。AMI 已逐渐发展为包含支撑表计数据生命周期各阶段（获取、传输、清洗、处理、存储、递送与展现）管理的相关技术。高级计量体系向石油石化企业的业务应用提供充足、可靠的数据支持，满足石油石化企业为推进收入保护、需求响应等业务的纵深发展所提出的数据支撑需求；此外，高级计量体系也融合了对负荷终端的负控功能，支持石油石化企业实现对管网负荷的远程控制和管理。

移动作业将掌上电脑与自动识别技术、全球卫星定位系统等多种技术手段相结合，完成移动中的设备定位和数据采集。近年来，开始逐步采用红外技术、无线通信或有线通信等手段将后台企业信息发布到掌上电脑，与现场工作人员分享企业经验。在石油石化行业业务应用方面，移动作业技术可以实现管网巡检作业标准化，提升风险事件预警与及时干预能力，提高巡检工作效率；对于高风险作业环境，移动作业技术更是能为现场工作人员提供顺畅的沟通渠道，降低作业风险。在信息保障方面，移动终端的接入要求后台信息服务环境具有可靠的信息安全保障能力，避免非授权终端的入侵，以及通信数据的窃取和篡改。

（四）信息集成层

集成平台建设共分为 1 个体系、1 套规范与 3 个层次的集成应用，分别为：统一编码体系、集成标准规范和界面集成、数据集成、业务集成。

信息集成层的核心在于业务协同，是以云计算、SOA 架构、Web 2.0 和社会化协作的思想融合企业协作资源，转接入、信息与流程，为用户提供更智能、更方便的业务协作服务。业务协同是在 SOA 架构的基础上，搭建整套的协作环境，并将这些资源和服务共享给用户。业务协同支持地域分散的一个群体借助于云计算及网络技术，共同协调与协作来完成一项工作任务，帮助企业迅速提高工作效率，使员工办公变得简单、高效、易于管理，进而降低企业管理成本，提升创新能力，提高运营效益。

业务协同平台充分地利用了 SOA 的设计理念，用面向服务的思想来对系统进行建模，使系统的各功能模块能够以服务的形式进行划分。在功能实现方面采用云计算、SOA 架构、BPM、Web 2.0 技术，这使得平台的实现更加方便、快捷，并且平台的开发符合 SOA 的软件架构模式，从而使平台的软件架构具有 SOA 的松散耦合及可重用的特性。各使用者在平台中寻找需要的资源并进行使用，通过相互协同完成一次服务过程。各个服务提供者需要将自己的系统集成到业务协同平台中，供服务使用者使用。此时，各个合作方有可能进行信息系统的集成，在 SOA 架构的支持下，实现平台中各个系统的高效集成运行。

（五）基础设施层

基于新一代信息技术的石油石化行业信息化体系的基础设施层是采集、传输、存储和展示数据的基础环境，其规划的合理性和建设的安全性直接关系到平台的可用性、可靠性和延展性。基础设施层主要包括 IT 基础设施、软件系统、通信信息网络和终端数据采集设施等部分。

随着第二代互联网、第三代无线通信技术的发展，现代通信技术在短程、中程、远程各传输距离均获得了突破，对石油石化行业发展影响深远。丰富的网络地址资源促进了基于 IP 的 SCADA 和高级表计体系的广泛应用，为设备状态检修创造了数据条件；智能耗油设备的网络接入及其本地通信能力能帮助石油石化公司与用户建立起全新的客户关系，推动营销的应用创新；高速的可融合的通信基础设施可以促进三网融合乃至多网融合，石油石化企业的集团化、产业化由此具备了深入介入传媒行业的技术条件。

云计算通过网络以按需、易扩展的方式向用户交付所需的资源，包括基础设施、应用平台、软件功能等服务。云计算呈现深化发展趋势，从虚拟化、网格计算等向软件服务化（SaaS）、平台服务化（PaaS）、基础设施服务化（IaaS）等方向发展。用户通过服务方式访问整合的基础设施、应用平台和软件功能，从而降低信息资产总拥有成本，简化 IT 环境，增加信息平台的整体可用性，提高信息化运营效率，对信息平台的集约化建设和保障有着广阔的应用价值。特别地，对于跨地域多组织实体的大型石油石化企业，云计算为海量数据处理、数据中心的集中化管理、人力资源集约化配置创造了技术条件。

物联网通过射频识别（RFID）、红外感应器、激光扫描器等传感器材，使物品间相互通信。其无线的、面向物品普遍适用的、随需连接的特性促使其行业应用蓬勃发展，大家熟知的包括不停车缴费、包裹定位与跟踪、农产品溯源等。在石油石化行业业务应用中，大型石油设备资产内部结构复杂，应用物联网技术可以近距离感知大型设备资产内部二次设备、附属设备的位置，获得基本台账信息，进而指导检修与替换策略，大幅度提升运维检修的工作绩效。应用还可推广到通信管路、综合布线、基础设施等信息化维护领域。物联网对石油石化行业的影响远不止此，物联网技术支持智能表计、石油天然气管网节点的传感器、控制器等以约定的协议连为一体，为管理智能化创造物质基础。

（六）支持与保障体系

1. IT管控体系

IT管控体系主要围绕信息化组织职能、流程制度、管理工具等进行建设，为信息化建设提供保障。新一代信息技术的发展，对石油石化行业的IT管控体系建设提出了更高的要求。随着云计算应用得越来越广，云计算强调集中化的优势以及应用平台资源的分层耦合管理，在实现“云化”改造以后，企业商业模式的创新和组织的重新设计需要做出调整，这种风险难以采用定量方式给予评估。

为了规避风险在“云”应用与推广时期，必须拥有健全、完善的推广应用组织结构，如成立专项工作组，并在组织和业务上保障项目的顺利推进；实施方成立各个层面的技术、业务、管理团队，并负责现场实施、开发和管理工作；监理方成立各专业监理小组，负责整个项目各层面的监理工作，以保障项目的顺利实施。

2. 信息安全体系

信息安全体系主要包括信息安全组织体系、管理体系和技术体系。信息安全组织体系是在企业所有业务领域和组织层级范围内构建信息安全领导、信息安全监管和信息安全执行的岗位和职责，确保公司的信息安全工作能够有效运转。信息安全管理体系则是从流程和制度上来细化和固化信息安全管理要求，石油石化企业需要按照公安部等颁发的《信息安全等级保护管理办法》对企业在运行和在建系统进行评级，并根据不同等级设置保护策略。同时，可以借鉴国内外相关标准建立和完善信息安全管理流程制度。信息安全技术体系是针对信息安全不同层面的防护需求设置多维的技术防御手段，一般包括物理安全、网络安全、数据安全及备份恢复、访问控制、系统开发安全、终端安全等方面。

四、案例链接："数字油田"建设

（一）建设背景

随着社会经济的快速发展以及计算机技术的不断更新，全面到来的数字化时代正在不断地改变着社会的生产方式。尤其对于油田的建设和发展来说，由于社会需求不断扩大，油井投产的数量正在迅速增长，油田开发的整体范围也呈现扩大趋势。在这种情况下，油田的生产、经营与管理的工作量也迅速递增，提高生产与管理的效率则成为当前油田建设中所面临的首要问题。为了更好地将油田建设所投入的人力与物力充分地运用，促进油田建设和开采的现代化操作，就必须充分地运用数字化技术，建设"数字油田"。

（二）建设概况

"数字油田"是在信息化整体架构之上，以井、站、管线等生产基本单元的生产过程监控为主，完成数据的采集、过程监控、动态分析、发现问题、解决问题，以维持正常生产；并与多个应用系统进行数据对接，实现数据的共享。

国内多个油田已经开始或正在进行"数字油田"的建设，包括克拉玛依油田、大庆油田、胜利油田、华北油田等。建设内容主要有："数字油田"的总体技术框架、地理信息系统（GIS）在油田的应用、多学科地质模型研究、勘探开发业务与信息一体化模式、信息基础设施体系、企业信息门户（Portal）、海量数据存储方案、虚拟现实技术的应用、数据与应用系统的标准体系、企业的数字化概要模型、信息流、业务流、物流、知识管理、协同环境、决策支持等业务模型、人力资源的数字化、"数字油田"的发展战略等。

（三）实现功能

1. 数字油藏

数字油藏是油藏的一种虚拟表示，使得人们可以探测汇集有关油藏的自然和人文信息，并与之互动。数字油藏应用场景具备以下特征：油藏建模及可视化；强调动态性和实时性；共享综合研究成果、井筒数据、油气水生产数据；多学科协同工作，共同决策，达到科学决策、优化采油工艺、提高采收率的目的。

2. 油田的虚拟开采

油田的虚拟开采是根据某一区块地质构造、油藏储量与分布的特点，在实际开采前，运用三维仿真和虚拟现实的手段，对各种开发方案进行可视化的虚拟实现，如井位的布置、工艺流程等。从而可以比较各种开发方案的效果，为实际开发方案的选定提供辅助决策。

3. 油水井可视化动态监测与诊断

油水井的可视化动态监测与诊断是一种在线对油水状况的实时描述，根据油水井的动态监测数据和测试信息，运用三维可视化技术，可以实现对任一油水井在地下的状况进行模拟，并根据智能化的故障诊断手段，实时地对油水井故障情况做出判断，而且能指导工作人员进行维修，从而大大节省工作时间，提高工作效率。

4. 虚拟化油田

虚拟化油田是“数字油田”发展的高级阶段，它可以全面展示油田的人文、地理、地质等真实环境，实现油田全业务流程的模拟与虚拟控制。利用其三维虚拟现实场景，可以在其中进行探查、研究，并实现与真实油田的互动，真止消除人、过程与应用之间的距离。

5. 协同工作环境

协同工作环境是指为油田各业务间能够协同一致、高效完成业务活动而提供的统一软件平台。该平台提供了根据业务流程及业务逻辑组织的相关专业和部门的技术人员、管理人员在跨地域的网络环境上进行协同工作的能力。协同工作环境应具备以下特征：信息透明，决策后移；共享资源，共享知识（特别是专家知识）；协同研究，协同决策；突破专业、部门、地域、系统等方面的限制，达到高效工作、优化流程、科学决策、提高效益的目的。

6. 公司运营模拟

在公司数字模型的基础上，可以由计算机系统模拟公司在不同的经济环境、社会环境中的运行情况，使决策者在决策之前对决策实施后的效果有较为准确的估计。公司数字模型还可以提供准确的业务流程情况，找出问题所在，提出改造建议。此外，它还可以监视公司运行的各项指标，在危险时给出警告。

（四）新一代信息技术的应用

物联网在“数字油田”的核心应用是油井生产远程监控系统，该系统包括油井生产数据远程采集传输系统、油井生产远程分析管理系统、油井生产远程控制系统三个子系统。系统通过传感器、摄像头等设备对油气井生产数据进行采集。通过传输终端把信息发送至生产管理部门，以便其对信息进行分析管理，以掌握油井生产状况，并进行必要的远程控制。油井生产远程监控系统为油田高效开发、降低消耗、安全生产、减轻员工劳动强度、提高工作效率和管理水平提供了可靠的保障。

随着“数字油田”的发展，如何传输和存储大量的数据，以及软件的应用成本不断增大成为两大难题。云计算技术的应用不仅提供了数据存储的解决方案，而且在面对日益增多的软件、技术产品和复杂的IT基础设施时，能够简化操作，使用户能够把自己的时间、工作的重点放在寻找能源和生产上。同时，在目前油气资源紧张的现状下，精准、快速的地质勘测已经成为世界各国石油企业关注的焦点之一，其中高性能计算技术的应用是一个关键决定因素和瓶颈。要想满足石油勘探业对高性能计算的需求，云计算技术成为首选，借助云计算强大的计算和数据处理能力，可以有效地压缩石油勘探从建立模型和分析数据到提出解决方案所需的时间。

第十章 数字部队

一、电子信息技术在军事领域的现状

信息革命在带动产业革命的同时也带动了军事革命，使得军事技术、武器装备、作战思想、作战方式、战争形态、军事原则、军事条令与部队编成等都发生了深刻的变化。如果说工业社会是热兵器时代，那么信息社会则是信息兵器时代。信息、信息系统与信息化平台、武器与弹药成为战场上的主战兵器。信息优势成为传统的陆地、海洋、空中、空间优势以外的新的争夺领域，并深刻地制约着传统领域的战争胜负，从而构成信息化战争的新形态。在这种战争中，战争胜负决定于敌对双方掌握信息与信息技术利用的广度与深度。信息不仅是兵力倍增器，而且它本身就是武器和目标，是双方必争的制高点。20 世纪 90 年代初的海湾战争，开启了空间战、网络战、信息战的作战方式。

军事电子信息系统是逐步发展的。

20 世纪 60 年代出现了指挥、控制、通信——C3 系统的概念；

20 世纪 70 年代把 C3 和情报（I）综合在一起，组成 C^3I 系统；

20 世纪 80 年代末 90 年代初出现了 C^4I 的概念，即将计算机（C）综合进了 C^3I 系统，称为 C^4I 系统，即指挥（Command）、控制（Control）、通信（Communication）、计算机（Computer）和情报（Intelligence）系统。

美国在 1995 年国防部财政年度报告《国防报告》中又首次论述了综合 C^4I 体系，简写为 IC^4I。综合（Integration）是将两个或两个以上的类似产品，如独立系统的单元、部件、模块、程序、数据库或其他实体，连接到一起而形成一个新产品，这个新产品不仅可以替代两个或两个以上的能力较弱的类似实体（产品），而且能在一个框架或体系结构中以无缝方式运行。1995 年国防部财政年度报告《国防报告》还指出："为了迎接新的安全时代的挑战，必须制定新的政策，建立更广泛综合的 C^4I 系统。这一新的系统把传统的指挥、控制、通信、计算机和情报的范围扩大到反情报、共同信息管理和信息战领域。"

1997 年美国国防部财政年度报告又把监视（S）和侦察（R）综合进了 C^4I 系统，称为综合 C^4ISR 系统。

后来有人又将互操作性、信息、协调、信息战、反情报等因素的部分综合进去，有的把综合的 C^4I 体系结构系统同传感器系统和武器系统连接起来，形成多种形式的军事电子信息系统，使军事电子信息系统的内涵不断扩展。这些概念的逐步结合和扩展反映了信息系统综合集成的发展过程。随着时间的推移和认识的不断深化，后来中国一些专家学者提出了"综合电子信息系统"这个名称。这个提法比其他提法更进了一步，比较科学、全面、严谨，比较切合实际和易于理解应用。

二、电子信息技术在军事领域的发展趋势

技术进步是推动新需求的动力。信息技术的蓬勃发展正在改变全球范围内信息搜集、传送、处理和应用信息的能力，对强化军事优势具有重要意义，但只有综合运用这些技术才能使军事能力真正获得大幅度提高。衡量电子信息系统性能的关键是综合一体化能力，而不再是个别技术指标的先进。

军事电子信息系统的"系统集成"已成为新军事变革的着眼点。互操作性、综合化和费效比合理是综合信息系统追求的三大发展目标。以美军军事信息系统为典型代表，出现了功能综合化，多军兵种信息综合化，侦察、通信和导航部分业务卫星化，信息和信息系统数字化、网络化，战场空间透明化，指挥与武器系统计算机化，对抗欺骗化七个新的发展趋势和技术突破。

（一）功能综合化

大系统功能综合化建立在综合思想、理论和方法的基础上，有赖于信息融合技术、共用技术综合、仿真试验床等方面的突破。功能综合化体现在两个方面。一是大系统功能综合化，指挥、控制、通信和情报系统功能向指挥、控制、通信、计算机、情报、监视和侦察系统功能扩展与综合，并与武器系统交链。系统使战场感知与指挥控制相结合，能够生成优化的作战预案，提高作战的效果；战场感知与武器系统的结合能生成作战评估；指挥控制武器系统的结合能实现完善的作战资源分配。二是设备功能综合化。它是建立在模块化系统

结构理论的突破上。例如，模块化航空电子系统结构理论已将每架飞机的航空电子模块总数减少到300个，只有30到40种不同的类型。到2010年左右，至少会出现两个大规模综合化航空电子系统，一个是综合化通信、导航、敌我识别航空电子系统（ICNA），另一个是综合化电子战系统（INEWS）。设备综合化将使资源有冗余度，系统有动态重组能力，可用性提高。

（二）多军兵种信息系统综合化

各军兵种的系统只实现功能综合化，其系统数量仍旧很多，不能实现三军系统互联、互通、互操作，以满足作战要求。因此还必须实现三军系统的一体化。

美国国防部和三军拥有的系统很多，典型系统总计约有143个。通过三军系统综合集成，减少数量，最终形成了以国防信息系统网（DISN）为主的全球信息栅格（GIG）和以全球指挥控制系统（GCCS）为主的信息处理平台，以及陆军“创业”系统、海军“哥白尼”系统、空军“地平线”系统等为代表的系统。

国防信息系统网通过网关把各军兵种和各业务局的独立网络进行综合集成，形成具有抗冲击、保密、顽存、互操作、端到端网络管理、优先序等特点的综合系统。1993年10月，国防信息系统网将空军网、海军网、国防后勤机构共用网、国防数据网、太平洋统一通信网和国防信息系统下属的西班牙与意大利改建网等综合集成在一起。1996年又将国防仿真互联网、金融网、医疗网、巡航导弹网等综合集成在一起。通过这种综合集成把21000个早期应用软件系统和600个“烟囱”式系统集成起来，对实现综合电子信息系统产生了巨大的推动作用，使系统间的互联、互通、互操作能力得到加强，如图10－1所示。多军兵种综合信息系统综合化包括两个层次：

一是战略、战役、战术系统综合化，即通常所说的纵向综合化。典型的例子是美国正在建立的全球指挥控制系统（GCCS）。该系统采用三层客户机/服务器结构，最低层是战术层，中间层是战区和区域汇接层，最高层是国家汇接层，从而实现战略与战术系统的综合化，最终将成为可互操作、资源共享、高机动、高生存能力、无缝连接任何一级的系统。

二是不同军兵种系统的综合化，即通常所说的横向一体化，典型的例子是国防信息系统网（DISN），它把独立的空军网、海军网、国防后勤局共用网、国防数据网、太平洋统一电信网和国防通信系统所属的西班牙与意大利的改建

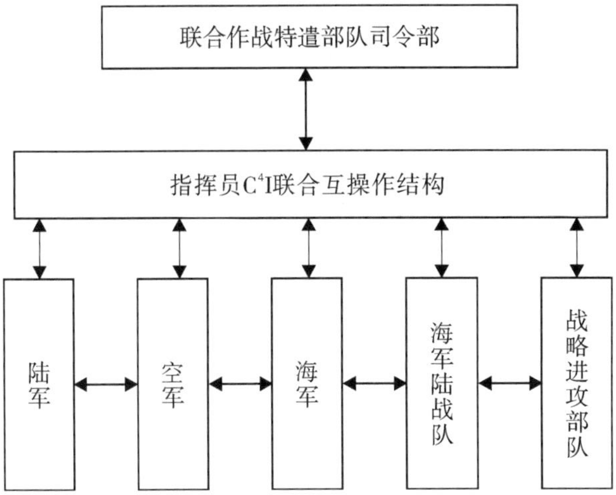

图 10－1　多军兵种信息系统纵横方向综合化示意图

网等集成起来，节省了经费，提高厂性能。

美国三军和国防部的系统互连、互通、互操作不仅减少了系统的数量，从143 个系统过渡到 62 个系统，最后只需保留几个系统。

多军兵种信息系统综合化的实现主要取决于几个思想观念、指挥体制和系统体系结构与技术体系结构文件的制定及实施。

首先，应当树立打赢未来高技术局部战争必须实现联合指挥与作战，其核心是信息管理的思想观念。

其次，必须打破自成一体，以本部门利益为首要出发点，而不把全局利益放在首位的思想观念和指挥体制。

还有就是必须研究指挥自动化系统体系结构理论，统一体系结构的基本概念，制定阐述以此体系结构视图概念为中心的体系结构构成要素、相互关系、各部分作用的文件。1997 年 12 月 18 日美国国防部颁布的《C^4ISR 体系结构框架》文件就属于此类高层指导文件。该文件确定，作战体系结构确定作战人员的关系和信息需求；系统体系结构确定系统结构特征，使系统效能满足作战的要求；技术体系结构确定系统实现的技术规则。

必须制定指挥自动化系统联合技术体系结构的文件，统一信息处理、信息传送、信息建模、元数据和信息交换，人/机接口，信息系统安全等指挥自动化系统五个关键方面的标准，使三军系统一体化的实现有章可循。1998 年 3 月，美国国防部颁布的《联合技术体系结构 JTA》文件就属于这几类文件，该文件给出由核心要素、域要素和子域要素三层结构组成的联合技术体系结构，域要素包括 C^4ISR、武器系统、建模与仿真、作战支持四个部分，除建模与仿真外，每个域又分为若干个子域。

（三）侦察、通信和导航部分业务卫星化

航天电子信息系统已与 C^4ISR 系统难以分开，在每次军事行动中都将发挥重要的支援作用。在北约轰炸南联盟期间，美军有 40 多颗卫星在空中对南联盟进行 24 小时的连续侦察，支援北约的作战。

20 世纪 90 年代初已有 0.7 米 ×0.7 米分辨率的合成孔径雷达问世，下一步分辨率的目标是提高到 0.3 米 ×0.3 米或更高。

美国空军太空战中心已经证实，向战术飞机驾驶员座舱直接发送从卫星得到的信息，以使驾驶员能测出在飞机视线以外的地对空导弹发射场的位置，并将其摧毁是可能的。

通信卫星已成为军事通信的重要手段，其易被干扰的缺点正在得到克服。例如，在美国国防通信局负责处理的通信业务中，有 95% 的业务是经通信卫星传送的，而战区内和战区间的 75% 通信由国防卫星通信系统提供。美军即将建成的“军用星（MILSTAR）”卫星通信系统使用 44/20GHz 频段，上行线路采用频分多址和全频带跳频，下行线路采用时分多址和快速跳频，提高了抗干扰能力，降低了被截收的概率。

全球卫星导航定位系统（GPS）是 24 颗卫星的组网部署。它为军事、民用和商业用户提供了全天候、全时段、精确的三维导航、定位、定时和速度数据。巡航导弹加装 GPS 制导，中段制导误差由 50 米减小到 10 米；常规炸弹加装 GPS 和尾部制导后，攻击精度由 90 米减小到 12 米；常规炮弹加装 GPS 制导后，杀伤率提高 20% ~40%。GPS 系统已是个天候气象条件下提高精确制导武器系统精度的重要因素。在此领域必将展开激烈的斗争，将形成“导航战”。据美国《国防报告》披露，“导航战”的重点是：“选择最有效的解决方案确保美国对全球定位系统的使用不被中断、阻止敌人使用这一系统、保持全球定位系统在战场以外的和平利用。”美国为防止其 GPS 系统受到对方的干扰已开展多方面的大量研究试验工作。主要有以下方面：用低截获概率的扩频信号传输导航信息；对军用的 P 码加密；P 码独立工作，无须 C/A 码引导；P 码与 C/D 码频率隔离，C/D 码遇干扰时 P 码仍能正常工作；接收机采用自适应调零，对消不同方向来的干扰信号；接收机前端加限幅器，机内加自适应滤波；GPS

与惯导交联等措施。

（四）信息和信息系统数字化、网络化

信息系统已由模拟式向数字式过渡。信息数字化使多种信息的综合成为可能，也易于压缩带宽，便于计算机实时处理，同时能提高抗干扰能力。

网络化使信息流和决策可以按横向进行，不仅能满足逐级、越级、集中、分散和混合等多种指挥方式，而且能够将情报、目标数据同时向各级部队分发。信息系统网络化最终将实现：无论任何人，不管他在何时、何地，都可以方便地、可靠地与其他人进行话音、数据、图形和图像等多种形式的信息联系，达到不间断的全球个人通信。

目前，美国国防部建立的全球信息栅格网，该网将按照战斗员、决策人员和支援人员的需要，将进程与人员结合在一起，用于搜集、处理、存储、传播和管理信息的全球互联，提供端到端信息服务的能力集。GIG 包含了军队已经拥有的、租用的通信、计算机和服务，包括软件（含各种应用）、数据、安全服务，以及为了获取信息优势所需要的其他服务。因此，信息系统网络化将能够支持分散在各地的多军种的信息需求，方便各级的信息利用和指挥决策，对军事行动效果产生巨大影响。

作战指挥要求多媒体信息。多媒体技术业务的发展有赖于四个主要技术的突破：复杂的压缩和还原技术；快速实时处理技术；高速传输网络技术；巨量的存储空间技术。数字化和网络化为多媒体业务提供了可行的途径。在近年内，美国的民用光纤网络、设备和协议将能够与国防部卫星与无线传输线路相结合，提供端对端通信。完全综合的多媒体业务、多级保密和分布式保密数据库将用于各种机动平台与指挥中心，其速率达到每秒几百兆比特，将为联合作战指挥员提供与国家主要基础设施互通的快速多媒体通信，响应时间要比敌方的决策周期更短。

（五）战场空间透明化

20 世纪 90 年代初已有 0.7 米 ×0.7 米分辨率的合成孔径雷达问世，下一步分辨率的目标是提高到 0.3 米 ×0.3 米或更高。

战场空间感知透明化依靠各种传感器技术的突破，包括成像雷达、红外与激光传感器、极为敏感的微型声学传感器、重量分析接收器、磁性拾音器、化学传感器、有视觉传感器和能窃听电话、拦截电子邮件及雷达信号的微波传感

器等。当前，探测器技术的频段扩展到整个电磁频谱，从无线电频率到红外与紫外，灵敏度提高，分辨度增加。高灵敏度雷达能对雷达截面积降低 30 分贝的低可观测 11 标探测、跟踪、分类和识别。在 21 世纪初，照相侦察卫星的长波红外探测器已达到 100 万像素，CCD 阵列达到 3000 万像素，使侦察卫星的分辨率达到 0.1 米；无人侦察机装备的红外和雷达成像系统的分辨率已达到 0.3 米，代号为“微型星”的无人飞机起飞重量仅为 85 克，飞行距离 5.6 公里，能进行低空侦察、信号干扰、通信中继、目标指示和生化武器探测；大幅度提高的数字信号处理速度（每秒近百亿次运算）和存储器容量（近万兆字节），使雷达成像的分辨率达到 0.3 米；集军用探测技术、近实时处理技术和快速分发技术为一体，由 24 或 48 颗卫星组成的全天候、全时段的雷达侦察卫星在作战人员的指示下拍摄特定区域的照片，并在 15 分钟内得到照片信息。24 颗卫星的星座每天能够在 90% 以上的时间覆盖伊拉克和朝鲜，48 颗卫星的星座能够全天 24 小时都覆盖伊拉克和朝鲜。这种卫星侦察系统在 2004 年开始签订制造卫星的合同。另据报道，到 2020 年，对空间低轨道和静止轨道上的直径分别为 1 厘米和 10 厘米的目标进行监视。利用先进的传感器，在人类历史上将第一次可在 30 秒钟内，在各种气象条件下（包括透过云层）看清一个 200 公里 ×200 公里的战场，而且误差只有 10 厘米。对于地面目标的战斗识别，在今后 10 年内将对所有早期部署的、具有初步战斗识别能力的一线战斗平台进行改造，使战斗识别能力近年达到大于 98% 的准确性。对于空中目标的识别，将能够达到大于 99.9% 的准确性。另据报道，1990 年，侦察系统只能对战场上的不超过 15% 的军事目标提供实时、全天候和近似连续的信息，而到 1995 年就达到 20% ~30%，1997 年达到 40%，到 2000 年达到 50%，2005 年达到 80% ~90%，2010 年则可达到 98%，使战场空间特别透明。

（六）指挥与武器系统计算机化

计算机硬件与集成电路同步发展，更新极快。运算速度大约每 18 个月增加一倍，成本却随之下降。万亿次巨型计算机已投入使用。计算机和通信技术的结合形成了各种规模的计算机网络，已将整个世界置于其覆盖之下。计算机硬件的小型化、软件的适用化、网络的成熟化，推动了计算机在指挥系统和武器系统中的大量应用，计算机几乎无处不在。随着计算机网络功能的日益增强和新的发展，创造了空前的机会。在指挥控制系统中，可以进行可信赖的实时作战演习，能训练工作人员掌握更高层次的专业技能，能够创建更有效的指挥自动化系统的结构。通过计算机进行战术决策训练，将有可能使决策准确性提高40%，并使重要决策所需时间减少30%。通过计算机可以实现新的设计方法，将能设计制造更好、更经济可行的武器系统。

计算机硬件的价值不会丧失，但是软件的价值将相对增大，其作用日益突出。据美国人估计，指挥、控制、通信、计算机和情报系统的90%以上的费用以及航空电子系统产品的80%的功能，都直接归于软件。计算机软件已成为整个武器系统能力的首要决定因素。

（七）信息战威胁日益明显

纵观信息战概念的形成过程和有关定义，我们得出信息战的定义必须包括以下几个基本因素：

一是信息战是信息领域内的作战行动。信息领域包括信息获取和传输所需的电磁频谱、信息处理和储存的计算机网络，利用信息进行的思维和决策。

二是信息战的目的是获取相对于敌方的信息优势，影响其决策。其目标是产生一种有利的战略态势，使得不需要战斗就能实现国家安全目标，或者是形成一种基于信息的军事优势，如果需要继续战斗的话，将能确保胜利。

三是信息战的作战对象是信息和信息系统。所谓信息是指在任何媒体或以任何形式出现的事实、数据或指示。信息系统是指整个基础设施、组织机构、人员和那些对信息搜集、处理、储存、发射、显示、传递和使用等行动的总和。信息系统还包括基于信息的过程在内。基于信息的过程是指使用任何一种媒介或形式进行搜集、分析和传递信息的过程。基于信息的过程存在于军事作战行动的任何一个层面上。

四是信息战的实施要与整个作战计划相适应，并不包括无序的、与整个作战计划不相关的及犯罪的黑客个人行动，不能将信息战片面地看成是纯黑客战。但是，黑客攻击计算机网络所使用的技术有重要的参考价值和重要作用。进攻性信息战主要是以达成的目的和所对付的目标来定义的，而采用何种方式方法达此目的并不十分重要，既可以用传统的各种硬摧毁的办法，也可以采用最先进的计算机攻击的方式。

综合以上几个基本因素，信息战可以表述为："在军事行动的准备和实施中，以及在非战斗的形势下，为夺取和保持对敌方的信息优势，按照统一意图和计划，在保护己方信息、信息系统的同时，设法影响敌人的信息、信息系统，而在信息领域内实施的作战保密、军事欺骗、心理战、电子战、实体摧毁和计算机网络攻击等多种作战行动。”

攻击军事信息系统的信息战有以下三种主要方式：

第一种方式，攻击探测器，或是降低探测器信息搜集的能力，或是向其馈入错误的数据。例如，对雷达实施压制干扰可以降低搜集信息的能力；对其实施欺骗干扰可使其获得错误的数据。当前，这种攻击以常规电子战方式实施。

第二种方式，扰乱敌方的战略通信网络，或是扰乱敌方指挥所与探测器或指挥所与射击武器之间的战术通信链路，或是向它们植入错误的信息。例如，对通信链路实施压制干扰可使其不能正常工作，达到扰乱的目的；但也可通过通信节点植入错误的信息，延长决策周期，甚至把武器导向错误的目标。

第三种方式，扰乱或欺骗计算机和嵌入武器系统的信息处理装备。信息处理装备汇编信息，向指挥决策人员提供信息，并分配特定武器打击不同目标。对防空系统计算机的攻击可以影响计算机的正常工作，或使其超负荷而失灵，最终导致指挥员难以决策。

在21世纪，要打赢信息战，只掌握一两种信息战能力是不够的，必须应用以下几种信息战能力形成体系。

一是影响综合分析战场空间的能力。用这种能力可以保护全方面利用天基、空基、陆基和海基的情报、监视和侦察功能的基础设施、导航系统、信息融合设备、目标确定系统以及实施决策的程序。

二是影响指挥和控制的能力。用这种能力可以保护友方决策人员和指挥人员方便和有效地指挥与控制其部队。

三是影响武器运用的能力。用这种能力可以保护友方的武器、武器平台执行其使命任务时直接使用的信息环节和基础设施。

四是影响军事保障的能力。用这种能力可以保护友方人力资源的有效利用、部队的高效输送、国防工业和采购过程的有效运转以及装备的再补给和后勤保障的信息环境。

五是影响关键民用基础设施的能力。用这种能力可以保护友方协调一致、连续产生和分配不可缺少的商品流与服务流的网络以及网络的运行程序。在上述几个方面，同时要降低敌方同样运作的能力。

在科索沃战争中，美国损失两架F－117飞机之后，空军进行了许多信息战活动，通过通信节点，进入南斯拉夫的微波网络，并十分成功地渗入南斯拉夫防空计算机，插入错误的信息和目标，把计算机系统搞乱，使南斯拉夫军方不能使用其计算机，延长了南联盟防空系统观察、定向、决策和作战的时间，不能以可靠的方式开火，而只能用一些光学引导的导弹射击，保护了正在实施攻击的北约飞机。攻击使用的装备包括空间的卫星和空中的 EC－130“罗盘呼叫”与“突击单飞”电子战飞机。

美军对防空系统计算机的攻击从秘而不宣到公开曝光有着深刻的意义，影响巨大。过去，美国大量宣传因特网等公共网络的进攻与防御，并称这种信息战为“战略信息战”，有关信息战的技术措施也都是围绕防御因特网黑客而展开的。这在客观上使人们对能否攻击战场上的计算机网络特别是武器系统的控制网络产生多种猜测，甚至使相当多的人对此持否定的态度。这次防空系统计算机攻击的亮相打消了人们的疑虑，也透露了攻击战场上计算机网络的可能途径。这是美军对其进攻性信息战行动的第一次曝光，是美军进攻性信息战取得突破的信号，也是信息战威胁日益明显化的重要标志。

三、国际上国家级和战区级军事电子信息系统发展情况

（一）国际上军事电子信息系统发展情况

20 世纪 90 年代初海湾战争以来，全球军队武器装备信息化与机械化建设相互交织、相互促进发展，推动军队管理体制的深化变革和军队编制结构的调整，重塑军事作战思想和作战理论。军事信息技术不断创新，武器装备信息化建设不断发展，信息化武器装备、军事信息系统和信息网络广泛应用，信息化成为全球军队信息化建设和发展的显著特征，信息化作战和网络化作战成为高技术条件下世界军事强国的主要作战样式，信息化战争和网络中心战成为世界军事强国的主要战争形态，并逐步向陆、海、空、天、电、网络、认知等全维、全域、全时作战方式演进。从“制陆权”“制海权”“制空权”发展到“制天权”“制电磁权”和“制信息权”，使电子战扩展到“全领域、全时域、全空域、能量域”的“制电磁权”斗争。军事信息资源与武器弹药资源、后勤保障资源一样日益成为现代战争无形的作战资源。军事信息系统是信息资源共享利用的主要平台。信息网络将更加普及并日趋融合，信息交流和知识共享将更加便利并日趋高效。战术互联网乃至全球信息栅格（GIG）为信息化作战的“物资流”和“能量流”提供了缩短从发现目标到实施精确打击时间。指挥信息系统在指挥控制、情报侦察、预警探测、通信导航、电子对抗、后勤支援等方面的作用日益显著。

（二）美国和俄罗斯军队信息化建设的基本策略

1. 美军信息化建设基本策略

美军认为，建设信息化军队是一项极其艰巨而复杂的军事系统工程，需要提出相应的理论和文件进行通盘筹划和指导，而且必须经过长期不懈的努力才能完成。2000 年 5 月和 2001 年 9 月美军又分别推出了以《2020 年联合构想》《四年防务审查报告》为代表的第二代纲领性文件。根据上述两个文件规定的总体框架，各军种又相继制定了适合本军种特点和要求的信息化发展策略，如陆军的《2010 年陆军构想》和《后大的陆军》；海军的《后大的海军——对未来技术的构想》和《2010 年海军构想》；空军的《全球作战——21 世纪空军构想》和《全球参与——21 世纪空军构想》等。这种总目标和分目标相结合的方法，自上而下地将美军装备发展规划纳入一个完整的体系，使其装备信息化建设得以有计划、有步骤地进行。

2. 俄军信息化建设基本策略

为了适应未来军事斗争的需要，防止北约东扩、维护国家安全，俄军高度重视军队信息化建设。在规划军队发展时，始终把提高军队的整体信息化作战能力放在十分重要的位置，形成了适合本国国情的军队信息化建设道路。

首先在政策指导方面，俄罗斯为了推进其军队信息化建设，分阶段出台了有针对性的指导性政策文件。1993 年之后，俄罗斯相继提出了《俄罗斯联邦军事学说基本原则》《2005 年前国家武器装备发展计划》。2000 年年初，普京还签署了《信息战理论》等政策文件。这一系列的指导性政策文件，逐步明确了俄罗斯军队关于信息化建设的主要观点：第一，赢得侦察、监视、目标截获系统以及智能指挥与控制系统等信息化武器装备的优势，将在克敌制胜中起决定性作用；第二，提高信息化作战能力是提高军队作战能力的最有效手段，武器系统要力求信息化、智能化；第三，重点保证 C^4ISR 与电子战系统发展；第四，将信息作战优势作为衡量未来军队质量建设的重要指标。这些指导性政策文件的出台，为今后一段时期内俄罗斯军队信息化建设指明了方向。

另外，俄罗斯把理论牵引、技术带动、信息主导、注重太空等也作为俄军信息化建设基本策略。

（三）美国国家军事电子信息系统发展情况

美军已在建设综合信息系统，以代替各军种独立建设的“烟囱式”的信息系统。美国参谋长联席会议提出的武士 C^4I 计划为综合信息系统的发展提出了需求和目标。武士 C^4I 计划旨在建设四个军种共用的综合 C^4I 系统及综合信息系统。系统采用了可互操作的网络体系结构，能在任何需要的地方、恰当的时间为指战员提供准确、完整、经融合的实时显示作战空间图像、实时和详细的作战任务以及清晰的敌方目标视图，最有效地发挥作战部队与各级指战员的作用。

美国已建设了国防信息基础结构、全球指挥控制系统与国防信息系统网。

1. 国防信息基础结构

国防信息基础结构是美国综合电子信息系统的核心。国防信息基础结构由全球指挥控制系统和国防信息系统网中的公用部分所组成。国防信息基础结构将保障综合电子信息系统获得最有效的互操作性。国防信息基础结构具有无缝、全球和标准的端对端的系统结构，并提供信息和数据的传输、处理、存储、操作、链接和显示，向部队提供经计算的、灵活的及承受得起的信息业务。国防信息基础结构是为美国国防部本地和全球信息需求提供服务的计算机、通信、数据、应用、安全、训练和其他支持结构的共用或互联系统，一方面连接国防部的任务支持、指挥、控制和情报的计算机，并通过语音、数据、图像、视频和多媒体等业务与用户连接，另一方面还向国防信息系统网以外的用户提供信息处理和增值业务。

另外，俄罗斯把理论牵引、技术带动、信息主导、注重太空等也作为俄军信息化建设基本策略。

2. 全球指挥控制系统

全球指挥控制系统是美国综合军事信息系统及国防信息基础结构的重要组成部分——指挥控制部分。全球指挥控制系统将是可互操作的、资源共享的、高度机动的、无缝连接任何一级军事信息系统的、高生存能力的、全球的指挥控制系统。

3. 国防信息系统网

国防信息系统网是美国国防部（DOD）保证端对端信息传输和增值网络业务的全球通信基础结构。国防信息系统网可满足 DOD 的语音、视频和数据通信全部需求的综合网络业务，国防信息系统网支持五项主要使命：指挥与控制、情报、事务作业、其他 DOD 使命及非 DOD 使命。国防信息系统网不包括信息的产生和使用。国防信息系统网由以下五部分组成。

（1）国防交换网（DSN）为全球或基地之间的远程语音、数据、视频业务交换网。

（2）国防数据网（DDN）为DOD用户远距离、数据组交换通信业务广域网。

（3）国防文电系统（DMS）为DOD内部组织和个人之间提供安全的文电交换业务。

（4）国防商业远程通信网（DCTN）提供全美的远距离语音、数据和视频通信业务（租用系统）。

（5）自动数字网（AUTODIN）提供公共用户文电交换业务。

美国的综合电子信息系统正在发展之中，并且提出了全球栅网计划、技术嵌入计划和目标体系结构等。

（四）欧洲军队信息化发展情况

欧洲在2005年和2006年世界新军事实力前五名荣占三个席位，分别为法国（居美国之后）、俄罗斯（第三名）和英国（第五名）。以法国、俄罗斯、英国、德国和瑞典等为首的欧洲国家目前陆、海、空单件武器装备基本实现了信息化，信息化武器装备占装备总量的1/2以上，与美军不相上下。目前西方强国大多数武器装备的电子信息技术成本比例已超过50%。有资料表明，欧洲强国正在加速武器装备信息化建设，即利用信息技术和计算机技术，使预警探测、情报侦察、精确制导、火力打击、指挥控制、通信联络、战场管理等领域的信息采集、融合、处理、传输和显示联网，实现自动化和实时化；正在加快装备各级军事信息系统，即列装信息技术含量高、信息起主导作用的作战武器和保障装备，主要包括军队的C^4ISR系统、信息化作战平台、智能化弹药、智能机器人、数字化单兵系统等；正在加强各军兵种武器装备一体化程度和互连互通能力；正在加紧建设战略级侦察预警系统，因此作战能力日趋提高。

（五）美俄区域综合电子信息系统发展情况

许多国家特别是美国和俄国都把区域综合电子信息系统的建设摆到十分重要的地位。

1. 战区综合电子信息系统的组成及主要功能

（1）战区指挥控制系统。

战区指挥控制系统有战区作战指挥中心、战区军种作战指挥中心（所）、各军种军级指挥所、各军种战术级——师及师以下指挥所等战区作战指挥中心自动化系统，其主要功能是：接收、处理、显示和储存来自情报侦察、顶警探测、战区信息融合中心和其他有关作战信息并进行融合处理及信息分发；接收上级和友邻部队的指挥命令和协同信息；检查本战区的部队和装备状态；处理紧急突发事件；制订作战计划，计算机辅助决策；作战仿真；确定作战方案；上报作战方案，获准实施；下达作战命令，指挥作战；检查作战效果，总结作战经验和教训。

战区军种作战指挥中心自动化系统包括战区陆军、海军、空军及火箭部队等的作战指挥中心自动化系统。主要功能：接收、处理、显示和储存本军种所需的来自上级、情报侦察、预警探测及战区信息融合中心的各种战役战术信息；计算机辅助决策、作战模拟、制订作战或训练计划；向上级报告及接收上级指示命令；对战区本军种部队的战役战术行动（反飞机、反巡航导弹、反战术弹道导弹的综合防空、空中突击、海上作战、陆上作战、火箭部队作战等）实施作战和训练指挥；各军种之间的协同作战指挥；评估、总结作战和训练效果。

战区各军种军级指挥中心包括战区陆军、海军、空军及火箭部队军级指挥中心。其主要功能同战区各军种作战指挥中心自动化系统的功能相似。

各军种师级及师以下各级指挥系统包括各军种师级及师以下各级作战指挥所自动化系统。各军兵种的作战功能的差别较大。

（2）战区后勤保障指挥中心自动化系统。

主要功能：

① 接收、处理、显示和储存本战区军需、卫生、物资（油料和弹药等）和运输等信息。

② 进行供需计算，制订供需及运输计划。

③ 指挥战区本部及各部队后勤部门的后勤保障工作。

④ 阶段性总结上报工作。

（3）战区情报侦察系统。

该系统包括卫星、空中、海上、地上的各种战役战术侦察设备和系统以及部队侦察等。主要功能：

① 侦察、接收、处理、显示和存储敌方战役情报信息。

② 接收上级指令及向下级报告工作。

③ 向上级、战区各部队、各部门分发各方所需的情报侦察信息。

④ 保障情报侦察系统进行战役战术情报侦察工作。

（4）战区预警探测系统。

该系统包括星载、机载、舰载、地面雷达和红外等战役战术探测设备及系统。主要功能：

① 搜索、发现、测量、处理、显示和存储来自敌方的空间、空中、海上、水下及地面等目标的信息。

② 向上级报告，并向可能袭击地区发出警报。

③ 向作战部队提供作战过程中的预警探测实时情报信息。

④ 保障预警探测系统完好和协调工作。

（5）战区电子战系统。

组成和功能如下：

① 电子侦察。对敌方空间、空中、海上及陆上信息源实行全频段无线电技术侦察和光学侦察。其中有些侦察信息应与预警探测信息、人员侦察信息进行融合，以获取更加精细的信息。

② 电子进攻。电子进攻包括电子干扰和强电磁脉冲破坏。电子干扰包括干扰各种通信和雷达、干扰武器制导、干扰导航定位（GPS）系统等。

③ 电子防卫。电子防卫包括电子信息系统抗干扰、反侦察、欺骗及诱饵等。

（6）战区信息战系统。

战区信息战系统可分为以下三个方面：

① 信息安全系统。

② 信息进攻系统，瓦解和破坏敌方的信息与信息系统及作战能力。

③ 信息防卫系统，要求己方的各种电子信息系统能对敌方的信息战攻击，有预警、侦察、定位与反映的能力。

（7）战区导航系统。

该系统包括战区作战行动中的飞行体、舰船、车辆及人员所需的各种导航定位设备和系统。

（8）战区军用及民用空中交通管制系统。

空中交通管制系统主要用于解决各种飞机的空域有效利用和飞行安全问题。在领土较大的国家中，大都分别建设军用和民用空中交通管制系统，互相支持情报。空中交通管制系统和防空系统之间进行情报交换。

（9）战区信息融合中心。

搜集、处理、融合来自战区情报侦察系统、预警探测系统及其他信息源的各种战役战术信息，包括国家信息融合中心的必要信息，形成完整、准确和及时的作战信息，供本战区各级指挥所、各战役战术部队使用，同时将本战区的重要信息上报国家信息融合中心。

（10）战区综合电子信息系统的通信网络。

可在原有通信系统的基础上，建设光缆通信、卫星通信、干线网，附以专用的有线通信、微波通信、超短波通信等支线网和战术通信网。重要线路可进行视频传输。尽可能使用民用干线和支线网。要求通信网互相迂回、互为备用、智能管理，以提高战区综合电子信息系统通信网络的可靠性和生存能力。

2. 美国的战区（区域）综合电子信息系统发展情况

美国拥有能与地区性盟国合作、在两场几乎同时发生的大规模地区的冲突中取胜的部队。当地区性冲突发生时，美国可以派出由多军兵种组成的联合特遣部队。联合特遣部队的规模与地区冲突规模和严重程度有关。足以打赢一场大规模地区冲突的联合特遣部队（被称为“板块部队”）的结构规模为：5 个陆军师；10 个空军战斗机联队；100 多架空军重型轰炸机；4 ~5 个海军航空母舰战斗群；1 ~2 支海军陆战队远征部队；特种作战部队。

美国把武士 C^4I 计划中的全球指挥控制系统作为所有联合特遣部队的指挥控制系统。全球指挥控制系统适应于低层次联合作战的联合特遣部队的需要，因为全球指挥控制系统允许各级指挥员及士兵进行互操作，易于获取整个作战空间图像及各种所需作战信息，能较充分地发挥作战潜力。美国合成/联合特遣部队与武士 C^4I 计划要求的完全互操作的系统结构，如图 10 –2 所示。

3. 俄国（原苏联）战区（区域或方面军）综合电子信息系统发展情况

苏联 20 世纪 80 年代建设了方面军综合指挥自动化系统。方面军相当于 1 个军区的规模。方面军横向包括普通陆军、火箭军、炮兵、空军和野战防空军。方面军纵向下属 6 个集团军，每个集团军下属 3 ~6 个摩步（坦克）师，每个摩步（坦克）师下属 3 ~6 个摩步（坦克）团，每个摩步（坦克）团下属 3 ~6 个摩步（坦克）营。方面军、集团军、摩步师、摩步团等各级指挥所都是诸军兵种联合指挥所。这说明俄罗斯军方早已实现低级联合作战的编制构成，可以实现方面军、集团军、摩步师和摩步团 4 个层次的联合作战。方面军的机动性能较高，方面军和集团军指挥所均采用轮式车辆，师和师以下指挥所

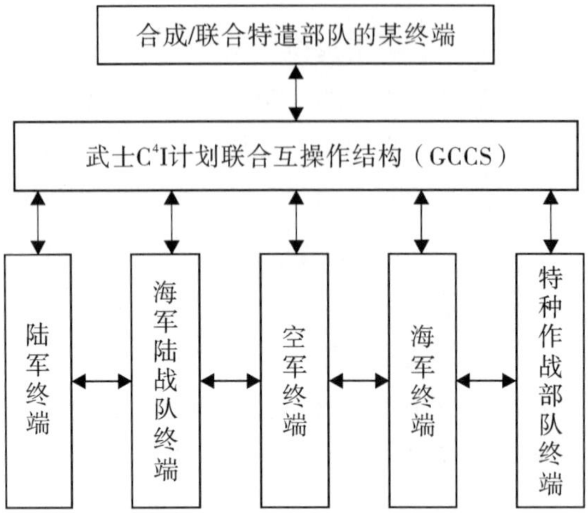

图 10－2　美国合成/联合特遣部队与完全互操作的全球指挥控制和系统结构示意图

均采用履带轻型装甲车辆，有较强的越野能力。为弥补指挥层次过多的不足，采用了可以越级指挥的原则。苏联方面军指挥自动化系统尽管具有一定的综合性质，但与现代的综合 C^4I 体制相差较大。在现代军事技术革命的推动下，独联体各国的综合指挥自动化系统也正在演变之中。

四、数字部队

现代战争中特种部队及其遂行的特种作战任务越来越复杂、艰巨，当今世界科学技术和新军事革命的发展极大地推动着特种作战数字化部队的建设和发展。为了加强特种部队在高技术条件下独立作战和联合作战的能力，建设特种作战数字化部队是必要的。特种作战数字化部队不仅用于战时，而且可用于反恐和维护社会稳定。

（一）陆军特种作战数字化部队指挥控制信息系统组成

1. 特种部队作战单元（如旅及其以下）指挥控制系统物理组成

整个系统由作战指挥单元（如旅）指挥中心（可包括基本指挥所、前进指挥所、后勤支援指挥所、预备指挥所）、下级指挥所（如营，可有多种类型指挥所）、基层指挥站（如连排，每个营可辖多个连排指挥站）、便携指挥终端（如班，每个连排站可辖若干班便携指挥终端）、单兵终端组成。系统结构如图 10－3 所示。

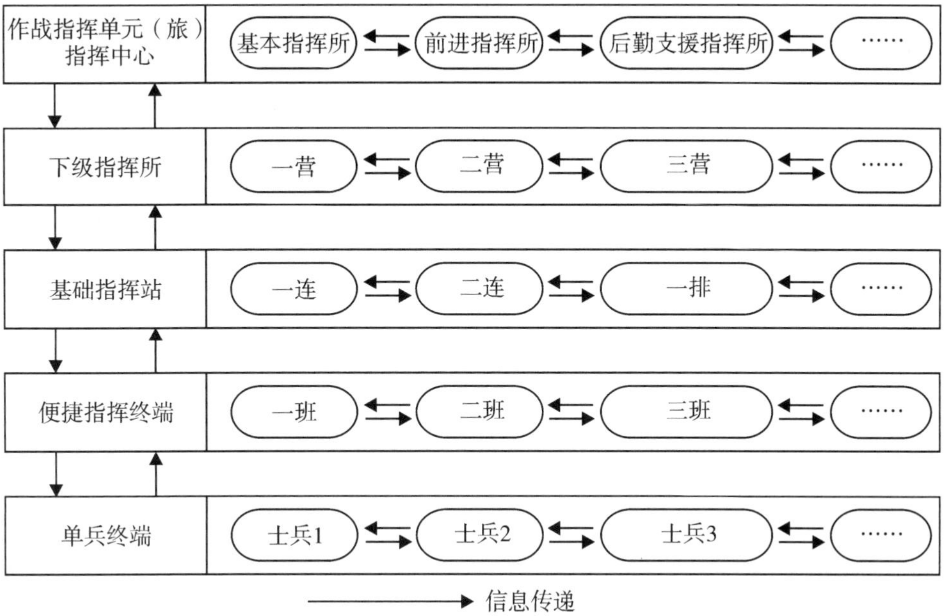

图 10－3　特种部队作战单元（如旅及其以下）指挥控制系统结构

需要指出的是，每个不同作战单元都可以单独完成和执行相应任务的功能。都可以实现侦察、定位、通信、显示、指控一体化。

系统从本指挥单元的下属一单元可有：各类信息搜集单元、作战信息保障单元、综合信息传输服务单元、信息处理基站单元、各级各类指控系统单元、武器控制单元等。

基本指挥单元还要同地方单位、友邻单位及上级单位发生联系。

上述相关部分的含义如下：

（1）各类信息搜集单元。

包括各种类型传感器，负责实时搜集各类信息。

（2）作战信息保障单元。

提供所掌握的情报侦察、气象、地理、人文社情等信息。

（3）综合信息传输服务单元。

提供信息一体化所需要的通信网格体系。支持固定或移动中的不同地点不同用户随遇入网，能满足不同密级的信息传输需要。

（4）信息处理基站单元。

信息处理基站是信息支持系统的核心。它是在一定地域内能对接收到的所有情报及作战指挥信息进行存储、处理和分发，可管理并支持作战所需的不同层次、不同种类信息的订阅和分发的需要。

各个信息处理基站的信息有一定的相互冗余；所有按地域分布的信息处理基站的信息集合构成完整的战场信息空间，所有信息处理基站构成了一体化信息支持系统逻辑上的信息服务平台。

（5）各级各类指控系统单元。

各级各类指控系统是一体化综合信息系统的直接服务对象。同时也向一体化综合信息系统提供其本身所掌握的信息情报以及所在部队人员、装备、后勤等方面信息。它们扁平地接入到一体化综合信息系统中。

（6）武器控制单元。

武器控制单元是指具有智能化的、可以上网交换信息的武器装备。这类装备可以是一体化信息系统直接的信息用户，同时也可以通过与其相关指控单元从一体化信息系统获取信息。

非智能化的武器单元受相应的指控单元或人控制，并通过指控单元或人获得一体化信息系统的信息支持。

2. 特种部队作战单元（如旅及其以下）指挥控制系统中各相关指挥单元主要设备组成

（1）作战单元（如旅）基本指挥所主要台位设备。

作战指挥与辅助决策台位、综合信息处理台位、态势感知综合显示台位、数据库台位、系统监控与定时定位台位、内部通信网络设备、对外通信与接口设备、电源设备等及车辆载体。

（2）下级（如营）指挥所主要台位设备。

作战指挥与定位台位、综合信息处理与数据库台位、态势感知综合显示台位、内部通信网络与电源台位、对外通信设备等及车辆载体。

（3）基层指挥站（如连排）主要台位设备。

作战指挥与定位台位、信息处理与数据库台位、态势显示台位、内部通信网络与电源台位、对外通信设备等及车辆载体。

（4）便携指挥终端（如班或单兵）主要设备。

便携指挥终端、小功率电台和手持通信终端等。

3. 特种部队作战指挥控制信息系统技术分系统组成

系统可由如下技术分系统组成：

- 作战指挥与辅助决策技术分系统。
- 信息搜集与情报处理技术分系统。
- 态势感知与综合显示技术分系统。
- 系统监控与定时定位技术分系统。
- 信息传输与文电处理技术分系统。
- 图形图像处理技术分系统。
- 软件开发与软件测试技术分系统。
- 安全保密技术分系统。
- 环境支持技术分系统。

（一）系统涉及的主要关键技术

本系统涉及传感、侦察、定位、情报处理、通信传输、指挥控制等技术，主要技术有：

- 系统的总体技术（如系统需求研究、系统体系结构研究、系统指标体系研究），实现系统“三互”（互连、互通、互操作）的相关规范、标准研究，系统效能评估研究等。
- 系统作战指挥辅助决策支持技术。
- 作战指挥软件体系结构研究。
- 作战指挥应用软件技术。
- 多信息综合处理、显示及分发技术。
- 多传感信息的获取技术。
- 数字化单兵系统技术。
- 多源情报信息的融合技术。
- GIS 在系统中的应用技术。
- 系统信息在地图上的综合表达实现技术。
- 传感器到武器射手间的信息流程研究。
- 系统中分布式数据库与数据的一致性实现技术。
- 数据链、信息栅格、战术互联网在系统中的应用技术。
- 系统中一系列标准、规范、协议及信息格式的一致性技术。
- 信息系统与武器系统的综合集成技术。
- 人机交互、人机界面的规范及一致性实现技术。

五、案例链接：未来战士“阿凡达”

由于制造它的科学家非常邪恶，因而一台刚刚组装完成的机器人逃离了它所在的实验室。在当地郡治安官的帮助下，机器人屡次避开追捕它的那位科学家。最后，为了人类社会的安定和幸福，它和制造它的那位科学家同归于尽。事实上，科幻片中的场景正在逐渐变为现实。

好莱坞大片《阿凡达》中的各种科幻场面，如今成为全球军方的灵感来源。美国军方对片中出现的种种尖端技术展开了深入研究，并准备采用云计算和人工智能等尖端技术，打造出电影中的巨型“机械战士”，甚至让士兵用意识远程操纵他们的“阿凡达”替身，在未来战场上冲锋陷阵。

在电影《阿凡达》中，人类打造了一种称为“增强机动平台（AMP，Amplified Mobility Platform）”的大型机器人装置，控制它的操作人员瞬时变身“大力神”，手提庞大的30mm自动大炮参加战斗，犹如一个人扛步枪般轻松自如。观众形象地称之为“有脚的阿帕奇直升机”。

与电影中的情形类似，从2000年开始，美国国防部高级研究计划署（DARPA，Defense Advanced Research Projects Agency）在持续资助一个名为“增强人体机能的外骨骼”项目，该项目旨在开发一种由动力驱动的“外骨骼服装”，它可以让士兵携带重型装备参加战斗行动、完成救援任务、实施工程作业以及进行受伤康复等。该项目打造的铝制机器人叫作“XOS”（如图10－4所示），重70kg，可以戴在人的手臂、胳膊、大腿和背部，它支持使用者数百次举起约90kg的重物，却丝毫不觉得累。XOS机器人还相当灵活，穿着这种机器的人甚至还可以上楼梯或者踢足球。

图10－4　机器人“XOS”

同时，在《阿凡达》电影中，人类科学家利用人类DNA与潘多拉星球土著纳美人DNA合成后，通过人工培育形成了名为“阿凡达”的肉体替身，并可通过人类的意念对其进行“远程控制”。美军方试图研制出像电影中展示的那种可用意念控制的“阿凡达”战士（如图10－5所示）。为此，从2004年开始，五角大楼已投入巨资，在6个实验室进行“思维控制机器人”的研究工作，“终极目标”是制造出可用大脑思维控制的“阿凡达”战士。士兵可以根据自己的大脑思维，通过云计算平台，灵活自如地操作他们的“阿凡达”替身在战场上作战，遥控驾驶无人飞机。

图 10－5　阿凡达战士

虽然这一“终极目标”尚未实现，但科学家已经开展了大量人类与化身互动的研究工作，并取得重大突破。“《阿凡达》中展现的内容与我们当前正在实施的实验有着惊人的相似之处，我们训练猴子利用脑波活动来控制它们自己的‘阿凡达’。”杜克大学神经学家兼跨国“重新行走项目”首席研究员米格尔·尼古莱利斯表示。该项目正在开发一种能够让残疾人穿戴的外骨骼，这种骨骼可以从残疾人的思想中接收命令。

2008 年，在尼古莱利斯位于北卡罗来纳州的实验室内，研究人员让一只猕猴在跑步机上直立行走，并从植入猕猴脑部的电极中获取神经信号，然后将这些信号连同视频一起，通过云计算平台，传送到位于日本的实验室，最终美国称猴成功地“用意念控制”日本实验室里的机器人做出同样的动作。英军也不示弱。《阿凡达》全球热映后，英国皇家空军从中得到灵感，并开始实施“阿凡达计划”，准备采用《阿凡达》一片涉及的云计算和 3D 技术研制“秘密武器”，力争在与塔利班恐怖分子的战斗中占据主动权。

根据英国皇家空军的这一“阿凡达计划”，空军首先将一组特制的高科技 3D 摄像机安装在“狂风”战斗机的机翼下方，然后由飞行员驾驶战斗机在空中对阿富汗战区的地形进行全面俯拍，得到分辨率极高、立体感极强的 3D 地形图。然后，将这些数据存储在云计算平台上。地面的英国军事专家在审查这些 3D 地形图时，会戴上 3D 立体眼镜，这和观看电影《阿凡达》的人们没有什么两样，从而产生逼真的 3D 立体效果。

英国军事专家称，由于这些 3D 画面具有逼真的立体感，因而分析人员能够根据地形地貌，构建非常精确的、基于云计算技术的信息平台，并将这些信息传送给正在地面巡逻或作战的英军士兵，使他们对周围环境“了如指掌”。即使塔利班武装分子刚刚在公路旁安放了一颗“路边炸弹”，英军士兵也能从

3D 立体画面上识别出来。

一位英国皇家空军指挥官说：“我们之所以使用这种立体图像，是因为它能支持我们获取地形高度和其他相关参数。摄像机每隔 lms 拍下 2 张照片，经过合成处理后，我们就可以看到立体的地面图像。”这一 3D 秘密武器无疑会让英军在与塔利班武装的战斗中大显神威。当英军地面部队与塔利班武装激烈交火时，分析人员能够通过 3D 立体图像，准确地告诉英军将要翻越的任何墙壁或障碍物的高度。

参考文献

[1] Deep space optical communications [M]. John Wiley & Sons, State of New Jersey, 2006.

[2] Kim J Y. Product compatibility as a signal of quality in a market with network externalities [J]. International Journal of Industrial Organization, 2002, 20 (7): 949 - 964.

[3] Yu B, Kim S J, Jung B, et al. RFID tag antenna using two - shorted microstrip patches mountable on metallic objects [J]. Microwave and optical technology letters, 2007, 49 (2): 414 - 416.

[4] Chen H D, Tsao Y H. Low - profile PIFA array antennas for UHF band RFID tags mountable on metallic objects [J]. Antennas and Propagation, IEEE Transactions on, 2010, 58 (4): 1087 - 1092.

[5] 宗占国. 现代科学技术导论 [M]. 第三版. 北京: 高等教育出版社, 2004.

[6] 科默 D. E. 计算机网络与因特网 [M]. 林生, 译. 第四版. 北京: 机械工业出版社, 2005.

[7] 钟义信. 信息科学与技术导论 [M]. 北京: 北京邮电大学出版社, 2007.

[8] 封锦昌. 现代电子信息系统与技术 [M]. 北京: 电子工业出版社, 2008.

[9] 黄载禄. 电子信息技术导论 [M]. 北京: 北京邮电大学出版社, 2009.

[10] 啜刚等. 移动通信原理与系统（第二版）[M]. 北京: 北京邮电大学出版社, 2009.

[11] 崔健双. 现代通信技术概论 [M]. 北京: 机械工业出版社, 2009.

[12] 魏崇毓等. 无线通信基础及应用 [M]. 西安: 西安电子科技大学出版社, 2009.

[13] 王华奎等. 移动通信原理与技术 [M]. 北京: 清华大学出版社, 2009.

[14] 蔡月明等. 现代移动通信 [M]. 北京: 机械工业出版社, 2010.

[15] 刘鹏. 云计算 [M]. 北京: 电子工业出版社, 2010.

[16] 宋铮, 等. 天线与电波传播（第二版） [M]. 西安: 西安电子科技大学出版社, 2011.

[17] 王晓晶, 等. 电子商务与网络经济学 [M]. 北京: 清华大学出版社, 2011.

[18] 朗为民. 大话物联网 [M]. 北京：人民邮电出版社，2011.

[19] 朗为民. 大话云计算 [M]. 北京：人民邮电出版社，2011.

[20] 杨正洪等. 云计算和物联网 [M]. 北京：清华大学出版社，2011.

[21] 李德毅. 云计算技术发展报告：2012 [M]. 北京：科学出版社，2012.

[22] 董言治等. 电子信息技术导论 [M]. 北京：清华大学出版社，2012.

[23] 徐双敏等. 电子政务概论 [M]. 北京：科学出版社，2012.

[24] 丁荣林. 微波技术与天线 [M]. 北京：机械工业出版社，2013.

[25] 王松等. 信息传播大变局：新媒体传播管理与数字技术 [M]. 上海：上海交通大学出版社，2013.

[26] 中国电子信息产业发展研究院. 新一代信息技术在两化深度融合中的应用 [M]. 北京：电子工业出版社，2014.

[27] 徐丽芳. 数字出版：概念与形态 [J]. 出版发行研究，2005 (7)：5 – 12.

[28] 岳松堂. 从 C4ISR 到 GIG 再到 C4KISR——美军综合电子信息系统未来发展综述 [J]. 国外坦克，2007，09：11 – 14.

[29] 栾胜利，李孝明，周琪. 美军综合电子信息系统发展概述 [J]. 舰船电子工程，2008，11：47 – 52.

[30] 王雷，廖祥忠. 《阿凡达》带给中国动漫的启示 [J]. 现代传播：中国传媒大学学报，2010 (4)：81 – 85.

[31] 朱虹. 中国数字电影的现状与发展战略 [J]. 现代传播：中国传媒大学学报，2010 (11)：1 – 7.

[32] 钱兴华，左艳军，伍江华. 美国海军综合电子信息系统发展趋势及启示 [J]. 舰船科学技术，2011，06：7 – 10.